餐饮企业人力资源管理

—— 全流程演练 ——

刘　畅◎编著

中国铁道出版社有限公司

CHINA RAILWAY PUBLISHING HOUSE CO., LTD.

RESTAURANT

内 容 简 介

本书全面讲解了餐饮企业人力资源管理的实用方法与实操内容。全书共9章，可划分两个部分，第一部分为基础知识入门部分，该部分主要是向读者普及餐饮企业人力资源管理中的必备理论知识；第二部分全面地介绍了餐饮人力资源管理各应用领域的内容和方法，具体包括人力资源规划、员工招聘、培训、绩效管理、员工关系管理等。

本书精选实用案例，语言精炼易懂，模板表单丰富。

本书适合即将从事和正在从事餐饮企业人力资源管理工作的职场人士阅读，也可以作为高等院校人力资源管理专业、餐饮专业的教材使用。

图书在版编目（CIP）数据

餐饮企业人力资源管理全流程演练/刘畅编著. —北京：中国
铁道出版社有限公司，2020.4
ISBN 978-7-113-26574-8

Ⅰ.①餐… Ⅱ.①刘… Ⅲ.①饮食业－企业管理－人力资源
管理 Ⅳ.①F719.3

中国版本图书馆CIP数据核字（2020）第016210号

书　　　名：餐饮企业人力资源管理全流程演练
　　　　　　CANYIN QIYE RENLI ZIYUAN GUANLI QUANLIUCHENG YANLIAN
作　　　者：刘　畅

责任编辑：王　佩　张文静　　　读者热线电话：010-63560056
责任印制：赵星辰　　　　　　　封面设计：宿　萌

出版发行：中国铁道出版社有限公司（100054，北京市西城区右安门西街8号）
印　　刷：三河市宏盛印务有限公司
版　　次：2020年4月第1版　　2020年4月第1次印刷
开　　本：700mm×1000mm　1/16　印张：16.75　字数：209千
书　　号：ISBN 978-7-113-26574-8
定　　价：55.00元

前言
FOREWORD

在社会经济飞速发展的进程中，餐饮行业一直扮演着非常重要的角色。在消费升级、团餐崛起的大背景下，餐饮业迎来了巨大的机遇与挑战。

在各行各业中，餐饮业属于员工较为密集的一类。因此，在餐饮企业中，人是其中最活跃的因素，它是企业的灵魂，是企业的柱石，任何餐饮企业无人则"止"。所以，人力是对餐饮企业的发展起决定作用的重要因素之一。

回看众多餐饮企业，可以发现，优秀成功的企业都是以人力资本来支撑企业大厦，而失败的企业往往都忽略了人力资源管理的重要性。因此，要想让餐饮企业长期经营，持续发展，建立科学的人力资源管理系统是重中之重。

然而，人力资源管理又是非常复杂和烦琐的一项工作，它涉及了人力资源规划、招聘与配置、培训与开发、绩效管理、薪酬福利管理、劳动关系管理等多方面。尤其在视服务质量为生命的餐饮企业中，运用科学的人力资源管理手段来保证员工工作的服务质量，更为重要。

为了帮助广大餐饮企业的管理者，以及想要在餐饮企业从事人力资源管理工作的职场新人更好地了解餐饮企业的人力资源管理内容，做好人力资源管理工作，笔者编写了本书。

本书共包括 9 章，可划分为两部分，各部分的具体内容如下所示。

◎ 第一部分：第 1 章

该部分主要讲述餐饮企业人力资源管理基础概述方面的知识，主要包括人力资源管理的概念、目标、存在问题、主要工作内容以及餐饮企业如何做好人力资源管理等，帮助读者快速入门。

◎ 第二部分：第 2 ~ 9 章

该部分是本书的主体部分，主要从人力资源规划、招聘与配置、培训与开发、考勤管理、绩效管理、薪酬福利管理、员工激励管理和员工关系管理 8 个方面详细介绍了餐饮企业人力资源管理的内容与实操方法，手把手指导读者学习人力资源管理的工作方法。

本书注重实操性，在讲解过程中大量引用案例分析来加强读者对知识点的理解。为了便于读者对知识点的理解和阅读，对于一些复杂的内容，均用表格、自制图示的方式进行梳理。

同时，在本书的每个章节末尾，提供了大量的制度、细则、规定、办法等模板文件范本与相关的实用表单模板，稍加修改即可快速投入使用，可帮助读者快速提高工作效率（若需下载表单和模板，请点击链接）。

由于编者经验有限，加之时间仓促，书中难免会有疏漏和不足之处，恳请专家和读者不吝赐教。

编　者
2019 年 10 月

目录
CONTENTS

第1章　餐饮企业人力资源管理概述

企业在激烈的市场竞争中能否站稳脚跟，能否脱颖而出，主要取决于企业是否具备核心竞争力，餐饮企业也不外如是。而要提高企业核心竞争力，人力资源管理是重中之重。

第2章　运筹帷幄——人力资源规划

通过人力资源规划，餐饮企业可以全面核查现有人力资源、分析企业内部条件，从而预测未来的人力资源供需情况，进而制订符合企业发展战略的人力资源管理体系和计划。

第3章　知人善用——招聘与配置

招聘是企业新鲜"血液"的主要来源，尤其对于员工流失率较大的餐饮企业而言，招聘工作更是重要。企业在招到人才后，对其进行合理配置也同样重要，这是使企业员工人尽其用的重要保障。

第4章　人尽其用——培训与开发

培训与开发不仅仅是对员工专业能力的提升，还包括员工的职业道德素养、正确价值观以及对企业归属感的培养，同时还是开发员工潜能的重要手段。餐饮企业要更好地留住人才，就不能不重视员工的培训与开发。

4.4　餐饮企业培训后期管理　/109

4.5　常用模板与表单　/114

第 5 章　以纪律人——考勤管理

考勤管理是企业人力资源管理中最基本的管理,也是必不可少的管理。所谓"没有规矩,不成方圆"。由于餐饮企业员工的资质不齐,自觉性可能不足,就更需要有严谨的考勤纪律来约束员工,以保证员工出勤率。

5.1　员工缺勤与休假管理　/118

5.2　员工加班管理　/122

5.3　员工出差管理　/129

第6章 以绩管人——绩效管理

绩效管理是餐饮企业人力资源管理中非常重要的一个环节，是提升企业绩效以及员工个人绩效必须要进行的管理活动。另外，绩效考核可以为企业人力资源管理提供依据，无论是员工晋升、调薪或降职，还是奖金和福利的发放等，都需要以员工绩效考核结果为依据。

第7章　"薪心"相惜——薪酬福利管理

薪酬福利是员工个人劳动价值的最直观体现，也是餐饮企业员工最为重视的内容。良好的薪酬福利管理体系可以起到很好的激励作用，激发员工工作的积极性和主动性。

第8章 潜力激发——员工激励管理

员工激励是指企业通过一系列科学有效的方法和手段，在不同程度上对员工物质和精神方面的需求予以满足或者限制，从而激发员工的需要，使其形成某种特定目标，使员工始终保持工作热情。只有员工的潜力得到激发，餐饮企业才能发展得越来越好。

8.1 餐饮企业员工激励 /200

第9章 以德服人——员工关系管理

对于餐饮企业而言，良好的员工关系管理可以提高员工对于企业的满意度和认同感，从而提升员工工作的积极性。此外，处理好劳动关系，还可以预防和避免劳动纠纷等类似情况的出现，从而减少企业金钱和声誉方面的损失。

餐饮企业人力资源管理概述

第1章
01

企业在激烈的市场竞争中能否站稳脚跟，能否脱颖而出，主要取决于企业是否具备核心竞争力，餐饮企业也不外如是。而要提高企业核心竞争力，人力资源管理是重中之重。那么，何为人力资源管理？餐饮企业人力资源管理又有何特殊之处？

餐饮企业人力资源管理入门

餐饮企业人力资源管理是什么？它对企业而言又有什么意义？它有什么特点？现状与发展趋势如何？这些问题都是在学习餐饮企业人力资源管理之前需要清楚的。下面便带着这些问题一起探索。

1.1.1 人力资源管理的概念

提到人力资源管理，大部分人应该不陌生，就算不了解其具体的意思，也至少听到过。那么，到底什么是人力资源管理？其具体概念是什么？

关于人力资源管理，国内外从不同的侧重面对其概念进行了不同的阐述，总共有过程揭示论、目的揭示论、现象揭示论、综合揭示论和实效揭示论 5 种。其中过程揭示论和目的揭示论是比较常见的解释角度，下面从这两种侧重面来理解什么是人力资源管理。

◆ 过程揭示论如何阐述人力资源管理

过程揭示论主要从人力资源管理承担的职能及其过程出发来进行解释，它把人力资源管理看成是一个活动过程。

过程揭示论强调运用现代化的科学方法，对与物力相结合的人力进行合理地培训、组织和调配，使人力与物力始终保持最佳比例，并对人的思想、心理和行为进行恰当地控制和协调，使其充分发挥主观能动性，使人尽其才，事得其人，人事相宜，从而实现企业组织的最终目标。

◆　目的揭示论如何阐述人力资源管理

目的揭示论认是从人力资源管理的目的这个角度出发来进行解释的，它认为人力资源管理是借助对人力资源的管理来实现企业目标的一种行为。

它强调的是企业要运用现代化的管理方法，对人力资源在选人、育人、留人和用人等方面进行计划、组织、指挥、控制和协调，从而最终达到实现企业发展目标的目的。

1.1.2　餐饮企业人力资源管理及其目标

餐饮企业人力资源管理，顾名思义就是在人力资源管理众多分支中，属于餐饮行业的一种管理。或者可以理解为人力资源管理与餐饮行业相结合，形成的一种适合餐饮企业，符合餐饮企业特点的人力资源管理体系。

在餐饮企业的经营过程中，人力资源是影响企业发展的重要因素。餐饮企业人力资源管理的根本目的就是充分调动员工的工作积极性，用最小的成本，获取最大的收益，使人力资源价值达到最大化。

根据不同的侧重点可对人力资源管理的目标进行划分，具体可以划分出 5 个目标，如表 1-1 所示。

表 1-1　人力资源管理的目标

目标	具体描述
经济目标	使人力和物力尽可能保持最佳比例并有机结合，人事相宜，获得最大化的经济效益

续表

目标	具体描述
社会目标	为企业培养高素质人才，提高生产力，推动经济增长，以保证企业的可持续发展
个人目标	通过对员工进行职业生涯规划、知识技能培训和潜能开发，使员工个人专业知识和能力得到提高，并使人力融入企业、实现价值
技术目标	持续完善和充分使用素质测评、工作职务分析等技术手段，并以此作为强化和提高人力资源管理工作的前提和基础
价值目标	通过合理地开发与管理，实现人力资源的精干和高效

1.1.3　人力资源管理于餐饮企业的意义

绝大多数企业都是为了盈利而存在的，无法给企业带来利益的事情对企业而言都是没有意义的。而人力资源管理对于任何企业来说都是有意义的，且意义非凡。那么，餐饮企业人力资源管理的意义具体是什么呢？

◆ 合理、充分利用人力资源的前提

举贤使能，德为才先，是用人之道。现代企业的人力资源利用同样应该以此为原则，使"人"与"力"的匹配合理。因为只有建立科学的人力资源管理系统，通过科学的管理制度和管理方法，人力财富才能被真正重视，并充分利用，才能为企业创造最大的经济效益。

◆ 提高餐饮企业员工素质的重要保证

在一个企业中，如果员工的整体素质都很高，那么企业发展自然越好，经济效益随之提高也是自然之理。但是在餐饮行业中，由于一线服务员工的基本素质普遍参差不齐，因此提高员工各方面的素质，对餐饮企业的发展显得尤为重要。

　　而人力资源管理是提高餐饮企业员工素质的重要保证。因为，利用科学的培训方式，不仅可以提高员工的知识和技能，员工的职业道德素养也在潜移默化中被提高，从而让员工的整体素质得到提高。

　　并且，经过培训的员工，可以降低企业的损耗和成本，减少安全事故的发生。对于员工而言，技能增强了，工作满意度也可以提高。

　　◆　餐饮企业优质服务质量的保证

　　餐饮行业属于服务行业，所以服务质量就是餐饮企业的生命。而服务质量的好坏主要取决于员工的道德观和职业观。通过科学的人力资源管理，可以让员工树立正确的价值观、道德观和职业观，让员工的言行保持一致，从而让员工从内心热爱自己的工作，并从内心自主做好工作，那么服务质量自然而然也就得到了保证。

　　◆　增强餐饮企业员工凝聚力的重要手段

　　员工的凝聚力可以增强员工对企业的归属感，也能让员工对自己从事的工作更加负责，因此增强员工的凝聚力对餐饮企业而言是非常重要的。

　　这时，企业可以通过科学的人力资源管理，改善员工的工作条件，加强对员工劳动的保护和提升员工的福利待遇，增强员工对企业的凝聚力，让员工将企业当作"第二个家"。

1.1.4　餐饮企业人力资源管理的特点

　　餐饮企业的服务性质决定了其人力资源管理与其他行业有着较大的差别。与其他非服务行业的企业相比，餐饮企业人力资源管理主要有以下特点。

◆ 部门多，职务多，工作内容差异大

在餐饮企业中，根据工作内容的不同划分为多个部门，又根据职级的不同划分出多个岗位，从经理到服务员、从厨师长到厨房杂工。同时，由于各个岗位对于员工的学历要求和教育层次均有着较大差距，需要的服务技能和要求也不同，工作内容更是千差万别，使得餐饮企业人力资源管理的难度大大增加。

◆ 工作性质灵活，绩效考核难度大

餐饮企业员工，其工作内容灵活，工作时间都是在各自的服务区，在办公区的人力资源管理人员很难对一线员工的整个工作过程进行精准地了解。

另外，餐饮企业在提供有形产品的同时还需要提供无形的服务作为支撑，然而对服务质量的考核与评价很大部分都是取决于消费者当时的内心感受，因此无法具体给出明确的考核标准，这就在很大程度上增加了人力资源管理的绩效考核难度。

◆ 人员流动高，招聘与培训任务重

餐饮行业一直都是人员流动性极强的行业。对于餐饮企业而言，人员的流动性过大就会很大程度地增加招聘与培训部门的工作量，使招聘与培训成本过高。

◆ 薪酬水平普遍偏低

在对员工辞职率的分析中发现，决定员工辞职的所有要素中，工资水平低是导致员工离职的重要因素。由于餐饮服务行业的入职要求比较低，当一些员工在寻找到了能够提供更高报酬的企业后，就有可能选择跳槽。

而且现在的餐饮行业发展比较迅速，大量民营饭店、餐馆的出现，有工作经验的老员工在这些新的饭店、餐馆中是比较受到重视的，也能得到比原单位更好的薪资，这也是导致老员工流失的重要原因。

◆　厨房的非正式组织

在传统的餐饮企业中，厨房体制大多都是师徒相传，这种体制的稳定性相对好，如果管理顺畅，其执行力也是非常好的。

但是这种体制结构存在明显的缺陷，即徒弟很难超越师父的厨艺，这种学徒出生的厨师，大多缺乏扎实的理论，对于厨艺改良缺乏创新性。

此外，这种小团体的厨房体制对外来人员也是非常排斥的，这更加阻碍了新厨艺、新技术的引进。

1.1.5　餐饮企业人力资源管理存在的问题

人力资源管理对于餐饮企业的运营有着非常重要的作用，它直接影响着企业的发展，所以做好餐饮企业的人力资源管理就显得无比关键。然而，虽然餐饮业未来发展形势一片大好，但是餐饮企业人力资源管理在现阶段依然有许多待解决的问题。

◆　招聘制度不健全

在许多餐饮企业中，员工的招聘制度都不够健全，主要体现在以下几方面。

①企业对求职者投递的简历回复不及时，导致招聘工作的简历筛选、信息核查、面试等流程的时间拉得太长，所以招聘效果不好。

②虽然招聘任务重，但是参与招聘的人员少，各种烦琐的工作任务，使得招聘人员是心有余而力不足。

③一般的餐饮企业对于店长、服务员这类职位的招聘，都是通过

在门店外张贴招聘启事，或者发小传单招聘，招聘信息覆盖范围小，传播时效性差，导致招聘效果不好。

正是以上这些原因最终导致整个招聘过程变得十分缓慢，不仅增加了招聘成本，降低了招聘的成功率，还严重影响了人力资源管理的效率。

◆ 员工普遍学历较低

曾有调查显示，在餐饮行业中，大专及以上学历的从业人员少，而高中及以下学历的从业人员相对较多，具体是：

①本科及本科以上学历的员工仅占总人数的 0.34%。

②大专及以上学历的员工仅占总人数的 4.66%。

③高中学历的员工约占总人数的 71%。

④初中及以下学历的员工大约占总人数的 24%。

◆ 岗位匹配度不高

在餐饮行业中，许多岗位的技术含量不高，只需要对员工稍加培训即可使其能够胜任该工作。

因此，很多餐饮企业中经常出现一人多岗、多人一岗的情况，从而造成人力资源浪费，降低了人力资源的利用率。

此外，在某些餐饮企业中，相关部门对企业的人员配置情况不熟悉，也没有定期对企业的人力资源情况进行整合分析，导致人力信息数据不完善，没有做好岗位人员的储备，致使某些岗位人员流失后，不能及时补缺，也不能及时给出可行的人才配置方案。

◆ 绩效管理制度不全面

在任何企业中，绩效管理都是人力资源管理中的核心内容。而绩效管理的重点在于绩效考核。但是，在大部分的餐饮企业中都没有制定科学、符合企业性质的、合理的考核标准。

由于考核制度的不完善、考核方式单一，以至于企业在对员工进行绩效考核时缺乏科学的依据，而且很难做到公平、公正，致使绩效考核流于形式，失去了其本来的意义和作用。

◆ 培训结果难以达到预期

企业对员工进行培训，其目的是提高员工的职业素质和必备的工作技能，使其能更好地熟悉工作流程，更好地完成工作。但是，在许多的餐饮企业中，培训的结果却并不是如此。

因为员工的基本素质和学习能力参差不齐，对培训内容的理解和掌握程度不一，再加上没有健全的培训制度，最终导致培训效果难易达到预期的效果。

经常出现对老员工进行培训后，其仍然采用以前的方式执行工作；对新员工进行培训后，其仍然对工作流程不熟悉，也没有掌握应该具备的工作技能。

综上，餐饮企业人力资源管理的现状之所以存在以上的这些问题，主要还是因为餐饮行业本身的一些特殊之处造成的，具体原因如表 1-2 所示。

表 1-2　餐饮企业人力资源管理存在问题的原因

原因	具体描述
员工技术专业性不强	在餐饮行业中，大部分岗位的入职门槛相对较低。除了厨师和管理者需要有相应的管理才能和专业技能外，对于其他职位的工作几乎没有任何限制，基本上都是只要应聘者踏实肯干，能吃苦耐劳，都可以入职

续表

原因	具体描述
重视程度低	餐饮企业的领导对于人力资源管理的重视程度不够，没有意识到科学的员工管理对于企业发展的重要性。员工同样没有正确认识人力资源管理，认为绩效考核只是公司为了克扣奖金设置的一种手段，因此没有认真对待，参与绩效考核的积极性也不高。对于员工培训，大多都抱着走形式的心态进行，不重视培训的内容
行业偏见	对于从事服务行业工作的人，大部分人或多或少都对其存在偏见，认为干服务工作的就是伺候人的，是低人一等的。因此，但凡有能力从事其他行业的人，就基本不会考虑从事服务行业

1.2
餐饮企业人力资源管理基础

对餐饮企业人力资源管理有了简单认识后，还需要对其理论知识有一定的了解，如基本原理和主要工作内容等。接下来便开始对其相关内容进行学习。

1.2.1 餐饮企业人力资源管理的基本原理

要想掌握一项事物，对于该事物的基本原理是必须要理解和掌握的。因此，作为餐饮企业人力资源的管理者，对人力资源管理的基本原理必须理解透彻。

表 1-3 所示为常见人力资源管理基本原理的具体介绍。

表 1-3　人力资源管理的基本原理

基本原理	具体描述
要素有用原理	在人力资源管理中，要素即为员工，所谓要素有用原理即企业的员工都是有用的。换句话说，企业中没有无用之人，只有没有用好之人，而人力资源管理的根本目的就在于合理使用人力资源，使所有人充分发挥自身价值
同素异构原理	在人力资源管理中，对于相同能力和素质的多个人，通过不同的搭配，可以产生不同的效果，因此在一个团队中，对于人员的安排要遵循同素异构原理，不仅要考虑到员工之间的性格搭配，还要考虑员工学识、能力、年龄等因素
系统优化原理	人力资源系统具有关联性、目的性、社会性、多重归属性、有序性、适应性和冗余性等多个特征。通过人力资源管理可以对人力资源系统进行优化，去其糟粕，取其精华，从而使企业更科学地使用人力资源，增加核心竞争力
能级对应原理	"能级"是指人的能力大小，能力越强，能级越高。在人力资源管理中，要根据员工的能力大小来安排工作，确保人尽其才，才尽其用。能级对应原理包含的主要内容有如下几点： 1. 每个人的能级都有所差别，且同一个人对于不同事物的能级也存在差异，但是这些差异是可以评测的。 2. 有能级则自然存在层次、级别关系，且不同的层次级别应设置不同的规范与标准。不同的管理能级对应表现出不同的责任、权力与利益。 3. 员工的能级与其职级的相互对应程度越高，表明企业的人才使用越合理。 4. 人的能级具有动态性、可变性与开放性。它必须与其所处的管理级次动态对应
弹性冗余原理	在人力资源管理中，对于人与事的配置必须充分考虑到员工的生理和心理上的感受与变化，在施加压力的同时也要留有余地，这样既给员工营造一定的紧迫感，也保障了员工的身心健康。通过松紧合理、劳逸结合的方式，促进员工有效、健康地开展工作。 弹性冗余原理包括下列主要内容： 1. 考虑到员工体质的强弱差异，在工作强度上要体现弹性。 2. 考虑到员工智力的高低差异，在劳动分工上要体现弹性。 3. 考虑到员工年龄和性别的差异，在劳动时间上要体现弹性。 4. 考虑到员工性格与气质的差异，在工作定额上要体现弹性。 5. 考虑企业所属行业的特殊性，在工作负荷上要体现弹性

续表

基本原理	具体描述
互补增值原理	在互补增值原理中有6个"互补"，分别是知识互补、气质互补、能力互补、性别互补、年龄互补和关系互补。其具体内容是： 1. 知识互补。由于每个人掌握知识的深度和广度都是不同的，在一个团队中，不同知识面的多个员工之间的知识互补，可以让整体的知识结构较全面。 2. 气质互补。每个人的气质不同，在一个团队中融入不同气质的员工，他们之间相互影响，相互互补，可以将工作完成得更完美。 3. 能力互补。在企业的人力资源系统中，各种不同能力的互补可以形成整体的能力优势，以促进系统有效地运行。 4. 性别互补。男女互补能发挥不同性别的人的长处，形成工作优势。 5. 年龄互补。在一个团队中，既要有经验丰富、处事沉稳的老员工；也要有相对成熟、能够独当一面的中年员工；还要有思维活跃、冲劲十足的年轻人。不同年龄层次的人结合在一起，优势互补，可以将工作做得更好。 6. 关系互补。每个人的社会关系都存在差异，当多个社会关系差异较大的人组合时，便有较强的互补性，使整个团体对外部具有很强的适应性
主观能动原理	人不同于物，人是具有主观能动性的。在主观能动原理观点中，人被视为生产力中最活跃的因素、最宝贵的资源。企业要重视员工的主观能动性，通过营造良好的工作环境、运用科学的方法，尽可能地开发员工的主观能动性，使其主观能动作用能够得到更好的发挥，为企业的发展做出贡献

1.2.2 餐饮企业人力资源管理的主要工作内容

企业人力资源管理的所有工作都是为了更好地管理企业员工，发挥每个员工的最大价值，以便给企业带来更高的效益。其具体内容可以总结为以下几个方面。

◆　分析职务，编写对应的人事管理文件

通过对企业的基本信息进行调查，了解企业中各工作岗位的性质、结构、责任和工作流程，以及胜任该工作岗位的员工要具备的基本素质、需要掌握哪些基本知识与技能，然后据实编写出与公司基本情况匹配的职务说明书和岗位规范说明书等人事管理文件。

◆　人力资源规划，确保企业人力资源充足

为了使企业稳定拥有一定质量和必要数量的人力资源，确保企业在需要时能及时获得所需人力资源，应将人力资源管理战略转化为中长期目标、计划、制度和政策措施，主要包括人力资源现状分析、人力资源供给和需求预测与平衡以及人力资源管理费用预算等。

◆　员工招聘与配置，为企业招募合适的人才

按照人力资源规划和工作分析的要求，为企业招聘优秀、合适的人才，并配置到合适的岗位上。

◆　培训与开发，提升企业员工的"质量"

合理安排员工进行必要的规章制度和知识技能培训，以提高公司员工及各团队和部门，乃至企业整体的知识水平、能力、工作态度和工作效率，进一步对员工的智力潜能进行开发和利用，从而提高人力资源的贡献率。

◆　考勤管理，确保员工工作有序开展

制定科学、严谨的考勤管理体系，规范企业员工日常工作的行为，确保工作有序开展。

◆　绩效考评，整体提升和改进员工的工作绩效

有目的、有组织地对日常工作中的员工进行观察和记录，定期对员工为企业做出的贡献和工作中取得的绩效进行考核和评价，并及时

做出反馈，从而有效地对员工进行督促，使员工的工作绩效得到改善和提高，并为员工的培训、晋升和计酬等人事决策提供依据。员工的整体工作绩效得到改善后，对企业的发展也是有一定促进作用的。

◆ 薪酬管理，从薪酬激励的角度激发员工的工作积极性

对员工的基本薪酬、绩效薪酬、奖金、津贴以及福利等薪酬结构进行科学、合理的设计与管理，从而达到薪酬激励效果，使企业员工更加主动和积极地工作。

◆ 员工激励，让员工自主做好工作

基于激励理论，通过科学的方法适当地对员工的各种需求给予不同程度的满足或限制，使员工从心理上认同企业，从而激发员工向企业所期望的目标而努力的热情。

◆ 职业生涯规划，更好地稳定员工

关注员工个人的长远发展，为员工制订个人职业生涯规划，以给予员工动力与期望，进一步激发员工的积极性、创造性。

◆ 劳动关系管理，让员工毫无担心、开心地工作

科学地管理员工与企业之间的劳动关系，妥善地解决各种劳动纠纷、员工意见和建议等。组织企业文化建设并不断完善，开展企业文化交流活动，以营造和谐的劳动关系以及良好的工作氛围，提高企业竞争力。

1.2.3 餐饮企业如何做好人力资源管理

餐饮行业的服务性质以及社会对于服务行业普遍存在的偏见，使得餐饮企业的人力资源管理面临许多问题，而这些问题又是不可避免的，致使餐饮企业人力资源管理的难度大大增加。

餐饮企业要在激烈的市场中保持竞争力，又不得不进行人力资源管理，且必须做好人力资源管理。至于如何做好，这里给出 4 条建议以供参考。

◆　加强企业文化建设，提高餐饮企业的管理水平

餐饮企业必须坚持以人为本，加强企业文化的建设。经常组织员工进行集体活动，促进员工之间的沟通交流，以及领导和员工之间的关系，为员工创造良好的工作环境和企业文化氛围。这样不仅可以降低管理难度，还可以减少员工流失，从而降低人力资源管理成本。

另外，作为餐饮企业的管理人员，需要始终保持学习状态，与时俱进。要以让员工满意、企业效益得到提升为目标，不断优化人力资源管理。

◆　建立健全餐饮企业的人才招聘机制

餐饮企业在进行人才招聘前应做好充分的分析，因需设岗、按岗找人，不能出现因人设岗的情况。

招聘时应根据企业自身发展需求和招聘岗位的特点选择合适的招聘渠道和方式，并做好人力资源的配置工作，使人事相宜、人尽其才。

◆　完善餐饮企业的培训机制，提高培训质量

将员工配置到合适的岗位后，还需要有方向、针对性以及持续地对其进行培训，使其在专业技能、道德素养等各方面都得到提升，从而增强其归属感和价值感。

这就要求餐饮企业人力资源管理者需要了解员工的职业发展方向、挖掘员工的潜能、清楚员工的个人优势，从而为其制订培训计划和职业生涯规划。

对于培训质量的提高，餐饮企业管理者需要加强与员工之间的沟通，从员工的反馈信息中获得灵感，不断优化员工培训机制。

◆ 以人为本，关注员工的满意度

任何企业的人力资源管理都要以"人"为核心，餐饮企业更是如此。"以人文本"是人力资源管理永恒的主题。

餐饮企业要做好人力资源管理，就必须重视员工的心理感受，关注员工对企业的满意度。而员工满意度的主要影响因素即是员工的利益，其利益得到保障，满意度自然不低。

运筹帷幄——人力资源规划

人力资源规划是人力资源管理工作的开始，是企业人力资源管理必不可少的一个部分。通过人力资源规划，餐饮企业可以全面核查现有人力资源、分析企业内部条件，从而预测未来的人力资源供需情况，进而制订符合企业发展战略的人力资源管理体系和计划。

2.1

餐饮企业组织机构设计与调整

组织机构即是为完成经营管理任务而结成集体力量，在人群分工和职能分化的基础上，运用不同职位的权利和职责来协调人们的行动，发挥集体优势的一种组织形式。

要对企业人力资源进行管理，自然就需要有明确的分工和职级，以便更好地管理企业所有人员。餐饮企业根据其规模大小的不同，组织机构虽有相似之处，但也不尽相同。

2.1.1 餐饮组织机构的设置依据

餐饮企业较之其他行业有许多独特之处，故而其组织机构的设计也需要根据其特点进行设置，如此才能使组织机构完全符合企业自身的需求。下面介绍餐饮组织机构设置的主要依据。

◆ 依据餐厅的规模大小

如果企业的餐厅规模大，则需要更加详细、专业化的分工，企业需要的人员就多，部门也自然就越多，组建组织机构的规模越大。

◆ 依据餐厅接待能力的大小

在餐饮企业中，对餐厅接待能力起决定因素的就是座位数量，座位数量多，接待能力就大。为了确保接待服务工作的顺利开展，需要的员工也就越多，厨房的规模也就越大。自然的，员工多，分工就越明确，职位设置就越细，组织机构规模就越大。

◆　依据企业餐饮经营的专业化程度

在餐饮行业中，餐饮公司有两种类型，分别是综合性的餐饮企业和单纯性的餐饮企业，由于二者的类型和专业化程度不同，其设计的组织结构形式也就不同。

综合性的餐饮企业是指企业的经营是集客房、餐饮、娱乐、健身、购物等项目功能于一体的综合性企业。例如，酒店就属于综合性服务行业。

酒店中的餐饮只是一个部门，是组织机构的组成部分，并不是一个独立的企业。餐饮部只需要负责好该部门正常的经营即可，对于餐饮管理中所需要的工程、财务、安全、培训和人事劳动等管理工作则由企业其他职能管理部门承担。因此，餐饮管理组织机构的规模可以相对较小。图 2-1 所示为某中型酒店的餐饮部组织机构图，可供参考。

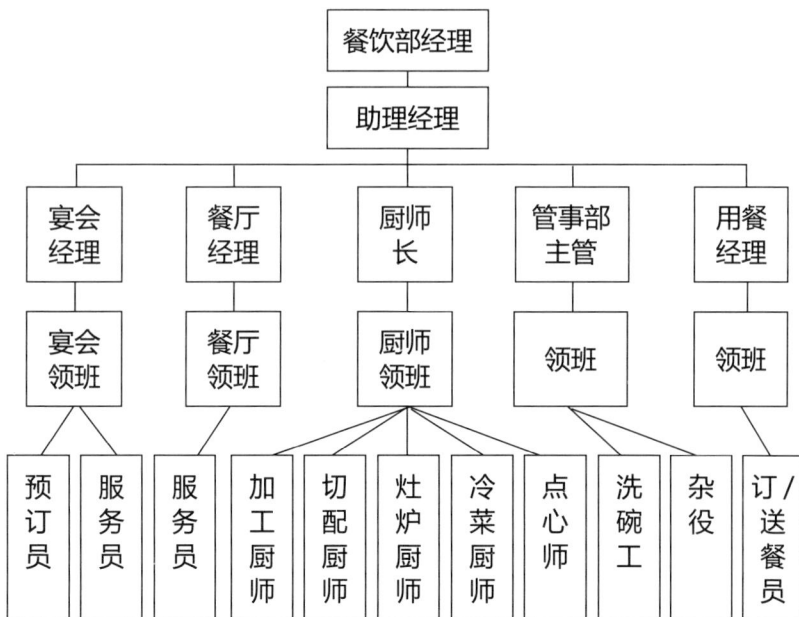

图 2-1

单纯性餐饮企业是指单纯以经营餐饮为手段，以获取利润为目的的餐饮机构。例如餐馆、饭店都属于单纯性的餐饮企业，它是独立的经营机构，自然就需要建立一个完整的餐饮企业组织机构。在餐厅接待能力相同的条件下，组织机构的规模则相对较大。图2-2所示为某饭店的组织机构图。

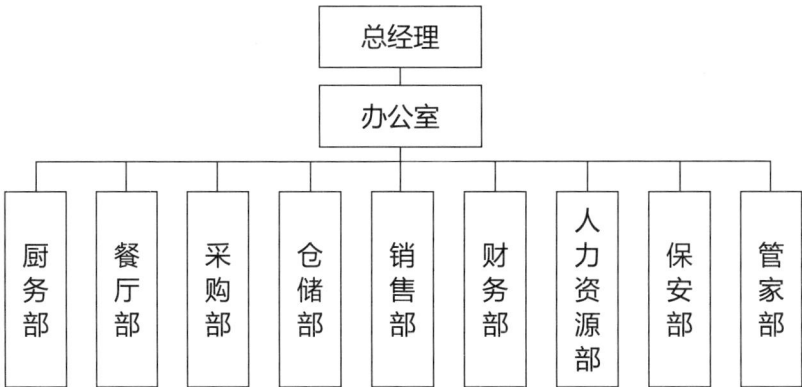

图 2-2

◆ 依据餐饮经营的市场环境

即使是同一地点，在不同时间都会有不同的市场环境，更别说不同地区、不同时期了。餐饮是受市场环境影响非常大的行业，当企业处于卖方市场时，用餐客人多，餐厅座位周转快，所需员工相对较多；而如果处于买方市场，情况则刚好相反。因此，餐饮企业组织机构的规模和形式都需要随市场环境的变化而进行调整。

2.1.2 餐饮企业组织设计的内容

在人力资源管理中，组织机构设计的内容大同小异，主要就是围绕职能、职级和职权等内容进行设计，餐饮企业同样如此。下面分别对组织机构设计的各个内容进行介绍。

◆　职能设计

职能设计就是对企业的经营职能和管理职能进行设计。它是企业组织机构设计的重中之重。一个符合公司的职业组织机构必须依据企业自身的战略发展目标及工作任务进行量身定制。如果某一职能设计不够合理，就需要及时对其进行调整。

◆　框架设计

所谓的框架设计其实就是指企业中包含的部门和各管理层的设计，它是组织机构设计中的主要组成部分，也是每个企业的组织机构设计都要包含的设计内容。

◆　协调设计

有分工必有协作，这就需要协调设计，即协调方式的设计。协调设计的主要任务就是设计出分工后的各个层级、各个部门之间的协调、联系和配合的方式方法，从而使各分工单位能够高效配合，完成企业经营任务，发挥出人力资源管理的效应。

◆　人员设计

人员设计就是对企业的管理人员进行设计。在企业的整个人力资源管理体系中，所有的工作都是以管理人员为依托，并由其推动和执行。如果没有管理人员就没有人力资源管理。因此，组织机构的设计必须进行人员设计，并配备相应数量和质量的管理人员。

2.1.3　组织机构的设置原则

餐饮企业组织机构的设置是否合理，可以通过其是否遵循组织机构设置原则来判断。而餐饮企业组织机构的设置原则主要有 5 条，下面分别对这些原则进行具体介绍。

◆ 精简高效原则

在满足企业业务需求的情况下，企业设计的组织机构的规模、形式和内部结构越简单越好，因为过于复杂的组织机构结构不仅会降低效率，还可能导致官僚主义的出现。同样的任务，在保证完成时间的情况下，以最少的人力去完成，自然是效率最高。

企业组织机构精简高效原则要做到如下 4 点：①不因人设岗；②不设可有可无的岗位；③指挥幅度不宜过多；④尽量减少组织机构的层次，便于信息可以快速传达。

◆ 统一指挥原则

所谓统一指挥原则即是指每个员工只接受一位上级领导的直接指挥，管理者也只能向自己的直接下属发布指令。餐饮企业在制定岗位职责时，必须明确指出直接上级和直属下级。

◆ 授权明确原则

不论什么行业，作为管理者不可能事无巨细，全部自己执行，适度分权给下属，不仅减轻自身压力，还能培养下属的工作能力。但是给下级授权时，必须明确规定下级的职责范围和权限，并在岗位说明书中列出，这就是授权明确原则。

◆ 授权完整原则

授权完整原则就是指要将达成企业经营目标所需的全部职能和权力完整地授予给各个相关部门和个人。如餐饮企业的采购任务，如果负责该任务的个人或部门没有完成这项任务所需的完整权力，就永远无法完成采购。

◆ 权责相等原则

权责相等原则与授权完整原则是相似的，又可以看成是互相对应的、制约的。权责相等原则是指管理人员或部门的责任和权力要相等，权力不能大于责任。

餐饮企业的运营需要各部门通过不同职权去完成管理任务，责任是权力的基础，权力是责任的保障。通过授权完整原则和权责相等原则可以保证相关部门或个人既有相应的完整权力又不具备超过责任的权力。

2.1.4　组织机构的设计步骤

组织机构的设计往往需要遵循一定的设计步骤，以保证组织机构的合理性和科学性。许多企业未认清这一点，导致组织机构设计混乱，出现因人设岗、权责不匹配等情况。以下是设置组织机构的基本步骤。

（1）工作划分

根据目标一致和效率优先原则，将实现企业经营目标所需要的所有工作划分为各不相同而又相互联系的一系列具体工作。

（2）建立部门

对划分出的一系列具体工作任务分门别类，为每一类别的工作任务建立相应的部门。如此，企业内部分工完成，各职能部门初步建立。

（3）决定管理跨度

管理跨度是指一个领导者所能够指挥的直接下级级数。这需要根据企业的员工素质、对应工作的复杂度以及授权情况等进行科学的设定。而相应的，企业组织机构的管理层次、职权和职责范围也就能够合理地设置。

（4）确定职权关系

有责必有权，有权必有责。组织机构管理层次确定后，需要授予各级管理者必要的权力，以满足其完成本职工作和职责所需。组织成员之间的职权关系一般分为纵向和横向两种，具体介绍如下。

◆ 纵向职权关系：也称为上下级间的职权关系，上下级间权力和责任的分配，关键在于授权程度。

◆ 横向职权关系：也称为直线部门与参谋部门之间的职权关系。其中，直线部门即拥有实际决策权和指挥权的部门，而参谋部门是指只能在职能范围内向直线部门提出建议的部门，没有实际权力。

（5）通过组织运行不断调整和完善组织机构

组织机构设计完成后并不是固定不变的，需要在实际运行中调整和改善。在餐饮企业组织机构运行过程中，许多问题都会随之逐渐暴露，再加上运行过程中获得的经验、员工的反馈信息，管理者可以重新审视原有组织机构，然后进行相应的调整和完善。

2.1.5 工作分析的常用方法

所谓工作分析又可以称为职位分析、岗位分析，主要就是对企业中某一岗位的设置目的、工作职责、权力、隶属关系和任职要求等相关信息进行收集与分析，然后明确地规定本企业该职位的相关职位要求和信息。

工作分析的常用方法有多种，如访谈法、问卷调查法和工作日志法等。表 2-1 所示为各工作分析方法的相关介绍。

表 2-1　工作分析的常用方法介绍

方法	具体描述
访谈法	访谈法又称面谈法，是应用最广泛的职位分析方法之一。职位分析师会面对面地与任职者、主管和专家等进行交流，询问他们对该相关职位的看法。一般情况下，访谈法可以采用标准化的访谈格式进行记录，便于对访谈内容进行控制，从而比较同一职位不同任职者的回答
问卷调查法	问卷调查法是由一组相关人员针对某个调查问题设计一份调查问卷，然后交由相对的调查对象进行填写，再由问卷调查分析人员对问卷调查的结果进行整理、分析和总结，并做出详细记录，最后据此编写工作职务描述
观察法	观察法就是分析人员通过到现场对相关任职者的日常工作活动进行观察，收集并记录员工的具体工作内容、工作环境、人与工作的关系等信息，再进行分析和总结
工作日志法	工作日志法也称为工作写实法，就是要求任职者按时间顺序将每天的工作内容详细地记录到日志当中，然后由工作分析人员对日志进行归纳和分析，从而实现工作分析的目的
资料分析法	资料分析法是通过查阅与职位相关的各种原有资料（如责任制文本等人事文件），了解每项工作的任务、工作负荷、任职资格、责任和权力等，从而为深入调查和分析打下基础，这种方法是一种相对比较节约成本的分析方法
工作实践法	工作实践法是分析人员亲自从事所要分析的工作，并根据其所掌握的第一手资料进行分析的方法。这种方法的优点是所获资料真实且有针对性，比较适用于短期内可以掌握的工作
关键事件法	关键事件法要求分析人员、管理人员、本岗位员工，将某项工作过程中的关键事件（即使工作成功或失败的行为特征或事件，如成功与失败、盈利或与亏损、高效与低产等）详细地记录下来，在搜集到关键事件的大量信息后，再由分析人员对岗位的特殊要求进行分析和研究。这种方法的实施需要消耗大量的时间来收集、归纳整理关键事件的相关信息，并且由于在记录过程中是针对某些特别有效或者特别无效的事件的信息进行记录，有可能遗漏一些不显著的关键指标，所以难以非常完整地把握事件的所有信息

续表

方法	具体描述
任务调查表法	任务调查表法是通过制定任务调查表，将其发放给对应的在职员工填写，以此来获得与工作相关的数据或信息，进而对该任务进行分析的一种方法。在任务调查表中要明确列明每条检查项目或评定项目，比如包括要完成的任务、判断的难易程度、学习时间、与整体绩效的关系等，从而形成该任务的信息一览表

加油站

工作分析的实施可以分为 5 个阶段，分别是筹划准备阶段、信息搜集阶段、资料分析阶段、结果完成阶段和应用反馈阶段，各阶段的具体操作步骤如表 2-2 所示。

表 2-2　工作分析实施步骤

阶段	具体描述
筹划准备阶段	1. 确定分析目的 2. 制订分析计划 3. 组建分析小组 4. 选择分析对象
信息搜集阶段	1. 搜集背景资料、组织结构以及职业分类标准 2. 确定信息类型 3. 选择搜集方法 4. 沟通搜集对象
资料分析阶段	1. 审查工作信息 2. 分析工作信息
结果完成阶段	编写岗位职责以及任职资格等
应用反馈阶段	职位评价与薪酬、招聘、培训开发和绩效考核等

2.1.6　岗位说明书应包括哪些内容

　　工作分析的主要目的就是编写岗位说明书，那么，岗位说明书的编写应该包括哪些内容呢？下面来看一下某餐饮企业的岗位说明书中关于总经理这一职位的岗位说明。

岗位名称：总经理

直接上级：集团董事长

直接下级：总经理助理、副总经理

岗位要求：

1. 35 岁以上，行政管理、人力资源管理、工商管理企业或金融等经济类大专以上文化程度，大型连锁餐饮企业本岗位 8 年以上工作经验。

2. 熟悉餐饮采购、生产加工、出品、仓管、市场营销和团膳承包业务流程。有人力资源管理、财务管理和市场营销管理等相关方面的理论知识与实操经验。

3. 精通餐饮管理软件、Word 和 Excel 操作，对餐饮信息化管理有较深的认识。

4. 有较强的文字写作能力、语言表达能力、沟通能力和执行力。

5. 熟悉国家有关经济法规及地方相关规定。

6. 有成功的餐饮管理经验、在专业杂志发表专业论文者优先。

岗位职责：

1. 对董事长负责，全面负责公司经营管理工作。

2. 制定公司经营发展战略并指导贯彻实施。

3. 负责审核公司的组织架构、岗位职责。

4. 负责项目投资可行性分析审定。

5. 根据人事工资管理制度，决定下属工资水平，并制订完善的激励方案。

6. 培训、考核和奖惩直接下属。

7. 指导制定公司内部有关制度规定并监督实施。

8. 组织及审核公司预算及其调整方案。

9. 指导拟定公司的结算及资金管理政策。

10. 负责权限内货款支付、费用报销的审批。

11. 审核公司各项标准合同。

12. 负责公司月度经营分析报告的撰写。

13. 主持召开总经理办公室会议并传达最新指示。

14. 列席每月财务经营分析例会，对存在的问题提出改进方案。

15. 协调总部各职能部门与部门之间的关系。

16. 负责协调与行政机关部门的关系。

17. 做好下属的思想政治工作、帮助员工解决一些实际问题和困难，使他们有归属感、责任感和事业心。

18. 定期向董事长汇报工作。

岗位权限：

1. 有对总经理助理、副总及以下人员人事任免权。

2. 有对部门主管及以上人员人事异动、晋级晋升、转正、调岗调薪和奖惩审批权。

3. 有单笔预算外 5000 元以下（含）费用报销、物资采购审批权。

4. 有对直接下属考核评估权。

5. 有培训与培养中层管理干部权限。

6. 有对公司制度规定、通知通告、各类内外公文、合同审批和签发权。

在上述案例中，岗位说明书包括了岗位名称、直接上级、直接下级、岗位要求、岗位职责和岗位权限等内容，这些都是岗位说明书中必须包含的基本内容。这种岗位说明书比较常用，但却不够严谨。完整的岗位说明书应该包括以下内容。

岗位基本资料。包括岗位工作编号、岗位名称、所属部门、直属主管、工资标准、工资等级、所辖人数、工作性质、工作地点和岗位分析人等。

岗位分析日期。岗位分析日期主要记录岗位分析的时间。

岗位工作概述。简要说明岗位的工作内容，并逐项对岗位工作活动的内容、各活动内容所占的时间百分比、活动内容的权限、执行的依据等进行说明。

岗位工作责任。包括直接责任与间接责任，要逐项列出任职者工作职责。

岗位任职资格。员工胜任该岗位工作必须具备的基本任职资格，如学历、个性特点、体力要求、专业技能等要求。岗位任职资格又包括必备资格和理想资格，其中必备资格即是胜任该岗位的最低资格，理想资格是在具备必备资格的基础上，若具备某些条件更为理想。

岗位发展方向。对该岗位的发展方向进行说明，这部分内容不仅可以明确不同岗位之间的相互关系，还可以让员工看到自己的发展目标，可以更好地将自己的职业生涯规划与企业发展结合在一起。

🛢 加油站

岗位说明书不一定要以文字叙述的形式展现，也可以将其制作为表格，只要能达到说明的目的，不在乎外在形式。另外，岗位说明书的编写并不是一劳永逸的事情，需要根据企业实际情况进行调整、修正。

人力资源供给需求分析

人力资源供给需求分析就是对企业未来某一段时期内的人力资源供给量和需求量进行分析和预测，从而做出相应的措施。

餐饮企业属于人力资源流动性较大的企业，就更加需要加强人力资源供需分析工作，以掌握企业人力资源的实际情况，从而做好人才招聘和配置工作。

2.2.1 人力资源供给预测步骤

人力资源规划的核心内容是人力资源供给预测，根据供给的来源不同，人力资源供给预测又可分为内部供给预测和外部供给预测。

◆ 内部供给预测就是指根据企业内部人员相关信息预测未来一定时期内可进行人事调动的人力资源管理。

◆ 外部供给预测则是指根据行业情况、社会因素、人口流动、政府政策和经济发展等一系列相关影响因素，对未来一定时期内能够招聘的外部人才数量、质量等进行预测。

通常情况下，餐饮企业的人力资源供给预测的工作流程可以参考以下步骤进行。

第一，预测人员首先对餐饮企业现有的人力资源进行盘点，掌握企业人力资源的现状。

　　第二，结合企业的职务调整政策和历年员工调整记录，统计分析出企业员工调整比率。

　　第三，与各个部门管理人员沟通咨询，了解未来一段时间内可能出现的人事调动情况。

　　第四，对以上收集所得的全部数据进行统计和分析，总结出企业内部人力资源供给量的预测。

　　第五，对能够影响外部人力资源供给的各种因素进行分析，再依据分析结果得出企业外部人力资源供给预测。

　　第六，汇总企业内、外部人力资源供给预测结果，从而得到企业人力资源供给预测。

🛢加油站

企业进行人力资源供给预测除了可以掌握未来一定时期的内外部人力资源供给状况外，还有许多其他功能，这些功能对于企业的人力资源管理都有一定的帮助作用。表 2-3 所示为人力资源供给预测的功能介绍。

表 2-3　人力资源供给预测的功能

条目	功能介绍
1	了解企业内部员工现状，如部门分布、技术知识水平、工种以及年龄构成等
2	了解企业人力资源流动的情况及其原因，预测将来流动的态势
3	掌握企业员工提拔和内部调动的情况，保证工作和职务的连续性
4	分析工作条件（如休息制度、轮班制度等）的改变和出勤率的变动对人力资源供给的影响
5	掌握企业人力资源的供给来源和渠道

2.2.2　人力资源需求预测步骤

与人力资源供给预测相对应的就是人力资源需求预测，即通过科学的预测方法，对企业未来一定时期内的人力资源需求数量、质量和结构进行预测。同样的，人力资源需求预测也是人力资源规划的核心内容。

餐饮企业要对未来一定时期内的人力资源需求进行预测，可以参考如下所示的步骤进行。

第一，预测实现人力资源需求。其工作内容包括：

①根据工作分析结果确定职务编制和人员配置。

②进行企业当前人力资源盘点，统计出人员的缺编、超编情况，以及员工是否符合该职务任职资格。

③将上述统计结论与部门管理者进行讨论，修正统计结论。

第二，预测未来流失人力资源，其工作内容包括：

①对预测期内退休的人员进行统计。

②根据历史数据，对未来可能发生的离职情况进行预测。

第三，预测未来人力资源需求，其工作内容包括：

①结合企业的发展战略，确定各部门的工作量。

②根据工作量的增长情况，确定各部门还需要增加的职务及人数，并进行汇总统计。

第四，企业整体人力资源需求预测，主要是将现实人力资源需求、未来人力资源需求和未来流失人力资源进行汇总。

2.2.3　如何维持人力资源供需平衡

　　企业进行人力资源供给和需求预测的最终目的就是要使企业尽可能地维持人力资源供求平衡，从而避免资源浪费和资源紧缺等情况。

　　对于餐饮企业而言，要让人力资源供给与需求始终保持在完全平衡的状态是不太现实的。人力资源供求平衡只是一种理想状态，企业往往只能尽量靠近这个状态。

　　餐饮企业的人力资源供求情况往往有 3 种，即供过于求、供不应求以及结构性失衡。当餐饮企业处于这 3 种情况之一时，该如何进行调整，以维持人力资源供求平衡呢？

　　（1）人力资源供过于求

　　当餐饮企业员工数量过多、工作量较少时，说明该企业可能处于人力资源供过于求的状态。这种情况下，员工空闲时间较多，对企业而言是一种资源和成本的浪费。企业可以通过以下措施进行调整，使人力资源供求平衡。

　　①企业开拓新的业务，充分利用过剩的人力资源。

　　②当企业内部已经无法安置过剩的员工时，可辞退某些能力相对不足的员工。

　　③精减或合并过细的机构，减少人力资本供给，提高人力资源的利用率。

　　④利用优惠措施，鼓励员工提前退休和内退。

　　⑤减少新员工招聘工作，尽量从内部调配，将过剩的人力资源安排到其他需要的岗位。

⑥加强培训工作，使企业员工掌握多种技能，增强其择业竞争力，为员工自谋职业提供便利，同时为企业的发展储备人力资本。

（2）人力资源供不应求

餐饮企业工作任务繁多，而员工数量较少，无法按时完成规定任务量，此时该企业可能处于人力资源供不应求的状态。这种情况下，企业可以通过以下措施进行调整，使人力资源供求维持平衡。

①在企业内部进行人力资源调动，将符合要求的员工升迁或平调到紧急空缺岗位。

②增加外部招聘和返聘。

③聘用临时工，对于员工需求与季节变化有较大关联的餐饮企业非常适用，可减少企业的福利开支，用工形式较灵活。

④对员工进行相关专业技能培训，提高员工的业务能力。实施科学的员工激励方案调动员工的积极性，提高劳动生产率，从而减少对人力资源的需求。

⑤适当延长工作时间，提高员工工作量，但同时要增加相应的工资。

（3）结构性失衡

当企业的员工所具备的专业能力、知识和素质等条件不符合岗位要求，即员工无法胜任本职工作时，就说明企业人力资源处于结构性失衡状态。这时，企业可以通过以下措施进行调整，维持人力资源供求平衡。

①通过晋升、调动和降职的手段对企业内部员工进行重新配置。

如果冗员问题只出现在局部范围，此时可采取重新安置的办法来解决问题。

②对专业能力较低的员工进行针对性的技能培训，使其能够掌握更多的知识和技能，从而补充到高层次的空缺岗位。

③进行人员置换，即辞退那些企业不需要的员工，补充企业需要的人才，以调整人力资源结构，满足空缺职位对人力资源的需求。

2.3
餐饮企业人力资源规划

做好一件事情需要事先进行计划，人力资源管理同样如此。餐饮企业要做好人力资源管理，就需要进行人力资源规划，制订出人力资源获取、配置、使用和保护等各个环节的相应计划。

2.3.1　人力资源规划应遵循的原则

人力资源规划是人力资源管理体系的战略方针，主导着整个体系的工作方向，能使人力资源管理活动有序化，由此可见其重要性。制订人力资源规划不能信手拈来，应该符合企业的发展目标，并遵循一定的原则。

人力资源规划需要遵循动态原则、适应原则、保障原则以及系统原则，这 4 条原则的具体介绍如图 2-3 所示。

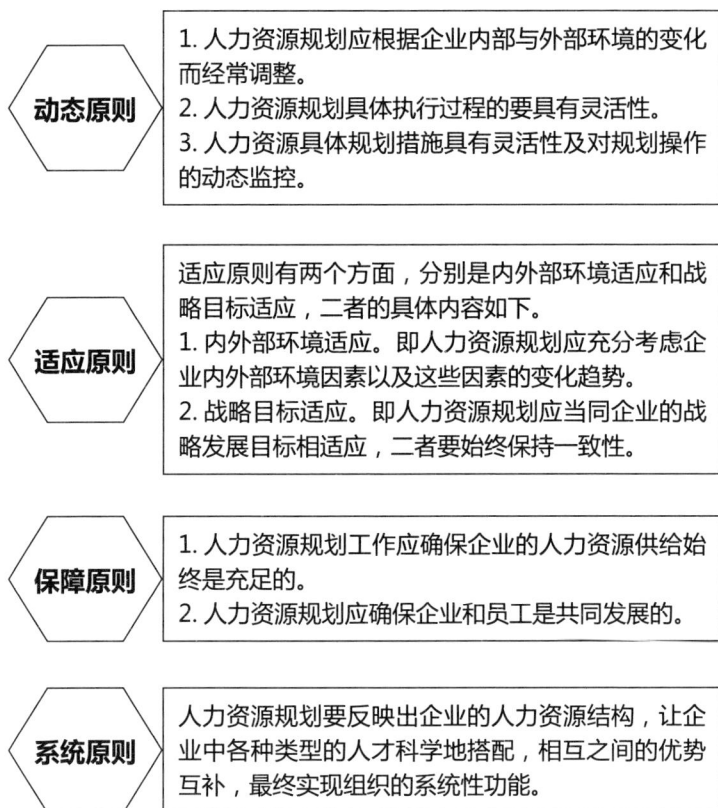

动态原则	1. 人力资源规划应根据企业内部与外部环境的变化而经常调整。 2. 人力资源规划具体执行过程的要具有灵活性。 3. 人力资源具体规划措施具有灵活性及对规划操作的动态监控。
适应原则	适应原则有两个方面,分别是内外部环境适应和战略目标适应,二者的具体内容如下。 1. 内外部环境适应。即人力资源规划应充分考虑企业内外部环境因素以及这些因素的变化趋势。 2. 战略目标适应。即人力资源规划应当同企业的战略发展目标相适应,二者要始终保持一致性。
保障原则	1. 人力资源规划工作应确保企业的人力资源供给始终是充足的。 2. 人力资源规划应确保企业和员工是共同发展的。
系统原则	人力资源规划要反映出企业的人力资源结构,让企业中各种类型的人才科学地搭配,相互之间的优势互补,最终实现组织的系统性功能。

图 2-3

🔰**加油站**

餐饮企业进行人力资源规划有 3 个目的:一是为了规划人力发展,使人力资源供求平衡;二是促进人力资源的合理运用,最大化人力资源的效益;三是配合企业发展的目标和需要。

2.3.2 人力资源规划的类型划分

在对人力资源规划进行分类时,有多种划分方式,如按规划内容划分、按规划的层次划分、按规划的期限划分和按规划的全局性和长远性不同划分等，而通过各划分方式又可以将人力资源规划划分为多种类型。

（1）按规划内容划分

人力资源规划根据内容的不同，又可以分为多个方面，如战略发展规划、组织人事规划和管理费用预算等。制订人力资源规划方案时，可分别从这些方面着手。

◆　人力资源战略发展规划

人力资源战略发展规划是各人力资源具体计划的核心内容，是企业总览全局的关键性规划。它主要是基于企业总体发展的战略目标，来对企业的人力资源开发和利用过程中涉及的方针、政策和策略进行规定。

◆　人力资源组织人事规划

人力资源的组织人事规划从广义的角度来讲，在人力资源规划的组织人事规划包括静态的组织人事规划和动态的组织人事规划。

静态的组织人事规划。即组织结构设计与调整规划、劳动组织设计与调整规划，它主要是对部门的组织结构设计、岗位设置、劳动定员定额和科学的组织劳动生产进行设计和规划，这些规划在设计完成后，只有偶尔根据实际情况稍加调整，其他长时间情况都保持为相对稳定的状态。

动态的组织人事规划。即人力资源供需平衡计划，该规划需要根据企业的内部和外部环境实时调整。

◆ 人力资源管理费用预算

人力资源管理费用预算是指企业在一个生产经营周期内，人力资源全部管理活动费用支出的预算。企业进行人力资源规划，其最终目的就是通过人力资源管理活动实现企业人力资源与其他资源之间的最佳配置。为了确保各项人力资源管理活动的正常进行，就必须进行人力资源费用的预算。因此人力资源管理费用在企业的人力资源规划中的作用是十分重要的。

◆ 人力资源管理制度建设

人力资源管理制度建设的内容包括人力资源管理制度体系建设的程序、制度化管理等，它是人力资源总规划目标实现的重要保证。

◆ 人力资源开发规划

人力资源开发规划主要包括企业全员培训开发规划（即员工的职业技能培训计划和职业道德教育计划）、专项人才培养计划、员工职业生涯发展规划和企业文化建设等。

◆ 人力资源系统调整发展规划

在企业的发展过程中，需要根据企业当前的实际情况实时调整人力资源规划内容，使其更加符合企业当前的现状，以便更科学、更合理地进行人力资源管理工作。为确保人力资源规划的调整是正确的、适宜的，就必须对其实施过程和结果进行监督与评估工作，并做好信息反馈。

（2）按规划的层次划分

制定人力资源规划方案从层次上又可以划分为两个层次，即总体规划和各项业务计划。

◆ 总体规划：其内容包括完成人力资源开发利用的总目标、总政策、实施步骤及总的预算安排。

◆ 各项业务计划：其内容包括人力资源开发利用过程中的具体配备计划、退休解聘计划、补充计划、培训开发计划、使用计划、绩效与薪酬福利计划、职业计划和劳动关系管理计划等。

（3）按规划的期限划分

如果将人力资源规划以时间的长短来划分，又可分为具体作业性的短期计划、策略性的中期规划以及战略性的长期规划 3 种，如图 2-4 所示。

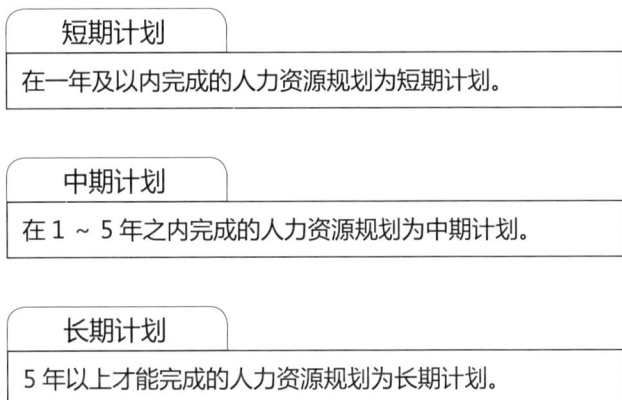

短期计划
在一年及以内完成的人力资源规划为短期计划。

中期计划
在 1～5 年之内完成的人力资源规划为中期计划。

长期计划
5 年以上才能完成的人力资源规划为长期计划。

图 2-4

以上的划分方式是一般企业的划分方式，通常以年作为单位，但是实际上人力资源规划的短期计划、中期计划和长期计划没有固定的标准，企业可以根据自身的规模来设定，比如有些企业将短期计划定为 3～6 个月，将中期计划定为 6 个月至 2 年，长期计划则定为 2～5 年。也有某些企业，即使是短期计划，也都定在 10 年以上。

（4）按规划的全局性和长远性不同划分

人力资源规划根据其全局性和长远性的不同，也可分为战略计划和战术计划两个方面，如图 2-5 所示。

战略计划 → 人力资源规划的实质就是通过各种规划促进企业既定目标的实现，因此制定的规划必须具有战略性、前瞻性和目标性，不仅要体现企业的发展要求，更要注意规划的稳定性与灵活性要保持统一。

战术计划 → 通过人力资源规划可以将企业制定的经营战略和目标转化为人力需求，从而完成目标的实现，因此必须从整体超前和量化的角度来分析并指定一些具体的目标实施计划。而战术计划就是根据企业未来面临的外部人力资源供求预测结果和公司实际发展对人力资源需求的预测结果来制订的具体方案，它一般包括人员的招聘、辞退、晋升、培训，以及员工的工资福利政策、组织结构的变更等。

图 2-5

2.3.3 制定和实施人力资源规划

人力资源规划会涉及企业的方方面面，制定人力资源规划无疑是非常具有挑战性的工作，要求相关人员既要对企业的过去了如指掌，也要对企业的未来发展战略一清二楚。

餐饮企业要制定科学的人力资源规划，既要高层管理者的战略指引，也需要各部门管理者与人力资源部门积极沟通。只有整个餐饮企业所有成员团结合作，才能最终制定出符合企业发展战略的、真正适合企业的人力资源规划。

至于如何制定和实施人力资源规划，这里给出以下对策措施，可供参考。

◆　明确人力资源规划战略目标

人力资源规划必须要契合企业的发展战略，所以人力资源规划的首要任务是根据企业发展战略确定人力资源规划的战略目标。然后需要将战略目标分解到人力资源的各个方面，即制订人员需求计划、招聘计划、培训计划和薪酬福利计划等。

为保证人力资源规划的有效性与正确实施，餐饮企业人力资源管理部门的员工需要对企业的各方面都有较深的理解，如行业定位、经营策略和经营规模等。

◆　建立多维交叉体系的规划工作机制

人力资源规划是对企业发展进行的全面而系统的规划，不是人力资源部门可以独立完成的工作，餐饮企业全体成员都需要承担相应的责任，共同协作完成。

一般情况下，由企业的决策层负责人力资源战略规划，然后与一线经理和人力资源部门共同制订规划方案，并支持下属实施方案；由人力资源管理部门负责人力资源的分析和预测，协助决策者制订规划方案，并做好方案的评价，支持一线部门实施规划等；一线经理负责人力资源的核心业务，具体包括招聘、培训、薪酬管理和绩效考核等，参与决策层和人力资源管理部门工作。

◆　完善人力资源信息系统

餐饮企业管理者在进行人力资源决策时，往往需要大量准确、及时的相关资料，这就要求企业有足够完善的人力资源信息系统，否则资料的搜集效率会非常低，且无法保证准确性。另外，人力资源管理部门需要对客户、业务和市场进行深入了解，清楚企业的发展方向和行业未来的走势。

◆ 提高人力资源从业人员素质

人力资源管理是企业发展和实现目标过程中的核心工作内容之一，人力资源管理的好坏往往能够代表企业的好坏。因此，人力资源部门的从业人员素质必须足够优秀。

另外，人力资源部门是为业务部门提供增值服务的，必须要对企业非常了解、对企业的各个部门非常了解，需要具有预见性、领导能力和学习能力。

◆ 优化人力资源规划工作环境

实施人力资源规划需要有合适的工作环境。餐饮企业在进行人力资源规划时要充分考虑到与企业文化的融合，使人力资源规划具有本企业特色。

加油站

餐饮企业进行人力资源规划时，需要注意避免出现如下 3 种情况：①只关注人员数量的规划，而忽视了企业对于人员质量的要求；②过于重视企业整体的人员规模与企业发展的匹配，而忽视了员工个体的发展需求；③目光不够长远，只对企业当前现状进行了审视，对于企业未来发展没有提出对应的人力资源措施，从而导致人力资源规划缺失有效性。

2.3.4 人力资源规划实施效果评价

人力资源规划方案开始实施后，并不代表人力资源规划工作已经结束了。人力资源规划是一项持续性的、动态的工作，需要从对实施效果的评价中获取相关信息，并对人力资源规划做出调整。

餐饮企业在对人力资源规划的实施效果进行评价时，可以通过图 2-6 所示的因素进行分析。

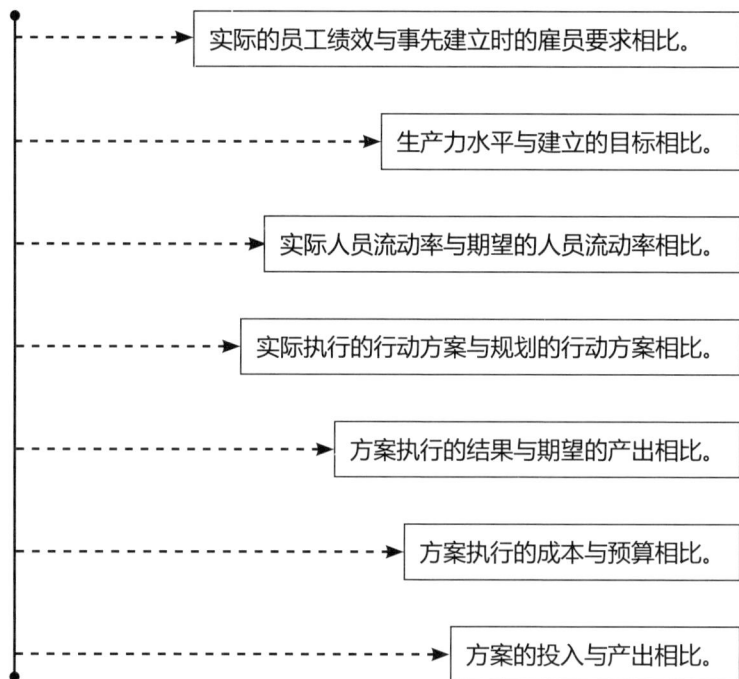

图 2-6

2.3.5　制定人力资源管理制度

人力资源管理制度是人力资源管理中比较重要的一个制度文件，由一系列具体的管理制度组成，可以使人力资源管理活动有据可依，防止管理的任意性，使管理活动规范、有序。

一般情况下，具体的人力资源管理制度需要具备总则、主文和附则等章节。餐饮企业在制定人力资源管理制度时，可依据图 2-7 所示的步骤进行。

1 概括地说明建立本制度的原因、地位和作用，其主要目的就是强调人力资源管理在企业中的重要性和必要性。

2 明确规定负责本制度建设的机构设置情况、职责范围和具体分工，以及参与本项人力资源管理活动的人员、各人员需要满足的条件、对应的职责、权限、义务等。

3 明确规定制定本制度的目标、程序、步骤，以及具体制定过程中应当遵循的原则和具体要求。

4 说明设计本制度的依据和原理是什么，对本制度中需要的数据信息用什么方法来获得，通过哪些指标来分析数据，制定本制度的参考标准是什么。

5 详细规定本制度的类别、层次和期限，对于制度的计划是如何提出、何时确定、何时开始、何时检查、何时反馈汇总、何时上报，都要明确地阐述清楚。

6 明确提出本制度中使用的报表格式、量表格式、统计数据所采用的标准、填写方法、文字撰写和上报期限等。

7 明确对本制度的应用原则和要求，以及与该制度相关的规章制度（如薪酬奖励制度、人事调整制度、员工晋升制度、员工培训制度等）的实施方式和相关政策的兑现办法。

8 明确规定各职能和业务部门年度总结、表彰活动的原则，以及涉及员工的权利、义务、管理办法等。

9 对本制度的解释、实施和修改等其他相关问题做出必要的说明。

图 2-7

2.4
人力资源管理费用预算

通常情况下，人力资源管理费用预算是指对于企业下一年度整个人力资源管理活动需要花费的资金进行的预算，其中包括招聘成本、员工工资、员工社保及福利和培训费用等一系列费用支出。图 2-8 所示为某餐饮企业人力资源管理费用构成图。

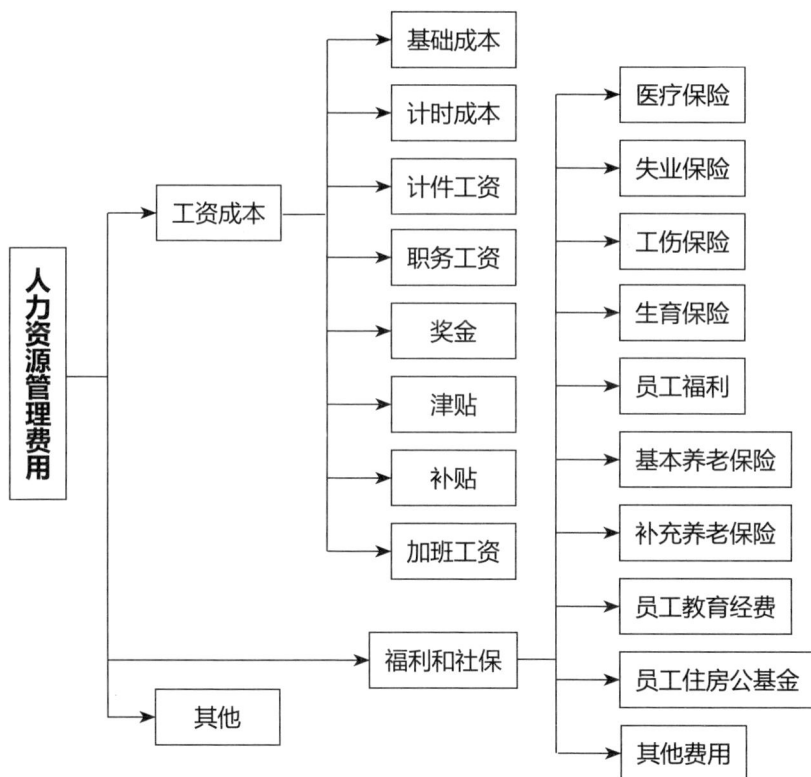

图 2-8

2.4.1 人力资源管理费用预算的原则

餐饮企业在对下一年度的人力资源管理费用进行预算时，应时刻注意遵循费用预算的基本原则，确保人力资源管理费用预算的合理性及有效性。

人力资源费用预算的基本原则有 4 条，分别为合法合理原则、客观准确原则、整体兼顾原则以及严肃认真原则，具体介绍如下。

合法合理原则。即是指要确保人力资源费用预算是合理且合法的。人力资源管理人员需要了解相关政策和法律法规，并时刻关注国家相关部门最新发布的各种相关政策和法律法规信息，如最低工资标准、社会保险和消费者物价指数等方面的标准变化信息。还需要对企业下一年度的工资调整的指导思想和要求有所了解。所有涉及各自主管项目的子项目比例变化的要准确地反映到预算中。

客观准确原则。即各种项目的费用预算要客观和准确，防止人为地加大和加宽预算，避免出现预算过剩的情况。

整体兼顾原则。即人力资源管理费用的预算必须从企业的整体规划出发，密切注意不同预算项目之间存在的内在联系，杜绝顾此失彼的情况，从而造成整体预算失衡。

严肃认真原则。即在进行人力资源管理费用预算的过程中，相关人员要始终秉持严肃认真、实事求是的工作作风，缜密地进行分析测算，切不可主观臆测。

2.4.2 人力资源费用预算的实施步骤

餐饮企业的人力资源管理费用的预算需要以企业的发展战略和上

一年度的实际人力资源管理费用支出数据为依据，按照规范的步骤进行。表 2-4 所示为人力资源费用预算的实施步骤。

表 2-4　人力资源费用预算的实施步骤

步骤	具体描述
第一步：成立预算编制小组	首先由餐饮企业决策层管理者、人力资源经理、人力资源部成员以及其他各部门管理者共同组成预算编制小组。决策层管理者负责领导预算编制小组以及执行决策工作；人力资源经理负责对预算编制的具体工作进行说明并给予指导；人力资源部成员负责预算的具体起草工作；各部门管理者负责提供本部门相关预算数据和资料并协助进行预算
第二步：制定预算编制时间安排	预算编制小组组建完成后，需要充分地调研与论证，做好预算编制的时间安排，包括预算启动时间、人力编制与费用预算时间、制定预算编制配套方案时间、预算审核时间和确认时间。需要特别注意，预算编制的完成时间必须在餐饮企业进行年度招聘的时间之前
第三步：在预算编制模板中填写预算内容	为了规范预算编制的格式，公司都有现成的模板，该模板由人力资源部门统一制定。在预算启动后，各单位相关人员只需要在该模板中的对应位置填写相应的内容即可，但是在填写过程中必须确保内容的准确性和真实性
第四步：向人力资源部提交预算编制内容	各单位在指定的时间内将填好的费用预算表提交到人力资源部，由人力资源部统一汇总，并据此起草企业总体人力资源预算。需要注意的是，人力资源部在制定总体预算草案之前，还需要对各单位提交的预算表中的内容的真实性和准确性进行核实，一般通过调研和抽查的方式进行抽验核查
第五步：预算内容审核	人力资源预算草案制定完成后，提交给各单位审核，各单位在规定的时间内将反馈意见提交给人力资源部，人力资源部在收到反馈意见后要及时对预算编制进行修改和完善。一般情况下，预算草案要经过 2 ~ 3 次重复地审核和完善后才能最终确定
第六步：预算方案确认	预算编制完成后，将预算方案提交给餐饮企业总经理审批、确认，形成文件后发送到各单位执行

加油站

人力资源管理费用预算的审核主要是对预算的合理性、准确性及可比性进行判断，确保费用预算三者俱备，以保证其符合政府相关规定及企业发展的需求。

2.4.3　人力资源费用预算控制

人力资源费用预算的主要目的是为企业节约和控制人力资源成本，但并非是要将人力资源成本完全控制在预算范围内，而是要使人力资源成本得到合理地使用，从而促进人力资源的合理配置。为此，人力资源费用预算需要有合理的控制方法和规范。图 2-9 所示是某餐饮企业进行人力资源费用预算控制办法，可供参考。

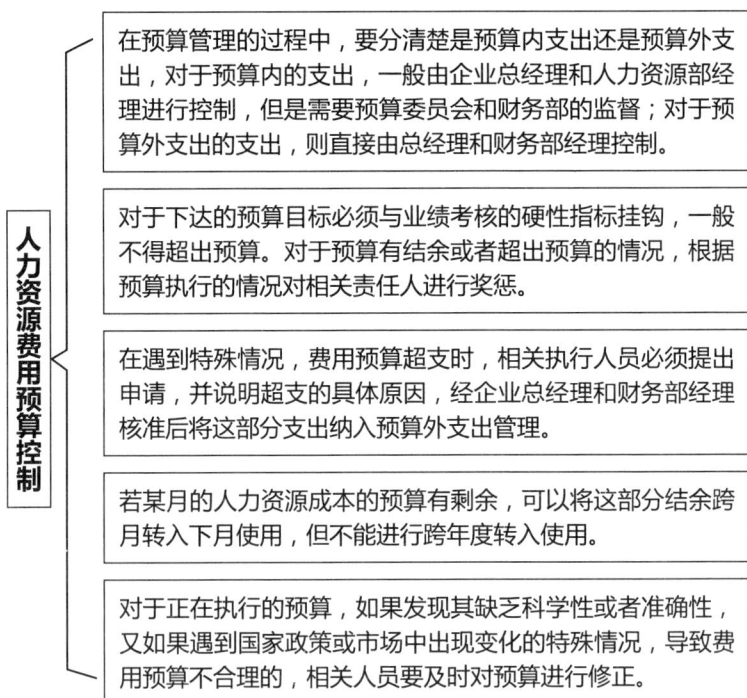

人力资源费用预算控制

- 在预算管理的过程中，要分清楚是预算内支出还是预算外支出，对于预算内的支出，一般由企业总经理和人力资源部经理进行控制，但是需要预算委员会和财务部的监督；对于预算外支出的支出，则直接由总经理和财务部经理控制。
- 对于下达的预算目标必须与业绩考核的硬性指标挂钩，一般不得超出预算。对于预算有结余或者超出预算的情况，根据预算执行的情况对相关责任人进行奖惩。
- 在遇到特殊情况，费用预算超支时，相关执行人员必须提出申请，并说明超支的具体原因，经企业总经理和财务部经理核准后将这部分支出纳入预算外支出管理。
- 若某月的人力资源成本的预算有剩余，可以将这部分结余跨月转入下月使用，但不能进行跨年度转入使用。
- 对于正在执行的预算，如果发现其缺乏科学性或者准确性，又如果遇到国家政策或市场中出现变化的特殊情况，导致费用预算不合理的，相关人员要及时对预算进行修正。

图 2-9

2.4.4　人力资源费用预算执行的保障

人力资源费用预算对于企业而言非常重要，对企业人力资源管理活动有着引导和控制作用。

为了保障人力资源费用预算的顺利执行，餐饮企业需要采取一定的措施，加强员工对费用预算的重视，并引导员工积极主动配合预算的执行。表 2-5 所示即是人力资源费用预算执行的保障措施。

表 2-5　人力资源费用预算执行的保障措施

保障措施	具体介绍
人员保障	人力资源费用预算的执行必须有相应的人员作为保障，否则预算就是一纸空文。可以由企业领导或相关专业人士对预算执行进行监督和评估，保证预算的执行不会偏离正轨
考核和激励保障	企业需要对预算的执行结果进行考核，对于超额完成预算任务（预算合理的情况下）的需要给予奖励；而未完成预算任务的，需要对其原因进行调查和分析，再决定是否给予惩罚。因此，激励制度要科学、公正，且必须在预算执行前制定
其他保障	其他保障主要指企业领导和各执行单位的支持，以及相关职能部门的协助

🛢️ 加油站

预算考核是使预算约束作用和激励作用得以发挥的必要条件，通过预算目标的细化分解与激励措施的付诸实施，可以引导企业全体员工沿着企业战略目标的方向而努力。预算考核的主要对象是预算编制者与执行者。

人力资源管理费用预算的考核是预算顺利执行的重要保障，餐饮企业在进行预算考核时需要遵循 5 个原则，如表 2-6 所示。

表 2-6　人力资源费用预算考核的原则

考核原则	具体介绍
目标原则	以预算目标为基准，按预算完成情况对预算执行者的业绩进行评估

续表

考核原则	具体介绍
激励原则	虽然预算目标是对预算执行者业绩评价的主要依据，但是考核必须与激励制度相配合
时效原则	预算考核是一项动态考核，当期的预算考核必须在当期预算执行完毕后立即进行
例外原则	对于由于市场变化、重大意外灾害这类不可预测的、阻碍预算执行的重大因素，人力资源在进行预算考核时应作为特殊情况处理
分级考核原则	预算考核要根据部门结构层次分级进行

2.5 常用模板与表单

模板 工作分析管理制度

工作分析管理制度

第一章 总则

第一条 目的

为确保工作分析的全面性、高效性，为公司人力资源管理工作提供基础和依据，理清工作关系，增强工作流程，使公司结构更加合理化、规范化、特制定本制度。

第二条 适用范围

本制度适用于公司人力资源工作实施中的计划、设计、实施、运用以及指导等各项工作。

第二章 工作分析职责分配

第三条 人力资源部工作职责

1. 负责建立、健全公司岗位的宣传与沟通渠道。

2. 负责制定公司相关工作规、人力资源管理制度、劳动工资制度、人事档案管理制度、员工手册、培训大纲等规章制度，实施细则和人力资源部工作程序，经批准后组织实施，并根据公司的实际情况，完善细化和修订计划编制订合理的人力资源计划。

3. 制订并实施公司人力资源部年度工作目标和工作计划，按月做出预算计划，每年度根据公司的经营目标及公司的人员需求审核通的人员编制，对公司人员的档案进行统一的管理。

4. 利用信息调研工具，定期收集公司内外人力资源资讯，建立公司人才库，保证人才储备。

5. 依据公司的人力资源需求计划组织各种形式的招聘工作，收集招聘信息，进行人员的招聘、选拔、聘用及配置，如果员工不合格别进行解聘。

6. 分发、收集调查问卷。

第四条 公司高层领导工作职责

公司高层领导包括董事长、总经理、副总经理以及各部门主管等等，工作职责主要包括：

1. 从宏观上掌控工作分析的进程。

2. 动员各部门配合人力资源部工作，为人力资源部开展工作分析提供有力的帮助和支持。

3. 验收工作分析的结果，并以此为依据厮出调整等更好的发展方向和方法。

第三章 工作分析内容及方法

第五条 工作分析的内容

工作分析的内容包括对工作名称、工作规范、工作环境、工作条件进行分析。

1. 对工作名称进行分析，需要人力资源部和收集资料、根据工作环节的性质特征进行分析和概括，以此选择和确定工作名称。

2. 对工作规范进行分析，主要包括对工作任务、工作职责、工作关系和工作强度等方面

进行的分析。

3. 对工作环境进行分析，主要包括对工作的安全环境、社会环境和物理环境等方面进行的分析。

4. 对工作条件进行分析，主要包括对工作必备学历、知识、经验、技能、心理素质等方面进行的分析。

第六条 工作分析的方法

工作分析的方法主要有问卷调查法、关键事件法、工作日志法、观察法以及访谈法等，如果公司员工较多，为了更高效地完成工作分析，可以使用问卷调查法、观察法以及工作日志法。

第四章 附则

第七条 本制度自发布之日起开始执行。

第八条 本制度的编写、修改及解释权归从人力资源部所有。

[模板] 职务权限设计制度

职务权限设计制度

第一章　总则

第一条　目的

为保证本公司经营恒积高效率的运转，使管理层职责、责任和权限明确化，保证各职务权力和责任的有效结合，完善工作说明的内容，特制定本制度。

第二条　适用范围

本制度适用于公司所有职务权限的设计和调整。

第三条　用语释义

1. 职务权限，即我们平常所说的职权，是指经由一定的正式程序所赋予某个职位的权力。这种权力不是个人权力，而是某个职位的权力。
2. 职务设计，是将职务任务组合起来构成一项完整职务的过程，是对现有职务的认定、修改或产生新的职务。

第二章　职务权限设计方法

第四条　职务专业化

职务专业化是通过分析工人的手、臂和身体其他部位的动作、工具、身体和原材料之间的物理机械关系，寻找工人的身体活动、工具和任务之间的最佳结合、实现工作的简单化和标准化，使所有工人都能够达到预定的生产水平。

第五条　职务轮换

职务轮换是通过让员工工作多样化，从而避免产生工作厌倦的一种方法，职务轮换有纵向和横向两种类型，纵向轮换的是有计划的培训手段。

第六条　职务扩大化

职务扩大化是避免职务专业化缺陷的另一种努力，即通过增加职务所完成的不同任务的数量实现工作多样化。

第七条　职务丰富化

职务丰富化是指赋予员工更多的责任、自主权和控制权，以此激励员工的责任感、成就感和个人成长。

第八条　建立工作团队

工作团队是围绕小组进行的一种设计方法，在工作团队内、每位员工具有多方面的技能，是一个成熟、稳定的工作团队。

第三章　确定职务权限设计方法

第九条　授权

授权要明确权责范围，绝对不能越级授权。

第十条　监督控制

监督控制包括上级领导对下属以及同一职务的员工，基层员工相互之间行使的监督控制。

第四章　职务权限设计流程

第十一条　职务权限的设计原则

1. 适当授权原则，以此提高管理效率、控制成本。
2. 避免职务分化原则，明确各职务权限，避免两级分化、失误成果等。

第十二条　职务权限的设计流程

1. 权限体系有助导入人员培训。
2. 各项工作流程的调整。
3. 现行职务权限的调查与分析。
4. 授权程度的调查与分析。
5. 职务权限设计。
6. 各类权限规定最高管理者的讨论。
7. 权限运用讨论。
8. 权限运用测评。

第五章　职务权限设计评估

第十三条　职务权限设计评估标准

1. 真实客观反映职位之间的相对级差。
2. 客观定位职务的权力和责任。
3. 整个工作流程能影响职务权限及时进行调整。
4. 掌握职务的本质特征，即使是不熟悉的职务，也要一边了一边掌握。

第十四条　职务权限设计评估方法

评估方法主要采用问卷法和面谈法。

第十五条　评估小组

评估小组由职务权限设计参与人员、公司管理层、被评估职务的工作人员及时进行沟通，并撰写评估报告。

第六章　附则

第十六条　本制度自发布之日起开始执行。

第十七条　本制度的编写、修改及解释权归人力资源部所有。

[表单] 年度人员需求预测表

年度人员需求预测表

部门	现有职务	现有人数	预测人员变化		编制人数	备注
			增加	减少		
高管	总经理					
	副总经理					
人事行政部	经理					
	主管					
	员工					
财务部	经理					
	主管					
	员工					
销售部	经理					
	主管					
	员工					
客户服务部	经理					
	主管					
	员工					
……	……					
	……					
	……					
总计						
人力资源部		财务部		总经理		

[表单] 人力资源管理费用预算执行表

人力资源管理费用预算执行表

填报人：　　　　　　　　　　　　　填报时间：

费用分摊额		月度			本季度累计			本年度累计		
		预算	实际	差异	预算	实际	差异率(%)	预算	实际	差异率(%)
培训费用	外派学习									
	入职培训									
	业务培训									
	……									
	小计									
薪金费用	员工工资									
	保险总额									
	福利费用									
	其他									
	小计									
办公费用	公用品									
	出差									
	小计									
合计										

表单 费用预算额与实际发生额比对表

费用预算额与实际发生额比对表

费用项目		具体项目	预算金额	实际支出金额	预算比实际差异额	备注
薪资福利费用	工资费用	核心人员				
		临时工				
		基本工资				
		绩效工资				
		加班工资				
	福利工资	津贴补助				
		社会保险				
		公积金				
培训费用		内部培训				
		外部培训				
招聘费用		网络招聘				
		现场招聘				
劳动保护费用						
员工活动费用						
劳动法律费用						
累计（元）						

表单 员工岗位调动申请表

员工岗位调动申请表

姓名		现任职部门		现任岗位	
申请调入部门			新任岗位		
员工申请岗位调动原因自述	（包括申请调动的原因、对岗位的规划、建议） 申请人签字： 年　月　日				

备注：1.员工的申请调动时间以主管领导的批准时间为准。
2.员工在原岗位工作未交接清楚，此审批单不予生效。
3.薪资标准按照新人岗位工资标准执行。
4.本申请表由申请人填写，并报相关部门核准。经核准后，报送行政部、财务部各一份存档。
5.经理级以上人员由传媒公司签批，酒店员工由酒店总经理签批。

原部门意见	部门经理签字： 年　月　日
拟调入部门意见	部门经理签字： 年　月　日
行政人事部意见	部门经理签字： 年　月　日
总经理意见	总经理签字： 年　月　日

知人善用——招聘与配置

第3章

03

招聘是企业新鲜"血液"的主要来源，尤其对于员工流失率较大的餐饮企业而言，招聘工作更是重要。企业在招到人才后，对其进行合理地配置也同样重要，这是使企业员工人尽其用的重要保障。

3.1

企业招聘的准备工作

餐饮企业经常需要进行员工招聘，主要原因在于其服务行业的性质，其次是企业对于招聘工作的不重视。餐饮企业大多数岗位对于技术和能力的要求不高，招聘员工也比较容易，导致企业对于招聘工作不够重视，招聘也就比较随意，这无疑使得招聘的员工质量较低，员工流失率大增。

为了降低招聘成本，提高招聘质量，餐饮企业必须重视招聘工作，做好招聘的准备工作。

3.1.1 确定招聘需求

在进行招聘之前，自然是要确定招聘需求的。需要招聘的岗位是什么？任职需要什么条件？各岗位需要招聘多少人？这些问题都要在招聘前确定。如果不进行招聘需求确认，就会出现招聘工作无法进行或中断、重复等问题。

加油站

招聘需求有两种，第一种是新增招聘需求，它是指新增岗位的人员招聘；第二种是补充招聘需求，它是指原有职位的人员离职或调岗后，需要重新招聘补充人员。

招聘需求的确定需要由餐饮企业各个部门共同完成，即业务部门提出本部门的招聘需求，由人力资源部审核，最终确定招聘需求。图 3-1 所示为招聘需求的确定流程图。

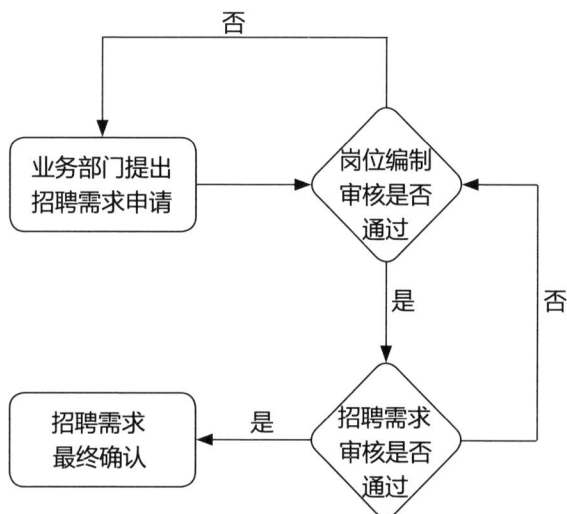

图 3-1

由图 3-1 可以看出，招聘需求的确定需要经过多次的审核和确定才能最终完成。下面根据流程图对招聘需求的具体流程进行介绍。

◆　业务部门提出招聘需求申请

在招聘需求申请中，业务部门要对需要招聘的职位、需求数量、时间以及任职资格等进行详细地说明。在大多数企业中，这些招聘需求申请往往是以表格的形式提交给人力资源部门进行审核。下面通过具体的案例进行了解。

某餐饮企业在近年来经营越来越好，老客户累积也是越来越多，又有良好的口碑，对新客户也有着很大的吸引力。

但是，客户的越来越多也给企业各部门带来了更多的压力，尤其是厨务部更是感觉到人手严重不够。于是厨务部向企业提出了人员招聘需求申请，表 3-1 所示为厨务部提交的人员招聘需求申请表。

表 3-1　厨务部人员招聘需求申请表

需求职位名称	中餐厨师	现有编制人数	2 人	空缺人数	2 人	隶属部门	厨务部
申请原因	□离职不缺　　　□替换人员　　　□岗位调动 ☑业务发展扩编　□新增职位						

职位要求							
项目		最低要求		项目		最低要求	
基本期望	性别	☑不要求 □要求：	工作经验		行业背景	□不要求 ☑要求：餐饮行业	
	年龄	□不要求 ☑要求：25 ~ 45 岁			工作年限	□不要求 ☑要求：3 年以上	
	薪酬	□不要求 ☑要求：3000 ~ 6000 元			跳槽频率	□不要求 ☑要求：较稳定	
教育背景	学历	□不要求 ☑要求：中专以上	必备技能		电脑水平	☑不要求 □要求：	
	专业	□不要求 ☑要求：烹饪相关专业			外语水平	☑不要求 □要求：	
优先条件	有大型餐饮企业中餐厨师经验者优先；住址近者优先						
其他补充条件	无						

职位职责
1.协助行政总厨处理日常事务，负责厨房的工作安排，在管理上起承上启下的作用，协助行政总厨制定中餐菜牌、厨房菜谱及食品价格。 2.布置工作任务，安排工作细节，并对员工工作给予指导和监督。及时处理工作中的问题，或直接向上级部门反映。 3.负责整个厨房的日常工作管理和全面的技术管理，抓好属下的思想工作及安全生产。

续表

4. 做好厨房中各岗位人员的调配，安排好工作，并经常性检查，保证厨房运作的正常。

5. 经常与餐厅方面以及公关销售部保持密切联系，掌握宾客对厨房出品的意见、建议，提高出品水平。

6. 做好下属员工的业务技术培训、参观和学习的组织工作。

7. 参与各岗位的业务操作检查和理论学习，确保厨房食品出品质量，经常检查食品味道、成色、所要求的温度及菜肴的份额。

8. 熟悉食品卫生法及操作安全知识，确保在食品生产过程中不使用不清洁或污染的产品，禁止患病员工进行操作或取送食品。

9. 定期对部门的工作进行总结，对员工的表现进行考核并向上级汇报。

10. 妥善使用厨房内的设备，注意经常清洁保养，如发现问题及时报工程部维修

任职资格

1. 中专及以上学历，烹饪或相关专业，中级或以上厨师。

2. 掌握食品烹饪技术，熟悉食品原辅料特性，以及相应的法律法规；掌握至少两种以上菜系的应用操作。

3. 熟悉及掌握中餐厅各类食材原料的特性及搭配，能够独立开发新产品，并制定标准作业指导书。

4. 踏实肯干，做事认真负责。

5. 服从领导管理，为人友好和善。

6. 无抽烟、无饮酒及赌博等不良习性者。

7. 身体健康，心态良好。严以律己，宽以待人。

8. 熟知厨房管理规则，有良好的职业操守。

9. 热爱工作，具备积极主动工作态度，对速食行业有浓厚兴趣者优先

部门经理申报意见	经厨务部审核，同意此招聘申请。 部门负责人：任×× 2019 年 5 月 21 日
人力资源部意见	签字： 2019 年　月　日
总经理意见及批复	签字： 2019 年　月　日

厨务部在将上表填写完毕后，便提交给人力资源部进行审核，等待最终审核结果。

◆ 人力资源部审核岗位编制

人力资源部门在收到业务部提交的招聘需求申请时，应对申请职位的岗位编制进行审核。如果所申请的招聘岗位在企业内没有岗位编制，则不予通过。

◆ 人力资源部审核招聘需求

岗位编制审核通过后，人力资源部需要继续对招聘申请进行需求审核，即判断该部门的该岗位是否确实有必要进行人员招聘（判断是否为假性招聘需求）、是否符合企业发展规划、岗位要求是否合理以及是否需要招聘如此数量的人员。

加油站

不论是新增招聘需求，还是补充招聘需求，都有可能存在假性需求，即是指业务部门为了提升业绩，提出过多的人员需求。所以人力资源部门在审核招聘需求时应该考虑是否可以通过挽留离职者、工作再设计或加班等方法消除掉这个招聘需求。

◆ 招聘需求最终确认

人力资源部通过业务部门提出的招聘需求申请后，还需要经过人力资源部负责人的最终确认方可将招聘需求确定下来。

确定招聘需求的主要作用是减少不必要的岗位设置和人员编制，以降低餐饮企业人力资源成本。另外，招聘需求的确定可以避免盲目招聘，使招聘人员带着明确的目标和标准进行招聘，对提高员工质量也有明显的作用。

3.1.2 选择招聘渠道

在准备进行人员招聘时，招聘渠道的选择也非常重要。不同的招聘渠道具有不同的优缺点，餐饮企业在招聘时需要根据待招聘的岗位选择合适的招聘渠道。

根据招聘人才的来源不同，通常将招聘分为内部招聘和外部招聘两种，而这两种招聘渠道又可细分为多种具体的招聘渠道，如图 3-2 所示。

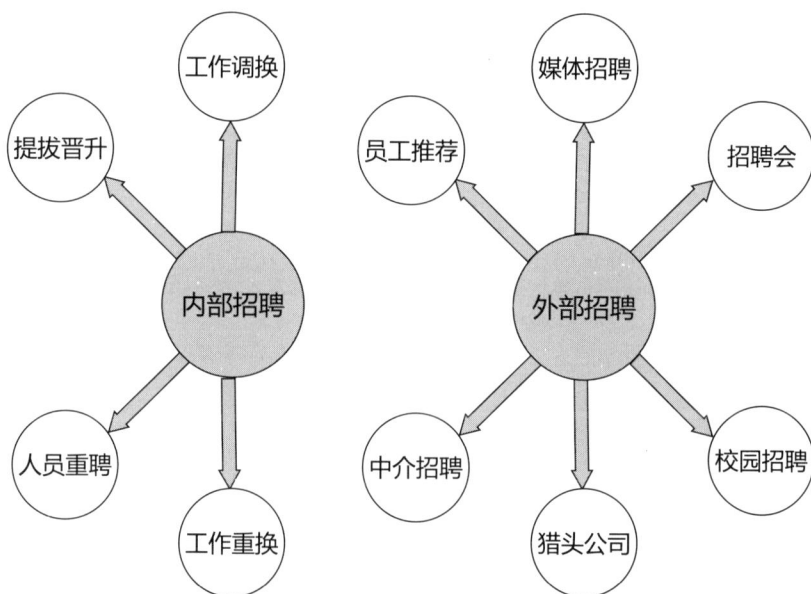

图 3-2

（1）内部招聘

所谓内部招聘就是当企业出现职位空缺时，从企业内部挑选合适的人选来填补这个空缺。

从图 3-2 中得知，内部招聘又分为提拔晋升、工作调换、人员重聘和工作重换 4 种，其具体介绍如表 3-2 所示。

表 3-2　内部招聘渠道介绍

渠道	具体描述
提拔晋升	这种方式可以给企业内部员工晋升机会，对于激励员工有很大的帮助。另外，内部提拔的员工对企业的业务比较熟悉，能很快适应晋升后的工作。 但是，内部提拔晋升同样存在缺点，就是提拔的不一定是最优秀的，容易对其他员工造成负面影响。因此，企业往往会同时采用提拔晋升和外部招聘进行人才选择
工作调换	工作调换是指将企业内部员工在其同一职级进行平调。这种方式除了可以填补职位空缺外，还有利于企业人力资源的合理配置，同时也可以使员工对于企业各部门有更深的了解
人员重聘	人员重聘主要针对的是那些由于某些原因已经不在岗位的老员工（如下岗人员、长期休假人员和停薪留职人员等），这些员工的素质和专业能力往往都非常符合企业的要求，重聘这些人员可以使其尽快填补岗位空缺，减少招聘成本和培训成本
工作重换	工作重换与工作调换非常相似，都是在同一职级进行平调。但是，工作调换通常是长期的、单独的，而工作重换一般是短期的、批量的。工作重换可以减少部门员工因长期从事同一工作事项而产生烦躁和厌倦感

内部招聘对于企业有着众多的好处，但同样有一定的负面影响。其中利弊关系，餐饮企业应根据自身情况进行权衡。

（2）外部招聘

当内部招聘无法满足餐饮企业的岗位需求时，企业就需要进行外部招聘，招收更多的满足要求的人才。从图 3-2 可知，外部招聘的渠道一般有 6 种，下面分别进行介绍。

员工推荐。即通常所说的内推，它不仅可以在一定程度上保证应聘者的质量，还可以有效地节省招聘成本，企业大多鼓励员工推荐。

之后由人力资源中心本着平等竞争、择优录用的原则按相应程序进行面试录用。对于餐饮企业而言，员工推荐是使用较多的招聘方式，下面通过一个具体的案例进行了解。

餐饮行业以前有"接场子"这一说法，一般是指公司在选定了厨师长后，由厨师长自带班底，并自行找相熟的前厅团队合作。虽然现在餐饮企业一般不会轻易换掉整个团队，但依然鼓励主厨推荐自己的伙伴入职。

某餐饮企业就是如此规定的，内部员工推荐自己的亲朋好友来工作，被推荐的人通过试用期后，员工可以根据推荐职位的不同获得 300～500 元的推荐奖励。这样做不仅可以快速解决员工招聘问题，还能降低招聘成本。同时，对于减少团队的磨合期也非常有利。

媒体招聘。对于一些规模较大的企业，可通过各类招聘网站、相关刊物广告等媒体发布招聘信息。而一些规模较小的餐饮小饭馆，对于服务员这种学历要求不高的职位，则通过在门店外张贴小广告或者发传单的方式发布招聘信息。

招聘会招聘。就是通过参加各地区人才市场等举办的招聘会进行招聘。

校园招聘。企业于每年春季将招聘信息及时发往有关学校的就业办公室，并有选择地参加专业对口的院校举办的人才交流会。

委托猎头公司招聘。对于企业的高级管理和技术岗位员工的招聘，可以委托给专门的猎头公司进行。

中介招聘。在招聘基层人员时，可以利用企业周边各种招聘中介机构进行招聘。

3.1.3 制订招聘计划

一系列招聘准备工作完成后，餐饮企业还需要制订完整的招聘计划，以保证招聘工作顺利地进行。同时，也可以规范招聘工作人员的工作事项，确保招聘效果。图 3-3 所示为招聘计划制定的步骤。

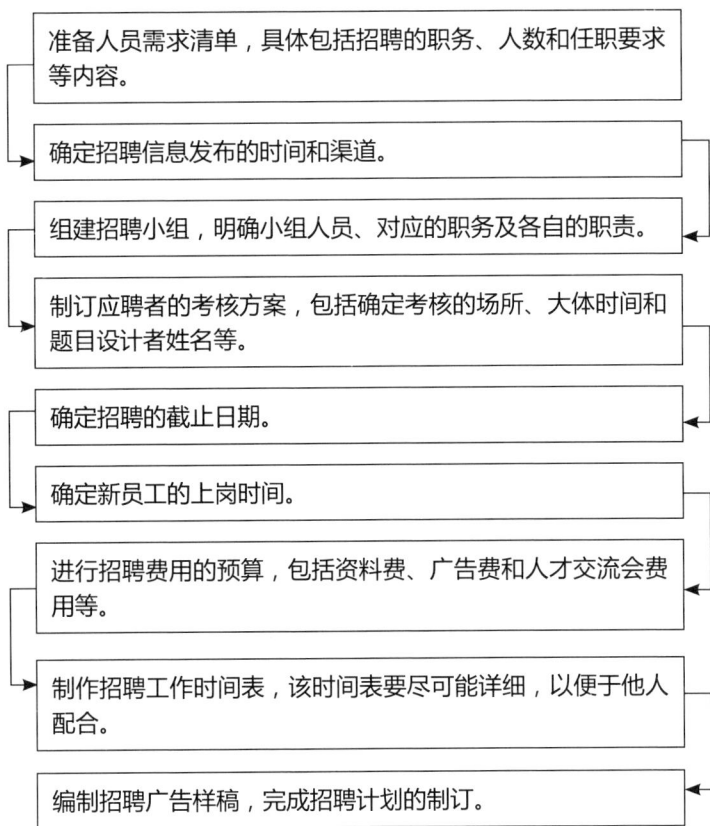

准备人员需求清单，具体包括招聘的职务、人数和任职要求等内容。

确定招聘信息发布的时间和渠道。

组建招聘小组，明确小组人员、对应的职务及各自的职责。

制订应聘者的考核方案，包括确定考核的场所、大体时间和题目设计者姓名等。

确定招聘的截止日期。

确定新员工的上岗时间。

进行招聘费用的预算，包括资料费、广告费和人才交流会费用等。

制作招聘工作时间表，该时间表要尽可能详细，以便于他人配合。

编制招聘广告样稿，完成招聘计划的制订。

图 3-3

🛢 加油站

为确保招聘计划符合企业发展战略，餐饮企业在制订招聘计划时，应坚持以下原则：①人才招聘要内部培养和人才引进相结合；②人才招聘要考虑企业现有人力配置和必要人力储备相结合。

3.1.4 预算招聘费用

招聘费用预算是招聘计划的一部分，同时也需要以招聘计划为依据进行预算。另外，想要精确地预算招聘费用，还需要知道企业的往期数据、行业数据、环境数据以及渠道数据等。

通常情况下，招聘费用预算会以一年为预算周期，其流程如图 3-4 所示。

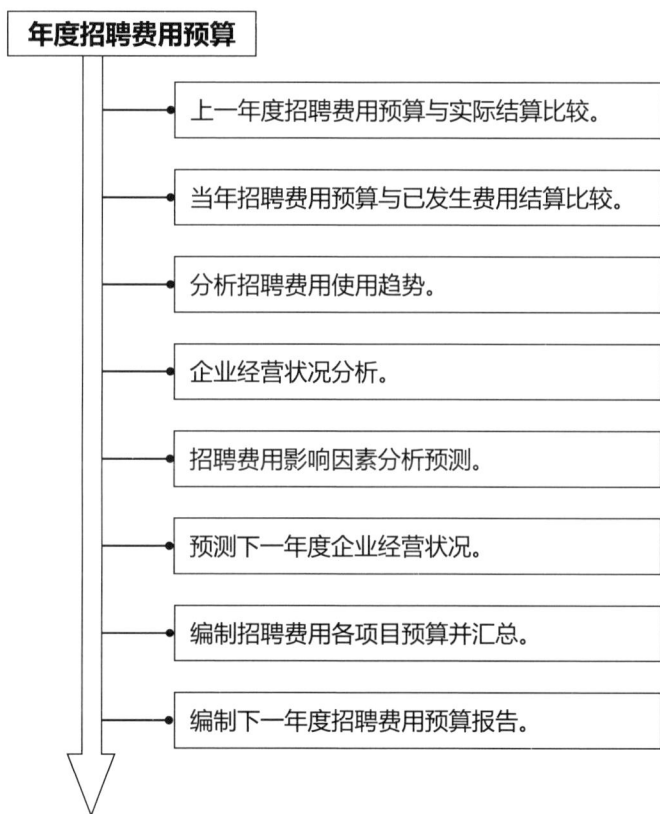

年度招聘费用预算

- 上一年度招聘费用预算与实际结算比较。
- 当年招聘费用预算与已发生费用结算比较。
- 分析招聘费用使用趋势。
- 企业经营状况分析。
- 招聘费用影响因素分析预测。
- 预测下一年度企业经营状况。
- 编制招聘费用各项目预算并汇总。
- 编制下一年度招聘费用预算报告。

图 3-4

从图 3-4 可知，要进行年度招聘费用的预算。首先，应该对历史数据进行整理和分析，清楚近两年的实际招聘费用与预算额之间呈什么关系，是预算充足，还是预算不足？从而得出往期招聘费用的使用情况。其次，根据历史数据对企业近年的经营状况进行总结和分析，得出企业经营情况与人员需求量的关系、企业经营状况是好是坏等，再根据分析的结果对下一年度企业的经营状况和用人需求量进行预测。然后，对招聘的渠道费用、人工费用和其他潜在费用可能发生的变化进行分析和预测。最后编制成招聘费用预算报告即可。

对于餐饮企业这类服务行业而言，招聘成本在人力资源管理成本中所占比重较大，降低招聘成本是减少人力资源管理成本的重要途径。而进行招聘费用预算主要目的就是为了降低招聘成本，减少不必要的成本浪费。

3.2
甄选与录用

招聘前的准备工作处理完成后，就可以正式开始实施招聘计划了。餐饮企业的人才招聘工作其实就是对应聘者的简历进行收集、筛选，然后邀请面试，再通过面试对应聘者进行甄选，经过面试成绩评估后，录用符合要求的应聘者。说来简单，但实际要做好招聘工作也需要下些功夫。

3.2.1 制定科学的面试管理制度

面试是企业选择人才的重要工作，面试工作做得越好，招聘获得的人才质量也就越高。然而，许多餐饮企业往往忽视了面试工作的重要性，认为需要的员工一般都没有太高的要求，面试工作也就较为随意。这也就造成了招聘得到的人员素质偏低，忠诚度得不到保障，从而大大增加了招聘成本。

因此，餐饮企业需要有一套科学的招聘面试管理制度，对相关工作人员的素质要求、工作标准与行为进行约束和规范，提高招聘质量。下面通过案例来了解面试管理制度大致内容。

第一条　总则

1. 本公司为招聘人才，为公司的发展服务，特制定本面试管理制度。

2. 有关应聘员工面试事项，均依本制度处理。

第二条　面试考官应具备的条件

1. 本公司人事部门工作人员为面试考官，面试人员本身需要给人一种好感，能够很快地与应聘者交流意见。因此面试人员在态度上、表情上必须表现得十分开朗，让应聘者愿意将自己想说的话充分表达出来。

2. 面试人员自己本身必须培养极为客观的个性，理智地去判断一些事务，绝不能因某些非评价因素而影响了对应聘者的客观评价。

3. 不论应聘者的出身、背景之高低，面试人员都得设法去尊重应聘者所表现出来的人格、才能和品质。

4. 面试人员必须对整个公司组织情况、各部门功能、部门与部门间的协调情形、人事政策、薪资制度和员工福利政策有深入的了解，才能应对应聘者随时提出的问题。

5. 面试人员必须彻底了解该应聘职位的工作职责和必须具备的学历、经历、人格条件与才能。

第三条　从面试中应获得的信息

1. 观察应聘者的稳定性。应聘者是否经常无端更换工作，尤其注意应聘者换工作的理由，假如应聘者刚从学校毕业，则要了解应聘者在学校中参加哪些社团，稳定性与出勤率如何。另外从应聘者的兴趣爱好中也可以看出应聘者的稳定性。

2. 研究应聘者以往的成就。研究应聘者过去有哪些特殊工作经验与特别成就。

3. 应付困难的能力。应聘者过去面对困难或障碍是否经常逃避，还是能够当机立断挺身而出解决问题。

4. 应聘者的自主能力。应聘者的依赖心是否极强，如应聘者从学校毕业，则可观察他在读书时是否一直喜欢依赖父母。

5. 对事业的忠心。从应聘者谈过去主管、过去部门、过去同事以及从事的事业，就可判断出应聘者对事业的忠心度。

6. 与同事相处的能力。应聘者是否一直在抱怨过去的同事、朋友、公司以及其他各种社团的情形。

7. 应聘者的领导能力。当公司需要招聘管理者时，特别要注意应聘者的领导能力。

第四条 面试的种类

根据本公司状况，面试可分为下列两种：

1. 初试。初试通常在人事部门实施，初试的作用无非是过滤那些学历、经历和资格条件不合格的应聘人员，通常初试的时间约 15 ~ 30 分钟。

2. 评定式面试（复试）。经过初试，如果发现有多人适合这项工作，这时就要由部门主管或高级主管做最后一次评定式面试，这种面试通常为自由发挥式的面谈，没有一定的题目，通常由一个问题一直延伸到另一个问题，让应聘者有充分发挥的机会，这类面试通常约 30 ~ 60

分钟。

第五条 面试的内容（面试内容的重点事项）

面试官应将面试内容控制在以下这些话题，防止面试内容偏离主题，浪费时间。

1. 个人的特性。

2. 家庭背景。

3. 学校教育。

4. 工作经验。

5. 与人相处的特性。

6. 个人的抱负。

通过以上案例可知，面试管理制度主要是对面试官需要具备的能力、面试过程需要收集的信息和面试的主要内容进行了规范和要求，以及对面试的种类进行了说明。其他餐饮企业可参考此案例，再结合自身实际情况，在此基础上进行修改和增补，从而制定出符合自身的面试管理制度。

3.2.2 伯乐相马，面试实施

"世有伯乐，然后有千里马。千里马常有，而伯乐不常有。"古人之言在如今的人才招聘中依然适用，只是这个"伯乐"是由企业与面试官共同组成。

何出此言？因为，一个好的"伯乐"既需要面试官有优秀的面试技巧和识人技巧，更需要企业的面试实施流程科学而严谨，然后面试官依此流程进行面试工作方能成为"伯乐"。

那么，餐饮企业应该制定怎样的面试实施流程，才能真正做好这个"伯乐"呢？表 3-3 所示为某餐饮企业的面试实施流程，可供参考使用。

表 3-3　面试实施流程表

流程阶段	具体描述
面试前的准备	确定面试人员、面试时间、面试地点、面试官以及向面试人员发出面试通知
面试场地的场景布置	面试场地的环境要安静，可选择小型会议室或者洽谈室，安排的座位也要舒适，光照和温度是否适宜也要考虑，尽可能地为应聘者营造一种轻松的气氛。对于面试的位置排列，一般选择围桌会议的形式
面试开始阶段	1. 面试官向应聘者简单进行自我介绍，并介绍公司的基本情况，让应聘者对公司有进一步的认识。在介绍过程中要注意语言的言简意赅，准确表达。 2. 面试官阐述完后，应聘者进行自我介绍，时间不宜过长，控制在 3 ~ 5 分钟即可。 3. 面试官开始向应聘者提问，通过应聘者的回答来进一步全面、客观地了解应聘者。 4. 对于面试问题，主要分为两部分，一部分为面试官指定的问题，由应聘者一一回答；另一部分为随机问答，因此这部分内容需要面试官事先准备，但是需要注意的是，对于问题的安排，要从应聘者可预料的简单问题开始，再逐步过渡到其他问题，这样可以消除应聘者的紧张情绪
正式面试阶段	1. 虽然面试官事先准备了一些问题，但是在正式面试时，面试官要根据面试现场进行灵活、多样化地提问，达到充分交流的目的，切记照着问题单宣读。采用灵活的提问和多样化的形式，交流信息，进一步观察和了解应聘者。 2. 在应聘者作答的过程中，面试官要注意察言观色，密切关注应聘者的反应。并且注意控制面试气氛，一旦出现冷场或尴尬的氛围时，要及时缓解，尽量确保面试过程中的气氛自然和谐。 3. 要注重审查应聘者的个人简历，从简历资料着手，找出其中的疑点，并进行发问

续表

流程阶段	具体描述
结束面试	1. 面试结束之前，面试官可询问应聘者是否还有需要了解的，或者不清楚的地方，如果应聘者没有问题，面试官要表示面试结束并请应聘者离开等候通知，也可以当场对应聘者简单评价后再表示面试结束。 2. 在所有应聘者面试完后，面试官要对面试记录进行整理汇总，并对应聘者的表现进行综合对比，如果对某一应聘者是否录用存在不同的意见，此时要与用人部门进行充分沟通后再最终做出是否录用的决定

加油站

作为面试官应该按照企业规定的面试流程实施面试工作，另外，还需要掌握基本的面试技巧：①好的面试官必须善于发问，且问题必须恰当；②面试官要想办法从应聘者的谈话里找出所需要的信息，因此面试官一定要学会听的艺术；③面试官问完一个问题时，应学会沉默，看应聘者的反应，观察应聘者对这个问题的应对能力。

3.2.3 面试评估，择优录取

面试结束后，还需要根据面试记录对应聘者进行具体的评估和评分，以确定该应聘者能否被录用或进入下一轮面试，然后把面试结果告知用人部门及应聘者。

岗位不同、企业不同、时间不同和地点不同等，对于应聘者都会有不同的要求。因此，在进行面试评估时，需要客观、全面地分析和评估应聘者的各方面素质和能力。可能这个应聘者不适合当前应聘的岗位，但可能非常适合其他的岗位，不能因评估不全面而错失人才。

某餐饮企业为保证人才招聘的质量和效率，制定了规范、严谨的招聘面试制度和人才录用制度。其中明确规定，面试官在对应聘者进行面试后，必须填写《面试评估表》，以保证面试评估的客观性和全面性。表 3-4 所示即为面试评估表。

表 3-4　××餐饮公司面试评估表

应聘人		性别		年龄		主考人		日期	
应聘职务			建议职务			联系方式			
语言程度： 英文：□流利　□好　□普通　□勉强沟通　□不好（听、说、读、写） 电脑程度：									
教育程度：□博士　□硕士　□本科　□大专　□中专　□高中（含）以下 主修专业：									

	询问事项（仅供参考）	评核要素	特优	优	良	可	劣
一般印象	1. 请你用两三分钟作简单的自我介绍	仪表	5	4	3	2	1
	2. 请问你为什么想要应征本公司的工作	态度与谈吐	5	4	3	2	1
	3. 离开上个工作单位的原因	问题回答的适应性	5	4	3	2	1
	4. 请你描述你对本公司的了解	对各种文化的适切性	5	4	3	2	1
	5. 你服务过的公司哪一家对你影响最大，其工作内容是什么	表达能力	5	4	3	2	1
经验与潜能	1. 描述工作上的专长项目并请举例说明	对公司可能具有的贡献	5	4	3	2	1
	2. 请举例说明过去工作中值得自豪的成就	各种经验是否足够	5	4	3	2	1
	3. 请列出在专业领域中熟悉的同业及人士	人际关系	5	4	3	2	1

续表

	4. 请举例说明是否有带领团队完成任务的经验	领导能力	5	4	3	2	1
	5. 请举例说明工作中曾遇到的困难与解决的过程	解决问题的能力	5	4	3	2	1
教育与专业	1. 简单说明所修学科中较有兴趣的部分	与应征各种是否相关	5	4	3	2	1
	2. 简要说明在实务中常运用的专业知识	知识的程度与深度	5	4	3	2	1
	3. 在校期间是否参加社团活动或担任干部	专业知识与各种匹配	5	4	3	2	1
	4. 你通常喜欢独自一人完成任务或经由团队	团队合作精神	5	4	3	2	1
	5. 请问你从事此专业工作的动机是什么	动机与兴趣	5	4	3	2	1
工作态度	1. 如果主管对你有误解，你会怎么做	诚恳	5	4	3	2	1
	2. 你对提高工作效率的看法	积极并接受挑战性工作	5	4	3	2	1
	3. 什么样的工作环境与主管是你无法忍受的	稳定性与各种耐力	5	4	3	2	1
	4. 请举例说明你在紧急情况下完成任务的经历	责任感	5	4	3	2	1
	5. 公司工作需要指派你做十分不熟悉的工作，你会如何做	工作	5	4	3	2	1
	6. 你喜欢哪种管理风格	专业技能及爱好	5	4	3	2	1
1. 希望待遇： 2. 目前待遇： 3. 预计报到日期：	得分（60分以下不予录用）：						

续表

面试人评定	优点	
	缺点	
	□拟录用　　管理职称：	
	□备取　　薪资总额：　（主管加给：□含　　□另计　　　　元）	
	□不录用	
	面试人签名：	

在上述案例中，该餐饮企业要求面试官每次面试结束填写面试评估表，对应聘者做出全面而客观的评价和评分。这样，在选择人才时就有了有力依据，做到适才而用、择优录取。

3.2.4　新员工报到管理

经过面试甄选并录用员工后，餐饮企业人力资源管理部需要在新员工报到之前将准备工作做好，然后通知新员工入职时间及相关的注意事项。待新员工前来报到时，还需要引导新员工办理入职手续。这些工作虽然很简单，但是也非常重要。第一印象往往能够影响新员工对企业的看法，而新员工报到管理工作是否到位，往往就是新员工对于企业的第一印象。

（1）新员工入职前的准备工作

一般情况下，新员工入职需要办理入职手续，而为了保证手续办理顺利进行，人力资源部要在新员工入职前的1～2天完成准备工作，如图3-5所示。

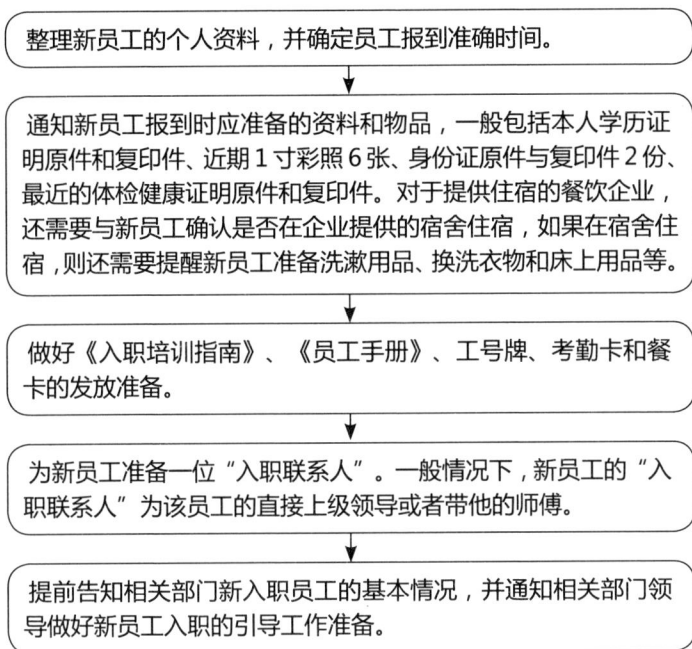

整理新员工的个人资料，并确定员工报到准确时间。

通知新员工报到时应准备的资料和物品，一般包括本人学历证明原件和复印件、近期 1 寸彩照 6 张、身份证原件与复印件 2 份、最近的体检健康证明原件和复印件。对于提供住宿的餐饮企业，还需要与新员工确认是否在企业提供的宿舍住宿，如果在宿舍住宿，则还需要提醒新员工准备洗漱用品、换洗衣物和床上用品等。

做好《入职培训指南》、《员工手册》、工号牌、考勤卡和餐卡的发放准备。

为新员工准备一位"入职联系人"。一般情况下，新员工的"入职联系人"为该员工的直接上级领导或者带他的师傅。

提前告知相关部门新入职员工的基本情况，并通知相关部门领导做好新员工入职的引导工作准备。

图 3-5

（2）人力资源部办理入职手续

新员工前来餐饮企业报到当日，人力资源部相关工作人员应热情接待员工，并引导其完成入职手续的办理，给新员工留下好的第一印象。以下是某餐饮企业新员工入职当天的手续办理及相关工作介绍的流程，可供参考。

①新员工报到日，人力资源部相关工作人员根据企业的新员工入职规定为其办理相关入职事项。

②要求新员工重新填写一份详细的员工基本信息登记表，由人力资源部做好档案保存，确认该员工调入人事档案的时间，同步更新员工花名册。

③向新员工发放《入职培训指南》，并告知其入职培训时间。

④带领新员工参观企业，并进行简单地介绍。然后带新员工到所属部门，介绍给部门负责人。（对于服务员、一般厨师或厨房杂工这类普通工作岗位的新员工，一般不会带领其参观企业，而是直接将其带到所属部门交给部门负责人即可）。

3.3
适才而用，人才配置

餐饮企业之所以要进行人力资源管理，主要目的就是要使人事相宜、人尽其才。但是由于每个人性格的不同、能力的不同以及生理和心理情况的不同，其适合的工作也必然有所差异，这就体现了人才配置的重要性。如何根据员工的个人情况和企业情况，将员工配置到合适的岗位，做到适才而用，就是人才配置要解决的问题。

3.3.1 人力资源配置管理

人力资源配置即人力资源部门根据各岗位的任职条件和岗位职责等职位相关信息，再结合招聘的新员工的个人实际情况，将该员工分配到企业的具体岗位上，并赋予其具体的职责、权力，使其进入工作角色，开始为实现组织目标发挥作用的过程。

（1）人力资源配置的原则

餐饮企业人力资源部门在进行人员配置时，需要遵循一定的配置原则，以确保人员配置的合理性。图 3-6 所示即是企业进行人员配置需遵循的 5 条原则。

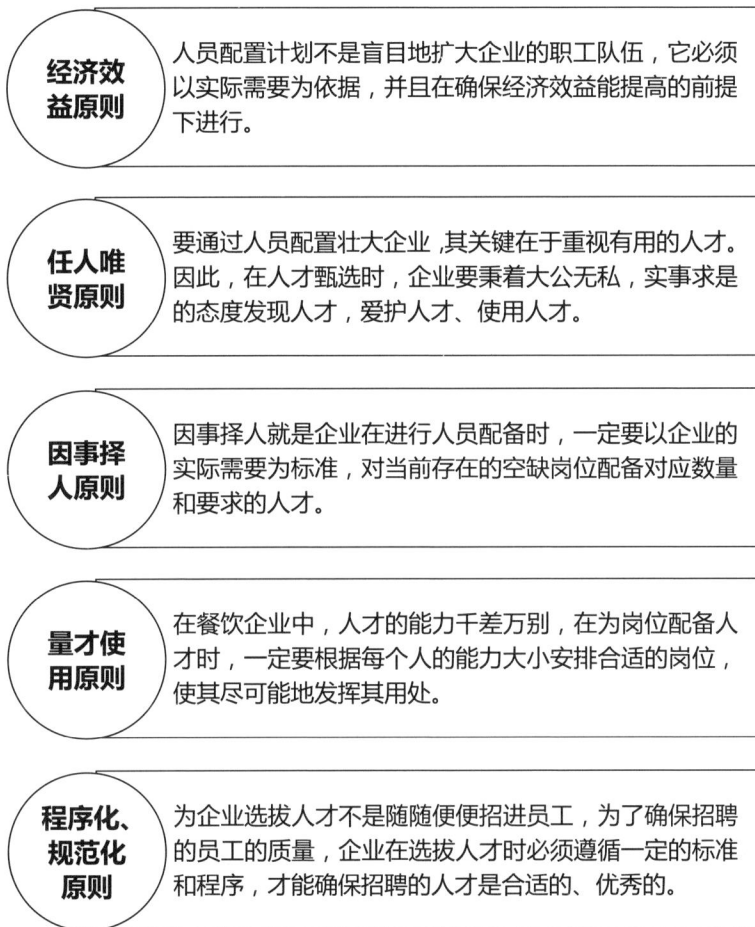

经济效益原则	人员配置计划不是盲目地扩大企业的职工队伍，它必须以实际需要为依据，并且在确保经济效益能提高的前提下进行。
任人唯贤原则	要通过人员配置壮大企业，其关键在于重视有用的人才。因此，在人才甄选时，企业要秉着大公无私，实事求是的态度发现人才、爱护人才、使用人才。
因事择人原则	因事择人就是企业在进行人员配备时，一定要以企业的实际需要为标准，对当前存在的空缺岗位配备对应数量和要求的人才。
量才使用原则	在餐饮企业中，人才的能力千差万别，在为岗位配备人才时，一定要根据每个人的能力大小安排合适的岗位，使其尽可能地发挥其用处。
程序化、规范化原则	为企业选拔人才不是随随便便招进员工，为了确保招聘的员工的质量，企业在选拔人才时必须遵循一定的标准和程序，才能确保招聘的人才是合适的、优秀的。

图 3-6

（2）人力资源配置的类型

随着人力资源管理理论的不断成熟，对于企业人员的配置问题，也逐渐形成了比较成熟的配置形式。图 3-7 所示为人力资源管理中

5 种人员配置形式的介绍。

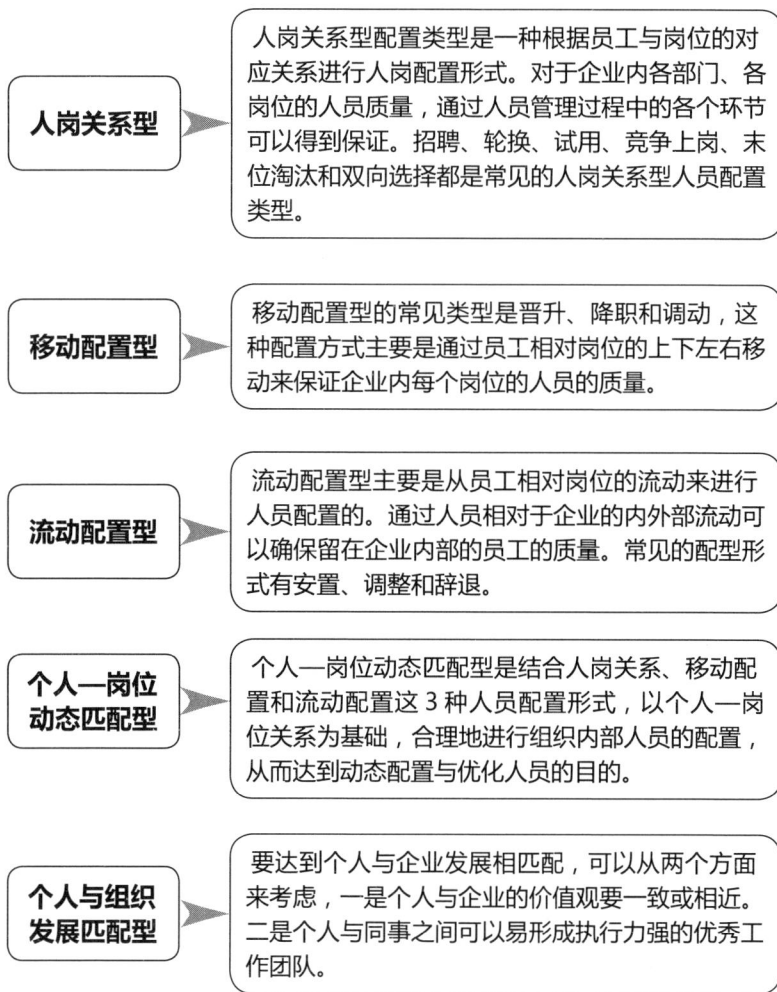

人岗关系型	人岗关系型配置类型是一种根据员工与岗位的对应关系进行人岗配置形式。对于企业内各部门、各岗位的人员质量，通过人员管理过程中的各个环节可以得到保证。招聘、轮换、试用、竞争上岗、末位淘汰和双向选择都是常见的人岗关系型人员配置类型。
移动配置型	移动配置型的常见类型是晋升、降职和调动，这种配置方式主要是通过员工相对岗位的上下左右移动来保证企业内每个岗位的人员的质量。
流动配置型	流动配置型主要是从员工相对岗位的流动来进行人员配置的。通过人员相对于企业的内外部流动可以确保留在企业内部的员工的质量。常见的配型形式有安置、调整和辞退。
个人—岗位动态匹配型	个人—岗位动态匹配型是结合人岗关系、移动配置和流动配置这 3 种人员配置形式，以个人—岗位关系为基础，合理地进行组织内部人员的配置，从而达到动态配置与优化人员的目的。
个人与组织发展匹配型	要达到个人与企业发展相匹配，可以从两个方面来考虑，一是个人与企业的价值观要一致或相近。二是个人与同事之间可以易形成执行力强的优秀工作团队。

图 3-7

3.3.2 试用期管理

新员工配置到合适的岗位后，便进入了试用期。许多餐饮企业的试用期为 2 个月（当然，试用期的时间由企业自定，有的可能达到 6

个月之多，也有的只有 7 天甚至没有试用期），新员工经过试用期后，人力资源部视其试用期内的工作表现决定该员工是转正还是辞退。

有试用期，就必然涉及员工的试用期管理，其主要工作内容有入职培训、定期辅导以及试用期考核等。图 3-8 所示为某餐饮企业试用期员工管理主要工作内容，可供参考。

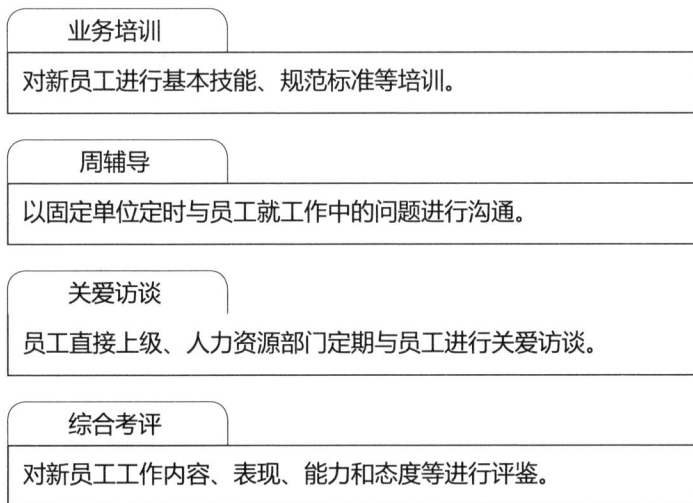

```
┌─────────────────────┐
│   业务培训           │
├─────────────────────────────────────┐
│  对新员工进行基本技能、规范标准等培训。  │
└─────────────────────────────────────┘

┌─────────────────────┐
│   周辅导             │
├─────────────────────────────────────┐
│  以固定单位定时与员工就工作中的问题进行沟通。  │
└─────────────────────────────────────┘

┌─────────────────────┐
│   关爱访谈           │
├─────────────────────────────────────┐
│  员工直接上级、人力资源部门定期与员工进行关爱访谈。  │
└─────────────────────────────────────┘

┌─────────────────────┐
│   综合考评           │
├─────────────────────────────────────┐
│  对新员工工作内容、表现、能力和态度等进行评鉴。  │
└─────────────────────────────────────┘
```

图 3-8

加油站

许多餐饮企业对于留住新员工没有较好的办法，使招聘的新员工有一大部分在试用期还没有结束就离职了。究其原因，还是试用期管理工作没有做好。要想更好地留住新员工，员工关怀和企业文化建设必不可少。另外，还要有合理的激励机制，如绩效奖励、提前转正等。

试用期员工的转正管理也是非常重要的。餐饮企业应该设置试用期员工提前转正机制，这样可以很好地激励新员工，使其积极主动的适应企业工作环境和工作内容，以便快速达到转正要求。

某餐饮企业为规范员工试用转正考核流程，确保员工转正考核工作规范、有效及有章可循，同时为了鼓励新员工尽快从试用期转正，设置了试用期员工提前转正机制，其具体内容如下。

一、考评阶段

1. 新入职员工均试用 3 个月，试用期满后，部门根据《员工表现评估表》对拟转正员工进行评估。

2. 员工试用期间工作表现优秀，自己或直接上级可以提前提出转正申请。

3. 领班及以上员工转正，部门需组织 5 名以上员工进行评议和问卷调查。

二、考核阶段

员工转正考核分为两个部分：

1. 餐饮服务理论知识考核

以新员工职前培训内容为主，涉及餐厅介绍、菜品知识、规章制度、安全消防和综合素质等，由部门出题。

2. 业务技能考核

以员工岗位技能实操方式进行。部门拟定考核项目并负责评分，人力资源部对考核过程进行监督。

三、考评及考核标准

1. 部门经理有权力根据员工试用期间的工作表现，提前或延长员工试用期。提前期不超过一个月，延长期不超过三个月。试用期延长的员工无转正或晋升资格。

2. 员工的转正考评阶段合格标准以《员工表现评估表》要求为准。若员工的表现评估未合格，员工无转正资格，并延长试用期一个月。

3. 基层管理人员的员工评议结果，若反对意见超过 60%，则暂缓或延长试用期。

4. 员工表现评估合格方可进入考核阶段。考核分理论试题和技能实操两个部分，总分为 100 分，理论和实操各占 50% 的分值。

5. 各级员工考核结果及转正标准：

1. 根据员工考核综合评分，综合考核成绩未达到 60 分，员工不予转正，并延长试用期。

2. 综合考核成绩达到 60 分，员工试用期满后予以转正，工资上调至转正工资。

3. 综合考核成绩达到 85 分，员工试用期满 1 个月即可提前转正，工资上调至转正工资。

四、转正审批

若员工通过评估及考核，达到转正标准，由所在部门填写《人事变动表》，将《员工表现评估表》和考核成绩附后，由人力资源部呈交总经理签字认可后方可执行。

3.3.3　人力资源再配置

人力资源再配置指企业根据员工的实际工作情况，以及员工与职位匹配程度或员工个人因素，对员工进行重新评价、重新配置的过程。

人力资源再配置可以使企业内部人力资源配置更为科学、合理，其主要手段是员工晋升、降职、辞退、工作轮换和竞聘上岗等。表 3-5 所示为进行人力资源再配置的主要原因及其对应的再配置方式介绍。

表 3-5　再配置原因及对应手段介绍表

再配置原因	手段
根据绩效考核或任职资格考核，发生人事不匹配情况（即高于或低于职位要求）	晋升、降职或辞退
员工职业生涯发展需要	工作轮换
职位空缺，从组织内部招募	竞聘上岗

　　除了使企业人力资源得到更科学的配置外，人力资源再配置对于提升员工创造力也有一定的效果。据专业人士对于员工的创造力与同一岗位任职年限的关系研究表明，企业员工在同一岗位任职超过一定年限后，其创造力会逐渐下降。员工创造力与同一岗位任职年限的关系曲线图，如图 3-9 所示。

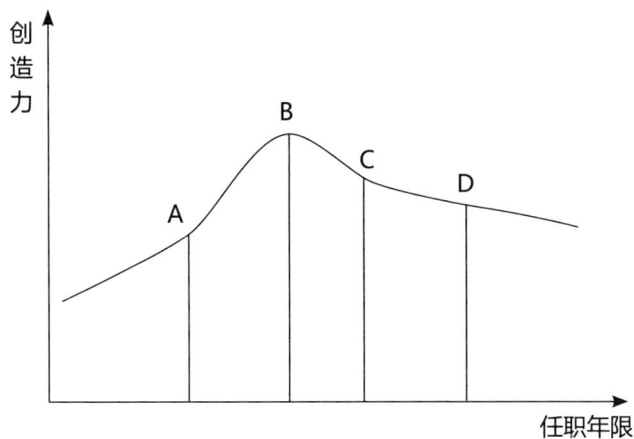

图 3-9

　　从图 3-9 可以看出，员工在某一岗位任职的前几年，其创造力是呈逐渐增加的，在 B 点时达到最大值，而后开始逐渐下降，虽然在 C 点之前还有一定创造力，但 D 点之后其创造力明显是不足的。

　　因此，当发现企业内部员工处于 C 点之后的状态时（一般情况下，员工创造力开始下降的一年半后便是这种状态），就很有必要对其进行再配置了。

　　所谓创造力，其实就是员工的工作积极性、主观能动性以及工作热情的直观体现。员工对所担任工作失去了热情，没有了积极性，创造力自然就逐渐下降。餐饮企业要激发员工的创造力（即工作积极性），就需要及时对员工进行再配置，以新的工作环境激发员工的热情。

3.4

常用模板与表单

模板 招聘管理制度

模板 内部竞聘制度

内部竞聘制度

第一章 总则

第一条 目的

为有效实现企业发展战略目标，更好地选拔、任用人才，促进各项业务良性发展，鼓励员工自我增值，特制定本竞聘管理制度。

第二条 方式

对于空缺岗位，公司优先考虑内部招幕，实行公开竞聘上岗，其中管理类采用竞聘提案、能力考察、综合绩效考评、公开演讲与答辩相结合的方式，普通员工类采用笔试、能力考察和合合绩效考评相结合的方式。

第三条 原则

1. 公开、公平和公正的原则。

2. 竞争与择优相结合。

3. 员工申请和岗位需要相结合。

4. 人、事、岗相匹配。

5. 双向选择原则。

第二章 竞聘岗位与范围

第四条 竞聘岗位公告

因应企业的不同发展阶段，竞聘岗位公告也有三种形式：

1. 当企业处于快速扩张阶段，结合企业新的组织架构、战区划分和岗位设置方案，开展集中竞聘。

2. 当业设立分部、子公司或项目部时，结合其岗位设置方案开展集中竞聘。

3. 当出现个别岗位空缺时，结合岗位要求开展个别竞聘。

本竞聘方法主要针对第1、2种情况。

第五条 竞聘岗位要求

竞聘岗位公告应结合其《工作说明书》提出竞聘任职条件、技术和要求，并向员工公示该岗位的职责。

第六条 竞聘资格

竞聘岗位以公告方式公告，全体正式员工均有竞聘资格，可选择任一符合条件的职位进行竞聘申请，最多申请不超过3个岗位。

实习人员、试用期员工暂不参加竞聘。

第三章 竞聘组织与评审

第七条 竞聘组织机构

开展年中竞聘时，应成立专门竞聘领导小组，由公司相关领导组成，负责该次内部竞聘的组织和领导工作。竞聘领导小组组长由总经理或主管副总经理担任，下设竞聘办公室、竞聘评评小组和竞聘监督工作机构，其具体组成如下：

1. 竞聘办公室职责

竞聘办公室设在人力资源部。竞聘办公室负责组织竞聘日常工作，其具体职责是：

(1) 贯彻落实相关文件和政策，拟定竞聘方案，报竞聘领导小组批准。

(2) 公布竞聘方案。

(3) 公布竞聘岗位和任职条件。

(4) 准备和下发相关资料表格。

(5) 收集整理竞聘考评资料。

(6) 受理竞聘报名并整理报名材料。

(7) 公布参加竞聘人员名单及绩效考评结果。

(8) 公布竞聘演讲和综合得分。

(9) 公布竞聘用人选。

(10) 负责竞聘资料归档工作。

2. 竞聘考评小组职责

竞聘考评小组负责竞聘工作中对竞聘人员的审查、评定和确定聘任人选。竞聘考评小组又分为中层管理人员竞聘考评小组、一般管理人员竞聘考评小组和普通员工人员竞聘考评小组。

(1) 中层管理人员（多指部门经理、部长级别人员）竞聘考评小组

组长：总经理或主管副总经理

成员：公司相关领导和外部专家部门竞聘考评小组负责审查、评定和最终聘任中层管理人选。各部门经理被聘任之后，可参加一般管理人员竞聘考评小组对一般管理人员的竞聘考评。

(2) 一般管理人员竞聘考评小组一般管理人员竞聘考评小组由各竞聘岗位所属小组由总监、部长以上人员负责人及外部专家（或由部门中层竞聘考评小组成员、各部门（经理）组成。一般管理人员竞聘考评小组负责审查、评定和聘任一般管理员工。

(3) 普通员工竞聘考评小组普通员工竞聘小组由总监、部长、人力资源部部长及其它相关人员组成，负责审查、评定和聘任普通员工。

对员工申请该个岗位应竞聘合格者由竞聘领导小组、部门领导征求本人意见后协商决定。

3. 竞聘监督工作组的竞聘监督工作组由竞聘考评小组外的其它中高层管理人员组成，根据公平、公正和公正的原则，负责对全程进行监督，受理员工反映意见，重大问题上报竞聘领导小组。

第八条 个别竞聘

个别竞聘由用人部门与人力资源部组成考核小组，进行选拔、测试工作，测试按该竞聘岗位要求进行。

第四章 附则

第九条 本制度的拟定和修改由人力资源部负责，由主管副总经理审核，由总经理审批。

第十条 本制度制定具体实施办法由人力资源部备案。

第十一条 本制度由人力资源部负责解释。

第十二条 本制度自公布之日起实施。

模板 员工录用管理制度

员工录用管理制度

第一章 总则

第一条 为规范员工的录用工作，明确录用双方的权责，特制定本规定。

第二条 公司本着量才适用、拣优录用的原则，公开、公平、公正地进行人员录用程序，为公司延揽适用的人才。

第三条 行政人事部负责录用工作的实施，用人部门协助执行。

第二章 录用前的告知义务

第四条 员工在入职前，必须如实告知其真实情况、身体状况、教育状况等基本信息，确保其向公司提交的各种证明的材料全面、真实、合法。

第五条 如果员工曾有过营私舞弊、严重失职等行为或受到过行政处分、刑事处分、劝戒教育、或者受过原单位的处分、或被原单位发生过劳动纠纷，员工须事先诚实审详细地向公司作书面说明。

第六条 员工入职前，行政人事部如实告知其入职条件、工作职责、工作地点、工作环境、工作时间、福利待遇、规章制度等，对员工关心的其他事项也应作详细解释。

第三章 录用途径

第七条 有意到本公司服务的求职者，应向行政人事部申请，该职位是促进录用程序的形态。

第八条 公司也欢迎和鼓励员工推荐候选人。

第九条 公司为每一位员工提供充分的个人和职位发展机会。当出现职位空缺时，公司内部的提名总是会被优先考虑，员工履历应被投送至行政人事部，行政人事部将保密候选人信息。

第十条 无论本内部候选人，都应按预先确定的审查程序加以考虑和评价。最终的选择将候选人的资格形态工作需要的。员工负责人有责任支持本部门员工在事业方面的计划和发展。

第十一条 回送避免内部以不正当手段获取职位，员工有义务将自己感兴趣申请的新工作岗位情况，在应聘之前通知主管领导和行政人事部，对内部工作岗位的正式试或非正式，用人部门负责人都必须与行政人事部协商而定。

第四章 亲属录用

第十二条 本公司员工可推荐亲属加入公司。但同样须接受行政人事部的正规招聘流程。

第十三条 被推荐人必须在职位申请表上注明与推荐人的关系，不得弄虚作假，反之无论是推荐人，还是被推荐人，都将受到公司的纪律处分。

第十四条 被推荐人的录用标准要求与公司招聘人员标准一致，不得搞特殊化。

第五章 录用条件和要求

第十五条 录用员工年龄必须达到18周岁以上，且有国家认可的有效身份证明。

第十六条 被录用员工必须身体健康，无传染身疾病或影响工作的慢性疾病或其他重大疾病（重大疾病参见国家相关规定）或不适合该岗位的其他疾病，员工在签订劳动合同前必须出示公司指定的医疗机构的体检报告，否则公司不与之签订劳动合同。

第十七条 能力要求。员工应当具备该岗位所要求的教育背景、工作经验、专业能力和一定的辅助能力以及应岗位的特殊要求。

第六章 录用禁忌

第十八条 凡有下列情形者，不得录用。

1. 剥夺政治权利尚未恢复者。

2. 被拘有期徒刑或被通缉，尚未结案者。

3. 吸毒品品或者其他严重不良嗜好者。

4. 贪污、贿赂、私吞公款，有记录在案在。

5. 体检检不合格者。

6. 其他公司认为不适合者。

第七章 员工报到手续与流程

第十九条 被录用员工凭行政人事部发放的《录用通知书》，按指定时间、地点携带规定的证件、资料，到行政人事部报到办手续。不在规定时间内报到或不亲自前往办理的均视为放弃录用。

第二十条 新员工均须到行政人事部办理报到手续，如实填写《员工档案》个人资料栏，行政人事部收取录用员工1寸免冠彩照2张、有效检验证件及身份证、毕业证、职称证、流动人口计生证、暂住证等相关有效证件，以依法与原公司办理解除或终止合同手续的，应向公司出示其与原公司劳动合同解除或终止证明。公司将视其提供的其他公司相关资料，否则公司有权拒绝录用等法。同时公司将依法保留期有权利。

第二十一条 录用员工如用人，必须在公司制作的《声明》表上做出声明。

1. 本人于入职之日起与其他用人单位解除或终止劳动合同，否因该问题引起法律纠纷，由本人自行承担相关责任，公司不承担连带责任。

模板 晋升考核制度

晋升考核制度

一、目的

为了提高公司员工的个人素质和能力，充分调动全体员工的主动性和积极性，并在公司内部营造公平、公正、公开的竞争机制，规范公司员工的晋升、晋级工作流程，特制定本制度。

二、适用范围：

适用于公司的全体员工

三、权责

1. 行政人事部负责制定、修改、完善公司《晋升考核制度》。
2. 本部门经理负责对本部门员工的考核与推荐。
3. 总经理、副总经理，负责对部门经理（助理）的晋升综合考核与推荐。

四、晋升原则

1. 公司员工晋升，必须符合公司的发展需要，本着"开发人才、储备人才"缺岗补充的原则。
2. 公司内部出现职位空缺时，首先考虑公司内部员工，必须坚持公平、公正、考核、公开的原则。
3. 公司员工晋升，有利于提高员工的综合素质精神，做到量才适用，有利于增强员工的凝聚力和归属感，减少员工流动率。
4. 管理层的晋升必须建立在考核结果的基础上，遵循有利于提高其综合素质的原则，着重培养管理人员的综合管理能力。
5. 晋升必须坚持以工作业绩、工作能力为准绳，杜绝论资排辈。

五、晋升形式

公司可以根据工作需要，对员工的岗位或职位进行必要的调整，在公司职位空缺的情况下，员工也可以根据本人的专业能力爱好申请进行工作调动。

1. 员工晋升可分为部门内晋升和员工之间的晋升。

（1）部门内晋升

是指员工在本部门内的岗位变动，由各部门经理根据部门实际工作情况，参考核后，把《员工晋升推荐表》送行政人事部提出意见后报总经理审批。

（2）公司员工部门之间的晋升是指职员在公司内各部门之间的流动，需经

考核后拟调入部门填写《员工推荐表》，由总经理审核，交由人事部调动。

2. 员工晋升的形式分为定期、不定期和试用期

（1）定期：公司每年根据公司的营业业绩，在年底进行统一考核晋升员工。

（2）不定期：在年度工作中，对公司有特殊贡献，表现优异的员工，随时予以晋升。

（3）试用期：在试用期期间，工作表现优秀者，由部门经理推荐，人事部门组织考核，对业绩突出符合提前晋升条件的，可报行政经理批准晋级。

六、晋升任命权限

1. 部门经理、主管，由总经理、副总经理以上级别提议以及董事长核定任命。
2. 普通职工的晋升分别由部门经理或主管提议，呈总经理核定，并通知人事部办理晋升手续。

七、晋升资格

无论何种晋升通道，为保证晋升成功，降低管理风险，防止晋升以后产生的管理副作用，晋升必须具备以下条件才具有晋升的资格。

1. 试用期员工晋升为正式员工，原则上需在同类岗位工作满三个月以上，工作能力突出的可提前转正，但工作时间不低于两个月。
2. 行政职务晋升的条件：连续三个月绩效考核≥80分+晋升考核表评分≥70分。
3. 业务岗位晋升的条件：连续三个月完成业绩考核+晋升考核表评分≥70分。
4. 考评小组组成：高管层+中层管理者+本部门员工代表各一人。
5. 经理晋升至管副总（总监）级必须在公司工作满三年以上，且在同类职能部门工作满两年以上，具备领导能力和专业业务的非常丰富，有丰富的社会经历、报高的社会公德道德和企业责任感，公关能力人际关系强盛，综合素质突出者，同类职能部门工作最低满 18 个月，学历最低在大专以上方可作为晋升评估考察对象。
6. 职务晋升原则上与上次晋升时间需最少在同类岗位工作六个月以上。
7. 所有人员必须按时、按质完成相应工作任务方可考列为晋升评估考察对象。

表单 新员工试用表

新员工试用表

				基本信息	
基本信息	姓名		应聘职位		
	所属部门		甄选方式	□公开招考 □推荐遴选 □内部遴选 □内部提升	
	年龄		学历		
	工作经验	相关　　年，非相关　　年，共　　年			
试用计划	试用职位				
	试用期限				
	督导人员				
	督导方式	□观察　　　　□培训			
	拟安排工作				
	试用薪酬				
	人事经办	核准		拟定	
试用结果考察	试用时间	年　　月　　日至　　年　　月　　日			
	安排工作及培训项目				
	工作情况	□满意　　□尚可　　□差			
	出勤情况	迟到　　次，早退　　次，病假　　次，事假　　次			
	评语	□正式任用　　□拟予辞退			
	正式薪酬				
	人事经办	核准		拟定	

表单 员工转正考核表

员工转正考核表

姓名			部门		职务		
试用期限		年　　月　　日至　　年　　月　　日					
项目	考核内容		分值	员工自评（权重20%）	直接上级评价（权重60%）	管理中心评价（权重20%）	
核职能力	1. 沟通与协调能力		10				
	2. 团队建设与领导能力		10				
	3. 决策与判断能力		10				
	4. 按时、保质完成工作任务		10				
	5. 工作效率		10				
	6. 实际工作经验和解决问题能力		10				
	7. 工作计划与条理性		10				
称职能力	8. 工作技能		5				
	9. 专业知识		6				
	10. 工作中提出创新见解和方法		5				
	11. 对本岗位职权和职责的认识程度		5				
工作态度	12. 责任感和敬业精神		3				
	13. 对公司价值与企业文化的认知程度		3				
	14. 工作主动性与积极性		3				
	15. 遵守公司制度及出勤情况		3				
考核结果							
考核总分：	分	□优秀（85分以上）；□良好（70分以上）； □一般（60分以上）；□报差（60分以下）					
用人部门确认： 经理签名/日期：							
管理中心确认： 经理签名/日期：							

表单 招聘工作计划表

招聘工作计划表

部门名称：　　　　　　　　　　　　　　填表日期：　　年　月　日

招聘计划	岗位名称	人员数量	人员要求		
发布时间					
发布渠道	发布方式	□报纸　　　　□网站　　　　□专业/行业杂志 □人才中介机构　□人才市场　□猎头　　□其他			
	发布安排				
招聘工作预算	项目				共计
	金额				
招聘小组成员分工	职务	姓名	所属部门	工作职责	
	组长				
	副组长				
	成员1				
	成员2				

填表说明：此表用于人力资源部门开展招聘工作以前的计划，由人力资源部填写，通知相关部门。

表单 员工晋升推荐表

员工晋升推荐表

被推荐人姓名			性别		年龄	
加入公司时间			文化程度		专业	
毕业学校				毕业时间		
现任部门、职位			拟推荐部门、职位			
工作经历 （本人填写）	（请从您最后毕业时间起开始填写，此处如填写不下，请另附说明）					
工作业绩及 自我评价 （本人填写）	（重点填写您在本公司的工作业绩。若此处填写不下，请另附说明）					
部门负责人 意见	（推荐意见包括：对该员工工作表现的基本评价；职业素质、工作能力、工作态度、就任新职位的潜力等；该员工对新岗位的工作意愿）					
行政人事部 意见	（是否符合岗位基本要求、以往的绩效考核情况） 　　　　　　　　　　　　　　　签字：　　　年　月　日					
总经理（室） 意见	 　　　　　　　　　　　　　　　签字：　　　年　月　日					

人尽其用——培训与开发

　　虽然餐饮企业属于服务行业，对大部分员工的技能要求不高，但也同样不能忽视员工的培训和开发。培训与开发不仅仅是对员工专业能力的提升，还包括员工的职业道德素养、正确价值观以及对企业归属感的培养，同时还是开发员工潜能的重要手段。餐饮企业要更好地留住人才，就不能不重视员工的培训与开发。

4.1
餐饮企业培训需求分析

餐饮企业的员工培训应该是具有针对性的、有明确目标的，要确保培训内容对参加培训的人员有实际作用。因此，每次进行培训活动之前，需要明确本次培训的目的是什么、培训内容是什么以及参加培训的人是哪些，这就是培训需求分析。

4.1.1 培训需求分析的正确步骤

培训需求分析是一项较为复杂的工作，尤其对于规模较大的餐饮企业更是如此。有专家对于整个培训需求分析的流程进行了研究和总结，如图 4-1 所示。

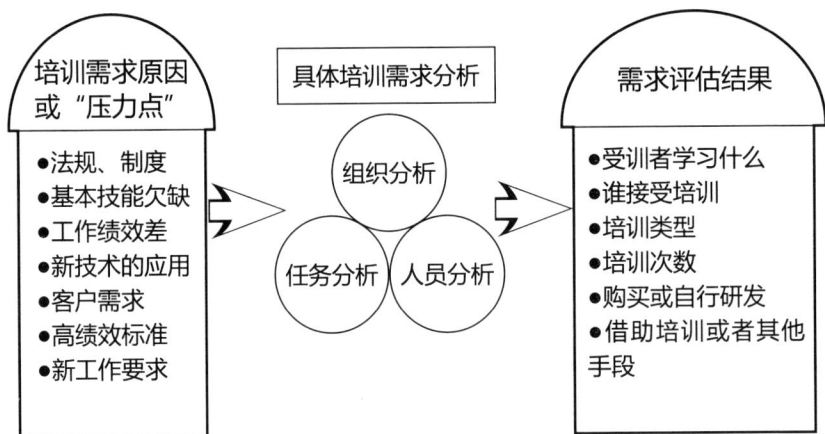

图 4-1

从图中可以看出，该专家讲培训需求分析归纳为 3 个大的步骤，第一步为了解产生培训需求的原因，第二步为具体培训需求分析，第三步则是得出需求分析结果。

而其中的第二步——具体培训需求分析又分为 3 个层次，即组织分析、任务分析和人员分析，其介绍如下。

◆　组织分析

组织分析是将企业的长期目标和短期目标看成一个整体来进行考察，除此之外，还应同时对可能对企业目标产生影响的因素进行考察，旨在从全局上整体把握企业与员工的培训需求。

◆　任务分析

只有通过任务层次的分析，才可以对每项具体工作任务的具体培训需求进行识别。

◆　人员分析

人员分析是针对企业每一个员工个体进行分析，结合工作任务分析，可以最终得出哪些人需要哪些培训。人员分析的主要内容是分析员工个体当前的培训需求以及未来可能需要的培训需求。

通过上述内容可知，培训需求分析不仅要调查和归纳总结企业员工欠缺的知识和技能，还要据此分析如何对员工进行培训、进行何种培训等。

那么，培训需求分析的具体实施步骤是怎样的？接下来便对培训需求分析的执行步骤进行介绍，如表 4-1 所示。

表 4-1　培训需求分析步骤

步骤	具体描述
培训前期准备工作	1. 对员工的资料进行收集，并建立员工培训档案，其具体包括培训档案、员工人事变动情况、绩效考核情况以及员工职业生涯规划等。 2. 培训部工作人员与其他部门应该保持密切联系，实时掌握员工的现状，并对员工培训档案进行及时更新和补充。 3. 企业应建立畅通有效的培训需求收集渠道，用以及时掌握员工的培训需求
制订培训需求调查计划	1. 制订培训需求分析工作计划，包括培训时间安排、模拟培训过程中可能遇到的问题及问题相应的应对策略，以及解决该问题应当注意的事项等。 2. 明确培训需求分析工作要达到的目标是什么。 3. 根据企业自身的实际情况，选择适当的培训需求调查方法，常见培训需求方法有观察法、问卷调查法、面谈法、测验法、工作分析法、资料分析法、绩效分析法和全面分析法等
实施培训需求调查工作	1. 征集培训需求。培训部门向其他部门发出培训需求征集通知，要求其他部门根据该部门的实际情况提出培训需求。 2. 审核培训需求。培训部门将征集的培训需求进行整理汇总，并将汇总结果报相关主管部门。 3. 分析培训需求。相关主管部门对申报的培训需求进行仔细分析、确认。 4. 确认培训需求的开展顺序。根据分析并确认可开展的培训，按照培训需求调查的重要程度和迫切程度进行排序，以便培训部门按序安排相关培训调查
分析与输出培训需求结果	1. 培训部门对培训需求调查信息进行归类、整理。 2. 根据培训的重要程度和紧急程度来处理和安排培训调查。 3. 对于正在开展的培训需求调查信息要进行仔细分析，确认调查信息的一致性和准确性，而且要全面考虑影响培训的各种因素，在保证质量的情况下采用成本最低、简单易行的方法。 4. 撰写培训需求分析报告。培训需求分析报告是培训需求调查分析工作的最终结果，在报告中要明确说明培训目标、培训的内容以及制订的培训计划等

加油站

在进行培训需求分析时，有必要注意以下问题：①对于培训需求做到全局把握，全面了解需求的产生原因；②选择的培训需求分析调查人员应该比较全面地熟悉企业业务及文化，拥有丰富的人力资源知识，且管理能力和语言能力等各方面能力都较强，这样才能保证培训调查的有效性；③分析方法的使用也需要注意，根据调查对象的不同，应该选择不同的调查分析方法，以确保获得的培训需求信息真实有效。

4.1.2 培训需求分析的方法

在进行培训需求分析时，需要借助一些分析方法来帮助完成。可以用来进行培训需求分析的方法有多种，如观察法、问卷调查法和访谈法等。下面对餐饮企业一些常用分析方法进行简单介绍。

（1）观察法

观察法是指培训需求分析工作人员到现场用自己的感官和辅助工具去直接观察被调查对象，从而获得培训需求的一种方法。在运用观察法时需要注意以下 4 点。

◆ 观察人员在观察被调查对象工作之前，必须对该调查对象的工作进行了解，明确其工作中的行为标准，为观察提供依据。

◆ 在进行现场观察时，观察人员应注意隐蔽，不能干扰被调查对象的正常工作。

◆ 观察法一般适用于易被直接观察和了解的工作，对于技术要求较高的复杂类型的工作不太适合使用该方法。

◆ 必要时，可请陌生人扮演顾客到现场与被调查对象进行交流，并观察其行为是否符合标准。

优点：不会耽误被调查对象的工作时间，并且所获得的培训需求跟工作紧密相关。

缺点：观察者个人的主观意识对观察结果的影响很大，被观察者可能对观察者得出的观察结果存在异议。

（2）问卷调查法

问卷调查法是通过设计问卷调查表供被调查对象作答的方式来获取培训需求的一种方法。对于调查问卷的呈现方式可以是纸质调查问卷表，也可以是电子档的问卷调查表文件。下面是从某餐饮企业进行培训需求分析时的调查问卷中抽取的几道题目，可以作为参考。

1. 基于目前的工作情况，你认为自己最需要参加一下哪种培训？

☐专业技能　　　　☐业务技能

☐常用办公软件知识　　☐其他：

2. 你比较喜欢哪种培训方式？

☐课堂讲授　　☐开会或座谈会　　☐老员工带新员工

☐参与竞赛　　☐微课堂　　　　☐案例展示

☐读书自学　　☐其他：

3. 你认为过去一年为员工设计的培训最让你满意的是哪一项？

☐培训内容和教材　　☐培训师的水平　　☐对实际工作的帮助

4. 针对培训，你有什么好的建议及想法？

请简单阐述：＿＿＿＿＿＿＿＿＿＿＿＿＿＿＿＿＿＿＿＿＿＿

从上述案例的介绍应该对于调查问卷有了一个大概了解。那么，应该如何编写符合企业自身的调查问卷呢？可以按照以下步骤进行。

①列出此次问卷调查希望了解的事项清单。

②设计问卷调查问题中封闭式问题和开放式问题的占比。

③编辑问卷调查表，最终形成调查问卷文件。

④将制作的调查问卷发放给他人检阅，请他人对制作的问卷进行评价。

⑤在小范围内对此次问卷进行模拟测试，并对调查结果进行分析和评估。

⑥根据模拟测试结果对问卷调查表中不足的地方进行必要的修改和完善。

优点：运用较低成本即可在短时间内收集到大量的信息。由于问卷调查是采用无记名的方式，因此调查对象可以按自己最真实的想法进行作答，这样得到的信息也相对比较贴近实际。

缺点：问卷调查的内容通常封闭性问题多，开放性问题少，并且即使是开放性问题，其问题类型也是事先定好的，被调查者自由发挥作答的情况有限。如果设计的问卷调查不全面，就会导致调查结果有偏颇。此外，设计问卷需要花费大量的时间，并且对于问卷的作答对象无从追查。

（3）访谈法

访谈法也叫作面谈法，即通过与员工进行面对面交谈，了解真实需求。使用访谈法时需要注意以下事项。

◆ 明确访谈的目的，使访谈直奔主题。

◆ 准备完备的访谈提纲。

◆ 建立融洽的、相互信任的访谈气氛。

优点：为调查对象提供了更多自由表达的空间，这样更有利于发现培训中的具体问题。

缺点：访谈消耗的时间成本比较高，并且在访谈过程中，访谈者要掌握访谈的技巧，否则不容易从被访谈者那里获取到有用的信息。另外，在访谈结束后，访谈内容的整理也比较烦琐。

（4）关键事件法

关键事件法通常在企业内外部出现重大事件时，为了更好地应对该事件再次发生所发起的培训需求。在进行关键事件分析时应注意以下两个方面。

◆ 制定保存重大事件记录的指导原则，并依据该原则及时建立相应的日志记录文件。

◆ 对记录的日志文件进行定期分析，找出员工在知识和技能方面的缺陷，以确定培训需求。

优点：时效性强，针对性强，易于分析和总结，可以分清楚是培训需求还是管理需求。

缺点：事件的发生具有偶然性，容易以偏概全。

（5）绩效差距分析法

对员工进行培训的最终目的就是改进工作绩效。因此，对个人或团队的绩效进行考核是一种直接的分析培训需求的方法。

运用绩效差距分析法需要注意把握以下4个方面。

◆ 使用的考核标准必须是明确规定且得到一致同意的。

◆ 对希望达到的关键性业绩指标要重视。

◆ 找出未达到理想业绩水平的具体原因。

◆ 分析并确定通过开展培训能否达到预期的业绩水平。

优点：简单明了，易于实施，能及时找到工作问题的解决方法，并且制定的措施也有针对性，成效快，效果较佳。

缺点：易失去方向性，对于整体中的轻重缓急，不易把握，长期可能造成发展的偏差。

（6）胜任能力分析法

胜任能力分析法就是根据员工所具备的能力与其所任职位需要的能力进行比较，发现员工欠缺哪些能力，从而分析和确认该员工的培训需求。基于胜任能力的培训需求分析有两个主要步骤。

◆ 职位描述：详细描述胜任该职位的员工必须具备的知识、技能、态度和价值观等。

◆ 能力现状评估：依据任职能力要求对当前该岗位员工的能力进行评估。

优点：能够较好地融合企业长期发展和战略要求；可以使培训需求分析更加标准，需求更加具体。

缺点：胜任能力模型的建立需要耗费较高的成本，且对于人力资源管理者的管理水平要求较高。

4.2
培训内容与方式的确定

进行培训需求分析后，餐饮企业便需要开始对培训的内容与方式等进行选择和确定，为员工培训的实施做准备。

4.2.1 确定培训内容

根据员工的需要程度不同，培训内容的确定一般可以从 3 个方面着手，即员工必须掌握的、应该掌握的以及可以掌握的。餐饮企业在确定培训内容时，可以以受训员工的岗位职责、岗位要求和未来职业发展规划等作为依据，再结合企业实际情况进行确定。

◆ 员工必须掌握的内容

显然，员工必须掌握的内容就是指员工完成其工作任务必须具备的知识和技能，也就是员工必须要学习的内容。这些内容较为容易确定，就是受训员工欠缺的必备知识和技能。

◆ 员工应该掌握的内容

员工应该掌握的内容就是指对于提高员工工作效率有帮助的、使员工更好地完成工作任务的知识和技能。

◆ 员工可以掌握的内容

所谓可以掌握的内容，就是对员工当前职位的工作任务没有什么帮助和影响，但对员工未来发展有帮助的内容。例如，员工感兴趣的与本职位无关的其他岗位的知识和技能。

由于这 3 个类型的培训内容对于员工的重要程度不同，餐饮企业应该按照培训内容对工作的重要程度进行先后排列培训。

4.2.2 开发培训课程

培训内容确定后，便要将这些需要培训的内容开发成一个个的培训课程，以供员工进行培训学习。

（1）培训课程开发流程

开发培训课程并非一蹴而就的，其包括课程的确定、实施、评估和改进，是一个不断改进和完善的过程。以下是对具体的培训课程开发流程的介绍。

◆ 确定培训课程目的

开发培训课程首先要确定开发这门课程的目的是什么，即为什么要员工参与这个培训课程。只有这样才能进一步地对课程的目标、范围、内容和受训对象进行确定。

◆ 确定培训课程目标

目的确定之后，便要对培训课程的目标进行确定，即员工参加这个培训后应达到怎样一个标准，这个标准可以作为员工培训考核的依据，也可以作为课程评估的依据。

◆ 进行课程整体设计

课程整体设计是针对某一个主题或某一类人的培训需求所开发的课程架构。进行课程整体设计的任务包括确定费用、划分课程单元、安排课程进度以及选定培训场所等。

◆ 进行课程单元设计

课程单元设计是在课程整体设计的基础上，具体到每一个单元的授课内容、授课方法和授课材料的过程。其优劣直接影响培训效果的好坏和学员对课程的评估。尤其需要注意的是，在培训开展过程中，即便相对独立的课程单元，也不应该在时间上被分割。

◆ 阶段性评价与修订

为了确保课程培训的正常实施，在课程单元设计完成后，还要对培训课程目标、整体设计和单元设计进行阶段性的评价和修订。

◆ 实施培训课程

完成培训课程的设计只是成功的第一步，还需要通过实施培训课程来发现课程存在的问题和可以改进的地方。

培训课程的实施需要做好充分的准备工作，如培训方法的选择、培训场所的选定、培训技巧的利用以及适当地进行课程控制等。如果在培训课程实施阶段缺乏准备工作，很难达到培训的预期效果，自然就不能准确地评估培训课程的优劣。

◆ 进行课程总体评价

培训课程实施完毕后，便要对课程实施的整个过程进行全面地总结和评估，将培训课程存在的问题和需要改进的地方指正出来，然后对培训课程进行修改和完善。

评估的重点在于培训课程是否达到了预期的目标、学员对于培训效果是否满意。需要注意的是，培训课程评估与培训效果评估虽然相似，但本质上是不同的，应加以区分。

（2）培训课程的形式

一般情况下，一个培训课程中就会包括3种不同类型的培训内容，并穿插安排培训顺序，以减缓受训者的压力和提高培训效率。但是，必须掌握的、应该掌握的和可以掌握的培训内容所分配的培训时长应该是不同的。

餐饮企业应该根据培训内容的重要程度，合理分配各类型内容的培训总时长，通过以下案例具体了解。

某餐饮企业为保证菜品质量和口味，同时加强厨务部的卫生管理，专门为厨务部全体厨师和助理厨师设置了一套培训课程，其主要培训的内容和总课时安排如下。

①各菜品烹饪技巧和标准培训，14 个课时（1 个课时为 1 小时）。

②各菜品用料和用量标准培训，4 个课时。

③厨务部卫生安全培训，2 个课时。

④简单西餐和甜点制作，6 个课时。

⑤职业道德素养培训，2 个课时。

⑥员工职业生涯规划，2 个课时。

在上述案例中，厨务部培训课程中必须掌握的内容为前 3 点，共占 20 个课时；应该掌握的内容为④和⑤两点，共占 8 个课时；可以掌握的内容为⑥，占 2 个课时。

此外，餐饮企业也可以将不同重要程度的培训内容分为不同的课程，如必学课程、强化课程和选学课程等。其中，必学课程自然就是必须要掌握的内容；强化课程为应该掌握的内容；而选学课程就是可以掌握的内容。

4.2.3　选择培训讲师

培训讲师是企业员工培训活动中一个非常重要的角色，一个优秀的培训师可以轻松达到培训课程的预期效果，甚至使效果比预期更为显著。而一个不合格的培训师，即使培训课程设计得再完美也无法达到预期效果。

餐饮企业在选择培训讲师时，可以从图 4-2 所示的 3 个方面进行匹配选择。

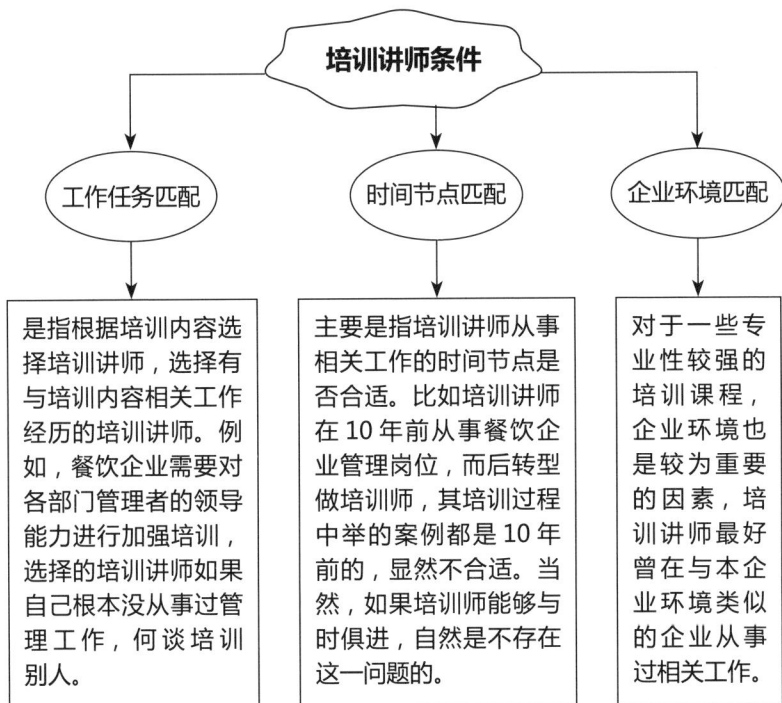

```
                      ┌─────────────────────┐
                      │     培训讲师条件      │
                      └─────────────────────┘
          ┌────────────────┼────────────────┐
          ▼                ▼                ▼
    ┌───────────┐    ┌───────────┐    ┌───────────┐
    │ 工作任务匹配 │    │ 时间节点匹配 │    │ 企业环境匹配 │
    └───────────┘    └───────────┘    └───────────┘
          │                │                │
          ▼                ▼                ▼
```

是指根据培训内容选择培训讲师，选择有与培训内容相关工作经历的培训讲师。例如，餐饮企业需要对各部门管理者的领导能力进行加强培训，选择的培训讲师如果自己根本没从事过管理工作，何谈培训别人。	主要是指培训讲师从事相关工作的时间节点是否合适。比如培训讲师在 10 年前从事餐饮企业管理岗位，而后转型做培训师，其培训过程中举的案例都是 10 年前的，显然不合适。当然，如果培训师能够与时俱进，自然是不存在这一问题的。	对于一些专业性较强的培训课程，企业环境也是较为重要的因素，培训讲师最好曾在与本企业环境类似的企业从事过相关工作。

图 4-2

　　上述内容主要是将培训讲师的个人经历与培训内容进行匹配，筛选出部分合适的候选人后，还需要对培训讲师的个人能力进行筛选。那么，选择培训讲师时，应该注重哪些方面的能力呢？讲师能力如图 4-3 所示。

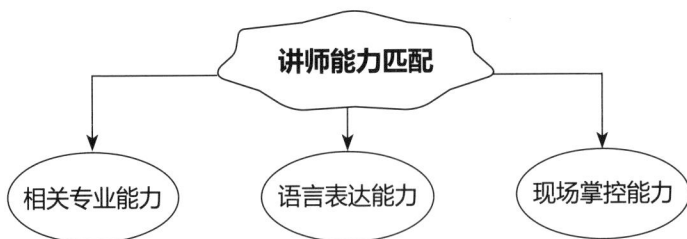

```
                   ┌─────────────────────┐
                   │     讲师能力匹配      │
                   └─────────────────────┘
         ┌────────────────┼────────────────┐
         ▼                ▼                ▼
   ┌───────────┐    ┌───────────┐    ┌───────────┐
   │ 相关专业能力 │    │ 语言表达能力 │    │ 现场掌控能力 │
   └───────────┘    └───────────┘    └───────────┘
```

图 4-3

　　从图 4-3 可知，对培训讲师的个人能力进行筛选主要是从 3 个方面进行考虑，简单介绍如下。

◆ 相关专业能力：作为培训讲师，要对学员进行相关知识和技能的培训，那么其自身在该领域必然要足够专业，才能教好、教会学员。

◆ 语言表达能力：既然是培训讲师，就需要通过语言来表达自己的知识和技能，并将其传授给学员。如果没有较强的语言表达能力，就无法准确地表达出自己的想法，自然就达不到培训的目的了。

◆ 现场掌控能力：培训讲师一般都是现场面对众多学员进行授课的，如果出现突发情况，就需要讲师以较强的应变能力和现场掌控能力进行应对。

🏁 加油站

除上述内容之外，选择培训师还有一些需要注意的事项：第一，培训讲师的年龄应该在 35 ～ 55 岁之间，一方面可以保证其有足够的建议，另一方面也可以保证知识不会过于陈旧；第二，培训讲师必须有较好的职业素养和行为习惯，培训讲师就是教师，没有师德何谈教育。

4.2.4　选择合适的培训方法

企业员工培训的方法有许多种，各种方法适合的培训课程和培训对象也不尽相同。培训方法是否合适对于餐饮企业的员工培训效果有着很大的影响。下面对一些比较常用的方法进行介绍。

◆ 讲授法

讲授法是指培训讲师通过语言表达与学员之间进行互动，从而系统地向学员讲授知识。这是一种比较传统的培训方式。

优点：运用方便，便于培训讲师对整个培训过程进行控制。

缺点：单向信息传递，反馈效果差。因此对于一些理念性的知识培训大多采用这种方法。

◆ 视听技术法

视听技术法是一种通过现代视听技术（即使用多媒体播放视频或音频文件等）对员工进行培训的方法。它多用于企业概况、传授技能等培训内容，也可用于概念性知识的培训。

优点：运用视觉与听觉的感知方式进行知识技能培训，直观鲜明。

缺点：学员的反馈与实践较差，制作和购买多媒体文件的成本高，且培训内容容易出现过时的情况。

◆ 小组讨论法

小组讨论法是讨论法的其中之一，也是使用非常广泛的一种培训方法，多用于巩固知识，训练学员分析、解决问题的能力与人际交往的能力。

优点：信息交流时方式为多向传递，学员的参与性高，费用较低。

缺点：运用时对培训教师的要求较高。

◆ 研讨会

研讨会通常以专题演讲为主，中途或会后允许受训者与培训讲师进行交流沟通。

优点：信息可以多向传递，与讲授法相比反馈效果较好。

缺点：运行成本较高。

◆ 案例研讨法

案例研讨法是通过向培训对象提供相关的背景资料，让其寻找合适的解决方法。培训研究表明，案例讨论的方式可用于知识类的培训，且效果更佳。以下是某餐饮企业针对餐厅服务员的培训方式，可参考学习。

A 餐饮公司对于服务员的培训一般是 1/3 理论知识 +2/3 实际操作组成的。在理论方面，主要是一些服务领域的常规要求和工作流程。

为了弥补理论的不足，该公司将餐饮行业中可能出现的情况都制作成了情景案例。且这些情景案例也是来自第一线的，每次发现新的情况后，相关部门都会收集员工的实际案例，并制作成典型案例。

在培训中，培训师就把这些案例拿出来，让员工针对一个具体的案例进行分析，并假设员工为当事人，要求员工给出处理的方案。

优点：运行费用低，反馈效果好，可以有效地训练学员分析与解决问题的能力，也可以帮助学员学习分析问题和解决问题的技巧，还可以帮助学员确认和了解不同解决问题的可行方法。

缺点：培训需要的较长时间；可能同时激励与激怒不同的人；与问题相关的资料有时可能不甚明了，影响分析的结果。

◆　角色扮演法

所谓角色扮演法是指学员在培训讲师设计的工作情况中进行角色扮演，其他学员与培训讲师在学员表演后作适当的点评。这种方法由于信息传递多向化，反馈效果好、实践性强、费用低，因而多用于人际关系能力的训练。下面来看一个案例。

A 餐饮公司制作的一系列情景案例不仅可以作为员工研讨的案例，同样也可以作为角色扮演法的案例。而事实上 A 餐饮公司也正是如此做的。

对于那些通过案例研讨法进行培训，而培训效果不理想的情况。A

餐饮公司就将这些案例直接作为角色扮演法的剧本，让员工进行事件演练，并要求员工在演练中当场做出合理的处理。

优点：能激发学员解决问题的热情；可增加学习的多样性和趣味性；能够激发热烈的讨论，使学员各抒己见；能够提供在他人立场上设身处地思考问题的机会。

缺点：观众的数量不宜太多；演出效果可能受限于学员过度羞怯或过深的自我意识的影响。

🛢 加油站

在进行角色扮演培训时，培训师要注意几点问题：①准备好演练的场地与相关设施，使演出学员与观众之间保持一段距离；②演出前要明确议题可能出现的各种问题；③谨慎挑选演出学员与角色分配，并鼓励学员以轻松的心情演出；④可由不同组的学员重复演出相同的情况。

◆ 自学法

对于理念性的知识，除了前面介绍的讲授法，还可以使用自学法。由于成人学习具有偏重经验与理解的特性，使具有一定学习能力与自觉性的学员自学是既经济又实用的方法。

优点：成本非常低，员工可以主动选择个性化的学习内容。

缺点：监督性较差，对于自觉性不强的员工很难起到作用。

◆ 互动小组法

互动小组法主要是让学员在培训活动中通过亲身体验来提高他们处理人际关系的能力。这种方法通常适用于管理人员的实践训练与沟通训练。

优点：可明显提高人际关系与沟通的能力。

缺点：效果在很大程度上依赖于培训讲师的水平。

◆　网络培训法

网络培训法是一种新型的计算机网络信息培训方式。这种方式信息量大，新知识、新观念传递优势明显。由于投入较大，因此该方式只在一些资金实力雄厚的企业中推崇。

优点：使用灵活，可分散式学习，节省集中培训的时间与费用。

缺点：监督性较差；内容偏向大众化，与企业员工的实际需求不能完全匹配，针对性不强。

◆　个别指导法

个别指导法又叫师徒传承法，该方法具体是指由一个在年龄上或经验上资深的员工，来支持一位资历较浅者进行个人发展或生涯发展的方法。

在个别指导法中，师傅扮演了教练、顾问以及支持者的角色，不仅会帮助资历较浅者发展其技能，也会提供支持并帮助他们建立自信，还会以保护者的身份积极介入各项事务，使资历较浅者得到更重要的任务，得到更多的锻炼与成长。

优点：在师傅指导下开始工作，可以避免盲目摸索；有利于尽快融入团队；可以消除刚刚进入工作的紧张感；有利于传统的优良工作作风的传递；可以从指导人处获取丰富的经验。

缺点：严重影响指导人的正常工作，使其为企业创造的直接利益大幅度减少，因此成本较高。

◆　工作轮换法

工作轮换法是让学员在指定的时期内变换工作岗位，从而获得不同工作岗位的工作经验。

优点：工作轮换能丰富培训对象的工作经历；工作轮换能识别培训对象的长处和短处，企业能通过工作轮换了解培训对象的专长和兴趣爱好，从而更好地开发员工的所长；工作轮换能增进培训对象对各部门管理工作的了解，扩展员工的知识面，对受训对象以后完成跨部门、合作性的任务打下基础。

缺点：如果员工在每个轮换的工作岗位上停留时间太短，学员将对所学的知识掌握不精，造成各种工作都只是初步接触，不能很好地独立完成。

加油站

需要注意的是，在为员工安排工作轮换时，要考虑培训对象的个人能力、需求、兴趣、态度以及其职业偏好等，从而为其选择合适的工作；工作轮换时间的长短应该取决于培训对象的学习能力和学习效果，而不是强制的制定一个特定的时间。

餐饮企业在选择培训方法时，需要根据培训课程的内容和培训对象的不同，选择最合适的培训方法。

4.3
餐饮企业培训的运行管理

员工培训是餐饮企业人力资源管理的重要内容之一，为保证其顺利运行，必要的管理工作一定要到位，如费用预算、时间安排和设施准备等。

4.3.1　培训费用预算

培训费用是培训能否顺利实施的关键，如果费用不足，可能影响培训活动的中断等。因此，培训费用预算是必不可少的工作。要对培训费用进行预算，首先需要了解培训费用主要包括的内容，如图 4-4 所示。

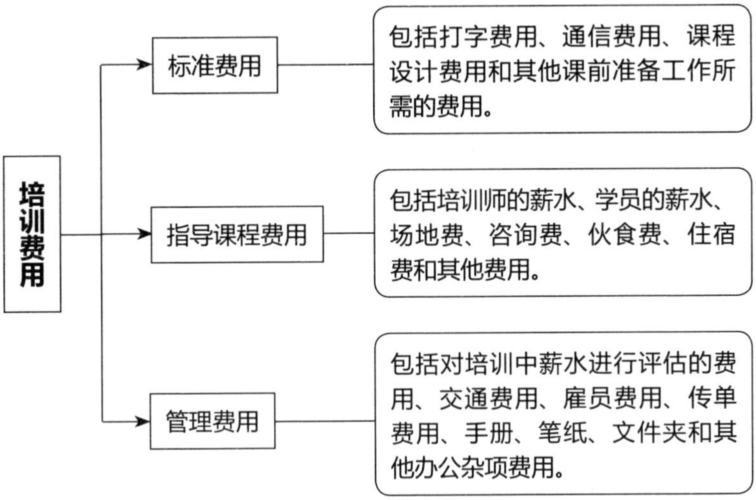

图 4-4

企业培训费用的预算一般分为两种类型，即比例计提法和定基计提法，下面分别进行介绍。

（1）比例计提法

比例计提法是一种通过某一个固定的比例计提企业培训预算的方法。其优点在于企业的培训直接与经营业绩挂钩，在一定程度上可以对培训效果进行量化评估，依据比例计提也意味着企业已经将培训制度化。

比例计提法存在明显的弊端，具体表现为：企业对培训的投入取决于经营状况，而企业培训的效果是隐形的、长期的，短期内缺少企业培训投入可能会导致员工技能的匮乏从而影响企业的长期经营。

比例计提法的计提形式有多种，常用的计提形式如下。

◆ 按工资总额的一定比例：即根据企业上一年所发的工资总额以特定比例进行培训费用预算。

◆ 按利润总额的一定比例：即按照企业上一年度总利润的一定比例作为培训费用预算。

◆ 按营业额的一定比例：即将上一年度的总营业额乘以特定的比例计算出本年度的培训费用预算。

加油站

年度总培训费用预算占企业上一年度总营业额的比重是反映企业对于员工培训重视程度的最直接数据。一般情况下，国际大企业的培训总预算占上一年度中营业额的 1% ~ 5%。

（2）定基计提法

定基计提法主要是根据一定的基数以及基数相对应的预算标准来计算企业的培训预算。这种方法摒弃了比例计提法受制于企业经营状况的弊端，却也存在着预算极可能偏高，企业无法承付的风险。

定基计提法的计提形式有多种，常用的计提形式如下。

◆ 按岗位以及对应的人均预算提取

例如，餐饮企业为每一个岗位设定一个不同的培训费用基准，然后以这个基数乘以该岗位的总人数，即是这个岗位本年度的培训费用预算。计算出全部岗位的预算后相加即可得到企业年度总培训预算。

◆　按年度培训（课时）计划

这种预算方法是根据本年度的培训计划中的总培训课时进行计算的。即设定一个课时的培训费用基数，再乘以总课时得出年度总培训费用预算。

◆　按项目提取

这种方法是为各培训项目预设一个费用基准，然后根据每种培训项目进行的次数进行预算。

4.3.2　安排培训时间

餐饮企业员工培训时间的安排是一个比较令人困扰的问题，由于餐饮企业劳动强度大、工作时间较长，培训时间的安排存在一定的难度。

有的管理者认为，企业组织员工培训是为员工着想，对员工自身有利，于是便将培训安排在员工休息时间或下班时间。这种做法是非常不科学的，不仅使员工对于企业产生抱怨，且培训效果也很难达到预期，得不偿失。

餐饮企业的员工培训应该在工作时间内进行安排。那么，如何在保证工作任务能够完成的情况下，又有足够的时间进行员工培训呢？下面通过实际案例进行了解。

某餐馆的客流量一直比较规律，每周的周末都是高峰期，员工的工作任务较重。而周一至周五顾客相对不多，且一般都是晚餐时间前来消费的顾客占大部分，中午相对较少。因此，餐馆的工作人员基本上每周有 5 个上午的工作任务较为轻松。

该餐馆为了加强全体员工的服务意识、责任感和工作积极性等综合素质，准备对员工进行一个培训课程，总时长为 8 个小时。为保证员工个人时间不被占用，培训管理者根据餐馆实际情况，将每周二、四上午的 10:00 至 11:00 的一个小时作为培训时间，为期一个月。

在上述案例中，餐馆将培训时间设置在员工工作任务较少的周二和周四上午，每周只有 2 个小时。既没有占用员工的休息时间，更没有占用下班时间，员工对于这种培训安排显然是不会有任何不满意的。

4.3.3 培训前期准备

所谓"兵马未动，粮草先行"，企业员工培训亦需如此。比如，培训场地的安排、设备设施的准备和培训学员的通知等，都是需要在培训正式实施之前完成的工作。

◆ 培训场地的安排

培训场地的安排包括场地选择和确定、场地布置和培训氛围营造等。具体工作内容包括座位布置、拉横幅以及张贴培训纪律看板等。

◆ 设施设备的准备

设施设备的准备即是在将培训所需的各种仪器和设备在培训场地安装并完成调试。如电脑、投影仪、音响、空调、灯光以及麦克风等设备的准备，并测试是否能正常工作。

◆ 通知培训学员

培训前的各项准备工作完成妥当后，就需要通知需要接受培训的员工了。通知的主要内容要包括培训时间、培训地点、培训内容、培训讲师、培训纪律、工具以及培训考核等。

一般情况下，培训通知的方式为在公告栏发布公告。当然，也可以通过各聊天工具进行通知，但必须保证每个需要参与培训的员工都能准时收到通知。

4.4
餐饮企业培训后期管理

员工培训课程的结束不代表整个培训活动的结束。在课程结束后，餐饮企业应该对参与培训的员工进行训后考核和培训效果转化，以及对培训课程进行培训效果评估。

4.4.1 员工培训考核

为了尽快掌握员工在接受培训后的工作能力情况，就需要对其进行相应的考核，以衡量其接受培训后的成长程度。员工培训考核方案的制定步骤如图 4-5 所示。

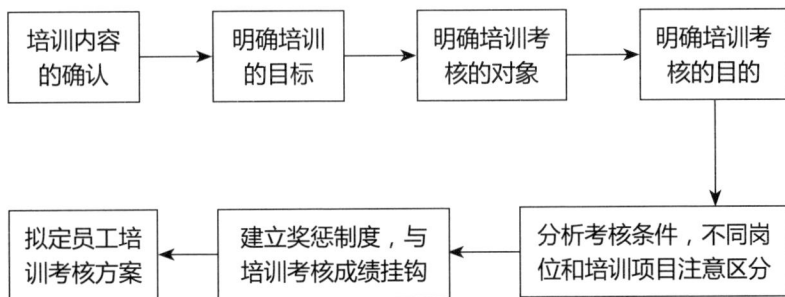

图 4-5

员工培训考核一般有 3 种形式，即笔试、口试及实操。一般情况下，如果培训考核同时涉及多种考核形式，则需要将各考核成绩按一定比例进行汇总，得出员工的最终考核成绩。在制订培训考核方案时，应结合企业情况，确定各成绩的比例。

加油站

为了企业的员工培训能起到更好的效果，应注意以下事项：①多与员工沟通个人发展与企业发展相适应性，让其了解自身目前存在的不足；②考核方案要结合企业文化发展内涵，不能偏激；③明确考核的意义，必要时公司要拿出诚意来；④训后考核要及时，结果评定应不超过一周；⑤成立内部讲师或老师队伍，并且给以荣誉。

4.4.2 培训效果转化

很多企业存在这一现象，花了较大的成本来对员工进行系统的培训，然而员工参加培训后，并没有多少提升，企业业绩也没有得到改善。这就是培训效果的转化做得不到位所致。

那么，餐饮企业应该如何进行培训效果的转化，使培训对企业产生实际作用呢？以下转化步骤可供参考。

◆ 将课程内容转化成受训者的理解与心得

要求受训者每上完一堂培训课后，必须在课后 3 天之内编写培训总结，并要求培训总结中必须对本堂课程的关键词、关键句、关键理念、关键课程内容以及关键重点等进行提炼。

此项主要考察员工对于培训所讲内容的理解和领悟程度，同时加强员工对于培训的重视度。

◆ 将受训者的理解心得结合工作现状转化成工作改进计划

要求受训者根据提炼出的关键的词、句、理念、内容和重点等，再结合日常工作，检查自身存在的不足、工作症结和问题。然后以书面形式说明如何将培训所获应用到工作中去，并编写成工作改进计划，一式三份，一份交直接上级，一份交人力资源，一份留给自己在今后工作中对照检查。

◆　将工作改进计划转化成可持续的工作行动

要求受训者按照直接编写的工作改进计划立即予以行动，逐步落实并完成工作改进。餐饮企业人力资源部门与受训员工直接上级应派专人监督和检查其工作改进计划实施情况，并予以过程辅导，使受训者保持和形成持续改进的工作局面。

◆　将工作改进行动转化成工作绩效

要求受训者在工作改进行动过程中将培训所学的知识、技能和理念等进行消化，并实施到工作中去。从工作数量、质量、成本、时间和速度等多方面进行考察，对其工作绩效进行核定，以绩效考核来督促员工培训效果转化。

◆　将工作绩效进一步评价和深化，再学习

要求受训者与其直接上级进行绩效面谈和反馈，一起分阶段对受训者的工作绩效进行评价，共同找出工作中的一些不足和存在的主要问题。以确定员工还有哪些方面需要再培训和再改进，以产生进一步的培训主题和新的课程内容，然后形成新的培训计划，再进行有效地培训学习。

◆　培训成果认定和发表

企业人力资源部和其他部门，要定期组织企业内部培训成果进行表彰大会。对受训者进行评价、认定和表彰。对取得有重大培训成果的受训者，要进行晋升、加薪和榜样示范等方式予以鼓励。

培训成果的认定和发表必须要有组织、有章程及有制度地定期进行，形成全公司全员参与、全员学习、全员投入以及全员享受成果的良好培训风气和气氛。

4.4.3 培训效果评估

培训效果评估是对整个培训课程、培训过程和培训效果进行评估，以发现其中不足，从而促进企业对培训课程、培训方式等进行改进和完善，以及对培训讲师进行提高。

培训效果评估主要可以分为 4 个层次，分别为反应层、学习层、行为层和结果层，如图 4-6 所示。

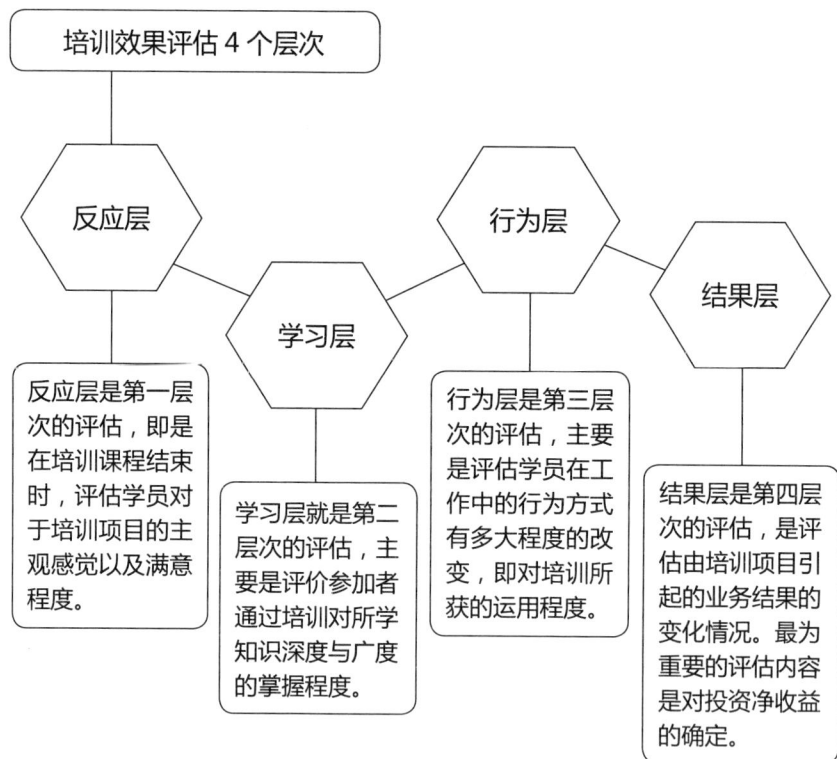

培训效果评估 4 个层次

反应层

行为层

学习层

结果层

反应层是第一层次的评估，即是在培训课程结束时，评估学员对于培训项目的主观感觉以及满意程度。

学习层就是第二层次的评估，主要是评价参加者通过培训对所学知识深度与广度的掌握程度。

行为层是第三层次的评估，主要是评估学员在工作中的行为方式有多大程度的改变，即对培训所获的运用程度。

结果层是第四层次的评估，是评估由培训项目引起的业务结果的变化情况。最为重要的评估内容是对投资净收益的确定。

图 4-6

　　培训效果评估事实上是很难实现从 4 个层次评估的，往往都是以反应层的评估为主。而培训效果评估想要更为精准、全面，就需要有企业各个层次的人员参与评估工作，即所谓的"五方介入"。图 4-7 所示为五方介入培训效果评估的介绍。

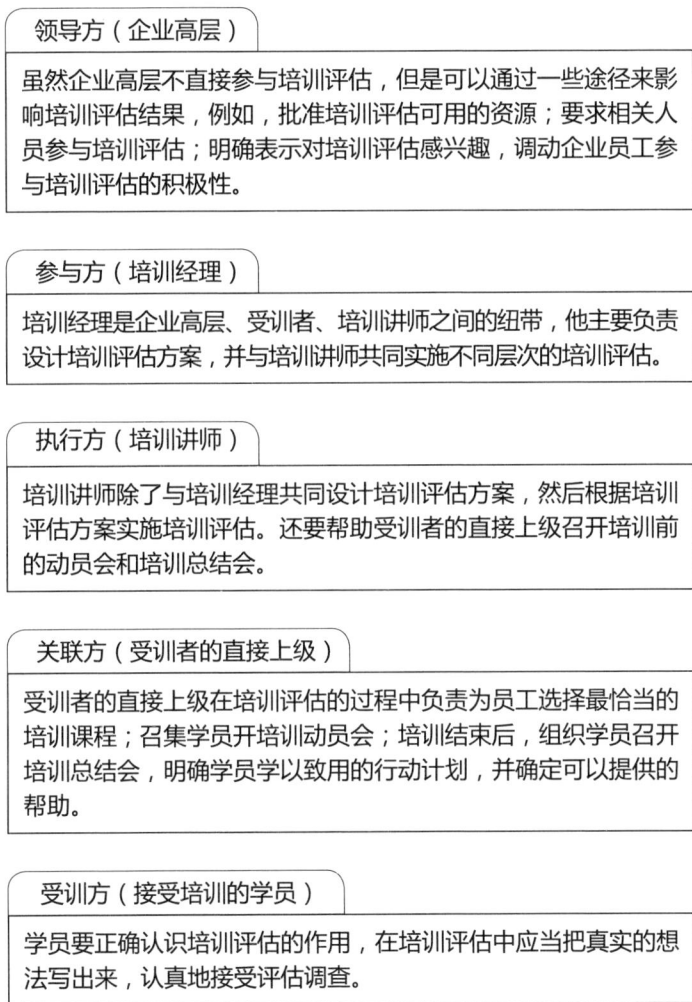

领导方（企业高层）

虽然企业高层不直接参与培训评估，但是可以通过一些途径来影响培训评估结果，例如，批准培训评估可用的资源；要求相关人员参与培训评估；明确表示对培训评估感兴趣，调动企业员工参与培训评估的积极性。

参与方（培训经理）

培训经理是企业高层、受训者、培训讲师之间的纽带，他主要负责设计培训评估方案，并与培训讲师共同实施不同层次的培训评估。

执行方（培训讲师）

培训讲师除了与培训经理共同设计培训评估方案，然后根据培训评估方案实施培训评估。还要帮助受训者的直接上级召开培训前的动员会和培训总结会。

关联方（受训者的直接上级）

受训者的直接上级在培训评估的过程中负责为员工选择最恰当的培训课程；召集学员开培训动员会；培训结束后，组织学员召开培训总结会，明确学员学以致用的行动计划，并确定可以提供的帮助。

受训方（接受培训的学员）

学员要正确认识培训评估的作用，在培训评估中应当把真实的想法写出来，认真地接受评估调查。

图 4-7

　　培训效果评估完成后，餐饮企业需要在评估中发现培训存在的问题和不足，然后对培训课程进行全方位地改进和完善。

🛢 加油站

培训评估可以分为训前评估、训中评估以及训后评估，而训后评估即是上述的培训效果评估。其实，除了培训效果评估，另外两种评估也是比较重要的。其中，训前评估可以保证培训需求确认的科学性，确保培训计划与实际需求的合理衔接，帮助实现培训资源的合理配置，还可以保证培训效果测定的科学性；训中评估则可以保证培训活动按照计划进行，培训执行情况的反馈和培训计划的调整，而过程检测和评估有助于科学地解释培训的实际效果。

4.5 常用模板与表单

[模板] 培训课程设计管理制度

模板 培训经费管理制度

培训经费管理制度

一、目的

为加强员工培训经费管理和监督，提高经费使用效益，保障公司员工培训工作顺利进行，现结合公司实际情况，制定本管理制度。

二、适用范围

本制度适用于公司员工培训经费支出。

三、职责权限

1. 总经办是培训经费的归口管理部门：主要负责编制公司年度培训经费的预算，公司各部门培训经费的审核审批，并指导各部门对培训经费进行管理、负责对外签订或者协商培训协议。

2. 财务部门负责培训经费的支付，并对其使用的合理性进行稽核与监督。

3. 各部门负责本部门月度、年度培训经费的预算申报工作，并做好培训经费的合理支用的管理。

四、内容

1. 培训经费的使用范围

培训经费的使用以"知识、技能培训为重点；技术研发部门的培训优于于服务部门；管理干部、技术技能人才培训重于一般员工培训"的分配原则，培训经费使用范围：

(1) 内部培训师授课课时费。

(2) 教学用品、教材开发、购置及印刷费、资料费和特种作业人员培训证书制作费。

(3) 教学设备购置费、设施及场地租赁费（会务费）。

(4) 聘请外部教师授课费、食宿费和交通费等。

(5) 专业技术人才继续教育学费或考试费，此部分费用根据具体情况，公司给予一定比例报销。

(6) 外出培训的学费、资料费和食宿交通费。

(7) 劳动竞赛、岗位技能操作等培训活动费。

(8) 师带徒培训费。

(9) 培训产生的其他费用。

2. 经费管理

(1) 各部门根据本部门提交的部门年度培训计划及月度培训计划编制部门的年度及月度培训经费预算，并提交总经办。

(2) 总经办根据部门提报年度及月度培训经费预算确定当年培训经费使用，并制定培训经费的使用计划，在年度培训规划中明确培训经费使用。

(3) 培训计划内项目，在项目实施前，由总经办落实具体的培训费用交总经理审批方可执行，在项目结束后由部门申报，总经办审核，领导审批后报销相关培训经费。

(4) 培训计划外项目，由部门填报计划外培训经费审批表，总经办审核，报总经理审批后，由总经办安排费用项目实施。

3. 经费报销

(1) 培训计划内项目在培训项目实施时所发生的费用，走报销流程，具体报销流程详见款项支出与费用报销管理制度（财务发）。

(2) 委托外培项目由填报部门门申请，经总经理审核，按照款项支出与费用报销管理制度（财务发）具体执行。

(3) 员工自行参加的与岗位直接相关的培训项目，应由员工本人先提出申请，部门领导初审后报总经办审核，经总经理批准后方可实施培训，培训报销比例根据实际情况而定。

4. 其他管理规定

(1) 由公司承担费用的培训学习的，员工在学习结束后应向本部门，或经办的有关领导报告学习的相关内容，及时将必要的学习资料、档案材料等送交总经办备案用，并可还应将所学到的新知识、新技能等与单位和其他相关单位的员工进行交流与分享。

(2) 公司承担培训学习期间其外费用（含报销的学习费用及脱产学习期间的工资等）的，员工需与公司签订培训协议（详见员工培训管理制度），保证服务年限按照每年2000元培训费进行一年的办法计算（折算结果尾数不足半年的不计算，满半年的按半年计算），但最长不超过五年，保证服务年限员工培训学习结束之日起计算，按照2000元/年的折算方法进行。具体执行时，依据培训内容的重要程度来规定服务年限。

模板 培训考核管理制度

培训考核管理制度

一、目的

为提高对培训工作的管理力度，加强对员工参加培训和培训的考核管理，保证培训质量，提升核心竞争力，更好的适应公司发展需要，特制定本管理制度。

二、适用范围

本制度适用于公司所有计划内、计划外培训项目。

三、职责权限

1. 总经办负责部门、员工、培训师、培训项目的监督、考核和评价工作，并公布考核结果，保存考核记录。

2. 各部门协助总经办做好考核工作。

四、内容

为督导员工培训工作扎实有效地开展，公司推行对部门、员工培训考核方式采取定期检查和不定期查两种，并以不定期抽查为主来推动员工培训工作的深入开展和员工对培训内容的重视程度。

1. 部门考核

各部门于每月30日前将部门的员工培训总结、培训记录评价表、员工培训签到表、培训教材、员工培训记录、培训相关资料提交至总经办，总经办根据服务部门的考核标准对培训计划对员工培训情况进行考核，填写部门考核检查表，并在公司OA系统公布考核结果。

2. 员工考核

(1) 新进员工参加完公司级及部门级的培训后，由培训组织部门门进行考核，并进行新员工培训成绩考核，有学习层评估的新进员工要参加相应的考试，培训后形成的考试成绩（考试试卷经培训内容要求定）等各项记录须由总经办统一存档备案。

(2) 员工参加其他类型内部培训必须提交培训工作总结，以便考查员工对培训内容的理解和掌握情况。

(3) 对于参加外部培训员工的考核，以取得相应参培合格证书证明作为考核依据，外部培训方提供的员工培训相关资料作为参考依据。

3. 培训师考核

内部培训师主要从培训课时、培训效果、工作态度和课件开发等方面进行考核。

五、附则

(一) 本管理制度自发布之日起执行。

(二) 本管理制度由总经办负责解释并修订。

表单 年度部门培训需求表

年度部门培训需求表

部门			部门员工数				
序号	所需培训内容（或课程名称）	培训方式	培训岗位	培训时间	培训人数	培训需求原因	备注
合计							

其他培训需求建议：

部门负责人意见：

填写日期：　　年　　月　　日

填表说明：1. 培训方式：内部培训、外部培训。

2. 培训需求原因：持证上岗、新技术培训、岗位职责变动要求、绩效改进，其他（请注明）。

3. 本需求计划表各部门经理统一填写后，送总经理审核后，交到行政部统一汇总制订下一年度培训计划。

表单 新员工培训跟踪评估表　　　　**表单** 员工培训考核表

新员工培训跟踪评估表

姓名		部门		岗位	
入职日期		培训日期		部门负责人	

一、入职以来所感受到公司的企业文化？请用几个字概括。

二、参加培训以后的出勤状况和工作表现？

三、对各项规章制度的了解情况？

四、对本职工作的了解和掌握情况？

五、目前在工作中所表现出来的优势？

六、目前在工作中所表现出来的不足？

七、目前在工作中是否遇到困难？是否需要提供协助？

八、在以后的工作中针对自己的不足采取的改进措施？如何落实改进措施？

九、根据目前你对公司的了解，是否有在公司发展的规划？你准备怎样规划自己的发展通道？

十、对自己的专业知识和专业技能进行评核，分析工作专长，判断自己适合何种工作？并列举理由说明。

直接主管		培训专员		人力资源部	

员工培训考核表

姓名		部门		职务/工种	
入职日期		考核日期		培训考核人	

序号	考核项目	配分	得分	培训考核人签字	被培训考核人签字
1					
2					
3					
4					
5					
6					
7					
8					
成绩	合计				
自评	被培训人/日期：				

考核评价意见：

评价人/日期：

注：1.考核表满分100分，根据考核项目合理配分。
2.评价等级：优秀：90分以上；良好：80分～89分；
合格：70分～79分；不合格：70分以下。
3.考核不合格者进行重新培训、考核。

以纪律人——考勤管理

　　考勤管理是企业人力资源管理中最基本的管理，也是必不可少的管理。所谓"没有规矩，不成方圆"。由于餐饮企业员工的资质不齐，自觉性可能不足，就更需要有严谨的考勤纪律来约束员工，以保证员工出勤率。

5.1
员工缺勤与休假管理

缺勤与休假管理是餐饮企业考勤管理的主要工作内容。其中，缺勤主要是指员工是否存在迟到、早退和旷工等情况；休假则包括各类请假，即事假和病假等。

5.1.1 制定员工考勤制度

餐饮企业要做好考勤管理，第一步就是要制定科学严谨的考勤管理制度，然后要求企业所有员工严格按照考勤管理制度的规定完成日常工作行为。

任何规范的制度都可以分为 3 个部分，即总则、主要内容和附则。其中，总则通常是对制定本制度的目的和本制度的适用范围进行说明；主要内容则是本制度的主体，对相关事项进行详细规定；附则一般是对本制度的实行时间和解释权进行说明。

考勤管理制度同样可以分为以上 3 个部分，其中总则和附则众多制度大同小异，这里不过多介绍。考勤管理制度的主要内容又可以分为两个部分，即考勤规定和休假规定，下面通过某餐饮公司考勤管理制度中的部分内容作为案例来进行介绍。

　　××餐饮公司员工考勤管理制度

　　……

一、考勤管理

……

7. 超过规定上班时间（8 点 30 分）未到岗者，记为迟到一次。早于规定的下班时间或未在考勤登记本上考勤离岗者，记为早退一次。

8. 员工临时离岗，需向直属部门经理请假批准，在安排其他员工暂管其职责后方可离岗，且时间不得超过 1 小时，否则，按擅自离岗处理。

9. 有以下行为之一者，记为旷工。

（1）当日未到岗，且无正当理由的。

（2）未到岗而提供的证明材料经核查为虚假的。

（3）到岗后擅自离岗时间累计超过两小时的。

10. 有关考勤管理的规定。

（1）迟到、早退按一次每人次扣除 10 元。

（2）旷工半日，扣除 40 元，旷工一日，扣除 80 元。

（3）当月旷工累计 3 日以上，按自动离职处理。

（4）公司设立全勤奖，对每月出勤满分的员工进行奖励，50 元 / 月。

（5）员工全年满勤，无迟到、早退、病假、事假、脱岗者，经本人申请，人力资源部核查属实，总经理批准，除每月的奖励外在可嘉奖 150 元。

（6）考勤员虚报、漏报的，每次扣除 50 元。当月超过 4 次，全公司通报警告一次。

……

二、请假管理

……

4. 病假的批准权及要求

员工因病请假一般不超过两天，超过时间需延长假期者，须持县区级正规医疗机构医师的证明及病历，且加盖医院公章。

（1）病假 2 日以内，经部门经理签字同意后，并到人力资源部备案。

（2）病假超过 5 日，经部门经理签字同意后，由总经理签字同意后方可批准，并到人力资源部备案。

5. 事假须事前书面申请，经批准后，进行临时性工作交接，而后方可休假。

6. 事假的批准权限

（1）事假 2～5 日内，经部门经理签字同意后，并到人力资源部备案。

（2）事假超过 5～7 日，经部门经理签字同意后，由总经理签字同意后方可批准，并到人力资源部备案。

7. 婚假：员工结婚可享受婚假 3 天，子女结婚可请假 2 天，兄弟姐妹结婚请假 1 天。

8. 丧假：三代以内直系血亲丧假 3 天，其他 1 天。

9. 产假：女职工生育享受产假为 98 天，产假期内每月享受基本生活费 500 元。

10. 部门经理及负责人请假、外出、开会、出差等的批准权限，一律由总经理批准签字同意后，并到人力资源部备案。

11. 除公休假、法定节假日、急诊请假外，职工休假必须提前填写"请假条"，按程序申请，经批准后休假。确有急事不能提前请假者，可电话请假，但事后必须到人力资源部补办请假手续。未办妥请假手续者，一律以旷工论处。

......

14. 员工请假期满如不提前一天办理续假或办理续假未获批准，必须归岗，不按时到岗者，除确因不可抗力事件外，均以旷工论处。

15. 职工请假事由被证实为伪造的，假期按照旷工处理。

......

在上述案例中，由于制度内容较多，只对考勤的计算方式、奖罚规定以及请假审批等主要内容进行了展示，而省略了总则、考勤时间、假期类型说明等内容，本章结尾处将提供完整版的考勤管理制度模板以供参考。

5.1.2 考勤管理系统的运用

随着社会不断地发展和进步，考勤管理也由传统的模式衍生出了现代化的考勤管理系统。随着餐饮企业规模的不断扩大，员工将会越来越多，尤其对于连锁餐饮企业而言，区域也很分散，员工考勤难度大大增加，传统手工考勤显然无法满足需求，就必然需要通过考勤管理系统实现员工考勤的自动化。

所谓考勤管理系统，其实就是一套专门负责企业员工考勤管理的软件管理系统，可以更好地保证员工考勤管理的实施。表 5-1 所示为一般考勤管理系统的功能。

表 5-1　考勤管理系统的功能

功能	具体描述
终端实时上传	考勤终端识别数据实时自动上传，避免传统考勤数据丢失及上传不及时的弊端，确保员工工时数据的及时性和精确性

续表

功能	具体描述
实时精准自动运算	可配置各种复杂考勤、工时、刷卡、排班、加班和请假的规则，并且自动实时精准运算，大大减少人工核对的时间和误差
精细化管理加班	依据员工加班申请时间和实际加班时间对比以及企业制定的加班政策灵活配置加班数据的确认方式，使加班更合规、更易管理
灵活配置调休	可根据人员类型和加班类型灵活设置加班数据、调休兑换制度以及调休规则，使调休管理变得轻松简单
动态管理休假	可根据员工类型、假期类型实时更新假期剩余、查询假期的使用情况，使员工假期透明化，假期管理简单化
灵活配置工作流程	可根据员工类型、岗位、职级、部门以及请假类型、请假时长和加班类型自定义配置工作流程走向
工作量化分摊	所有人员请假申请、加班申请和异常处理都可以通过自助功能实现，实现工作量化分摊，大大减少 HR 工作量

从表 5-1 可以看出，考勤管理系统比之传统的人工考勤有着太多的优势和效率。

使用考勤管理系统来辅助实施和完成企业考勤管理工作是餐饮企业发展的必然趋势。

5.2 员工加班管理

在餐饮企业中，员工加班是常有的事情。如果不进行规范的加班管理，很可能出现员工上班时间消极、散漫，故意将工作留到下班时间加班完成的情况。这不仅降低了员工的工作效率，还提高了企业工资成本，可谓得不偿失，因此，不得不对员工加班的情况进行管理。

5.2.1 制定员工加班管理制度

考勤管理需要有考勤管理制度，加班管理同样要制定加班管理制度来对加班情况进行明确的管理规定。

通常情况下，加班管理制度中应该明确说明企业并不鼓励员工加班，只有在必要时候才可以申请加班；另外，还需要对加班的认定进行明确规定，防止员工以不正当手段获取加班机会。

以下是某餐饮企业员工加班管理制度的部分内容，其中对该企业加班的申请、认定和补偿等内容进行了规定和说明。

二、加班的分类和程序

1. 加班：指在规定工作时间外，因本身工作需要或主管指定事项，必须继续工作者，称为加班。

2. 加班员工应填写《加班申请单》，经部门主管同意签字后，送交办公室审核备案，由办公室呈总经理批准后，方可实施加班。

3. 特殊原因（下班之后因紧急事件加班，或休息日突发事件加班的）可以事后补填《加班申请单》，并注明"补填"。非特殊原因一律不得事后补填，否则不认定为加班。

三、效率至上原则

公司鼓励员工在每天工作制内完成本职工作，不鼓励加班，原则上不安排加班。由于部门工作需要必须加班完成的工作，按照加班审批程序进行。员工需有计划地组织展开各项工作，提高工时利用率，对加班加点从严控制。确因工作需要加班或值班，才予批准。

四、加班认定

1. 只有在具备下列条件之一时，才可组织员工加班：

（1）在正常休息时间和节假日内工作不能间断，须连续作业的。

（2）发生有可能造成较大负面影响，需要紧急处理的。

（3）为完成公司下达的紧急任务的。

2. 值班不属于加班，对被安排值班的员工除外。（值班是指公司为临时负责接听、协调、看门、防火和防盗或为处理突发事件、紧急公务处理等原因，安排有关人员在公休日、法定休假日等非工作时间内进行的值班，它一般不直接完成工作任务。）

3. 有下列情况之一者，不认定为加班：

（1）由于正常工作任务未按要求及时完成而需延长工作时间或利用公休日、节假日完成的。

（2）在正常工作日因接待公司客户延时工作的。

（3）开会、培训、应酬和出差的。出差补贴政策另计。

（4）正常工作时间以外参加公司组织的公共活动的。

（5）因个人原因导致工作时间内不能完成任务而需延长工作时间的不算加班。

五、加班补偿

1. 员工因工作任务繁忙，按规定支付加班补贴，加班费按每小时10元计。

2. 下列人员原则上不享受加班费：

（1）中层以上员工。

（2）临时工人、司机和实行业绩提成工资的员工因工作情形有别，其薪资给予已包括工作时间因素在内以及另有规定的情况，故不报支加班费。

3. 为获取加班补偿，采用不正当手段（如"正常工作时间故意降低工作效率""虚增工作任务"等）取得加班机会进行加班者，一经发现并核实，公司有权取消加班补偿，并处以一定数额的罚款。

以上案例中的加班管理制度仅供参考，餐饮企业在制定自己的加班管理制度时，主要还是应以企业自身的实际情况为依据。

5.2.2 如何解决调休与加班费问题

众所周知，餐饮企业这类服务行业，往往就是在别人放假的时候才开始忙碌起来，尤其是节假日。因此，餐饮企业员工在节假日上班是必然的。

而问题就在这里，员工既然是节假日上班，有谁愿意用调休的方式来抵消这个节假日的加班，而不愿意拿 3 倍工资？

蔡某前段时间入职到成都一家餐饮服务企业做人事经理。由于企业基本上一年有 360 天都在营业，且越到节假日越忙。员工们每周只轮休一天，而且一到法定节假日更是全员上班。而节假日的加班，企业一向都是通过调休来处理的。

蔡经理这才刚上任不久，就遇到了难题。部分员工因为节假日加班不给 3 倍工资，而通过调休来抵消的处理方式产生了负面情绪，工作积极性受到影响，对企业也存在抱怨。为了解决这一问题，蔡经理也是焦头烂额，不知如何应对。

上述案例中的这种情况，实际上很多餐饮企业都存在。那么，针对加班与调休这一问题，餐饮企业应该如何处理呢？下面给出一些建议可供参考，如图 5-1 所示。

①　观念引导。餐饮企业这种节假日上班属于常态的企业，如果实行节假日 3 倍工资，成本将会大幅度提高，显然是不合适的。通过调休来处理其实是一个不错的办法，但为了降低员工的不满，领导和管理者就需要说服和引导员工，让员工能够接受调休这一方式。

②　人文关怀。仅仅靠引导肯定是不行的，如果一直得不到改善，员工积怨久了总会爆发。所以，餐饮企业需要将人文关怀做好，做到员工满意，以安抚员工。例如，组织和进行一些增进员工感情的活动、提供更好的住宿环境和关心员工生活等一系列提高员工满意度的措施。

③　实施综合工时制。可以根据企业的特殊情况，向当地劳动部门报备，采用综合工时制，按季度或按年度集中休息，保证员工总的休息时间不少于每周 1 天即可。另外，也可在淡季的时候安排员工调休，适当缓解员工的压力。

④　提升福利待遇。餐饮企业在节假日加班是无可奈何的事情，虽然没有条件给予员工 3 倍工资，但至少要保证员工足够的福利待遇。有舍才有得，企业给予员工更多的福利，员工积极性得到提升，自然会给企业带来更高的效益。如此互惠互利，企业必然不断发展壮大。

图 5-1

5.2.3　加班相关法律问题

员工加班是餐饮企业的常态。作为餐饮企业管理者，对于员工加班会涉及的一些法律问题一定要有足够的了解，做好防范和避免法律纠纷的措施。

表 5-2 员工加班相关法律问题

序号	问题	说明
1	企业未安排，员工自行加班的，企业是否需支付加班费给员工	在工作时间，员工主动延长加班时间，或者在休息日或者节假日，员工自愿加班的，企业可以不用支付加班费。但是，企业要证明是员工是自愿加班的而不是企业安排的，因此企业需要制定相应的加班审批制度来规范由企业安排的加班。否则，在实践中会被认定企业无法证明是员工主动加班而导致确认为加班并支付加班费
2	在休息日进行培训或者开会是否属于加班	可以认定为加班，即使不能认定为加班，也应该参照值班的规定进行处理
3	每周实行 6 天工作制，多出的一天是否属于加班	如果每天工作不超过 8 小时，每周工作不超过 44 小时，尽管每周实行 6 天工作制，也并不存在加班
4	员工把工作带回家，是否属于加班	员工把工作带回家分两种情形：自愿工作的不属于加班；有证据证明工作是企业安排的就属于加班。当然，员工必须有证据证明，确属因企业安排了过多的工作任务，而使员工不得不在正常的工作时间以外加班，企业应当支付加班工资
5	采用综合工时制的情况下，如何确定劳动者是否加班	由于综合工时制以被批准的计算周期（周、月、季、年）来计算工作时间，所以其工作时间不受标准工时制最高额的限制。例如，被批准的计算周期是一个季度，假设一个月工作 20 天，则在一个季度中，总工作时间为 20 天 ×3 月 ×8 小时 =480 小时，而没有每天 8 小时和每周 40 小时的限制。但在一个计算周期内，如果工作超过 480 小时的部分，则应认定为加班
6	出差路途中赶上双休日或节假日是否属于加班	出差路途中也是为了在到达出差目后开展工作，因此在出差路途中消耗的时间应该视作工作时间，如果出差路途中恰逢双休日或节假日的，则应当视为员工加班

续表

序号	问题	说明
7	企业在休息日举办员工文体活动是否属于加班	一般不认为是加班。但考虑到类似活动企业都会要求员工必须参加的，因此，实践中认定可能会有争议。为此，企业应该在规章制度中规定这类情况（在节假日和休息日组织的郊游及其他娱乐活动以及在工作日下班后组织的娱乐活动）不属于加班
8	在放长假期间，要求员工不能离开所在城市，要随时待命。这是否属于加班	只要员工没有被正式通知到企业上班，就不能被认定为加班。只有当企业正式通知员工上班的，才能被认定加班
9	双休日出差是否为加班	双休日一般为员工休息的时间，双休日出差是否属于加班主要看员工在双休日中是否开展了工作。如果员工进行了相应的工作，则应被视为加班。如果员工在出差恰逢的双休日没有工作，而是休息或者自行游玩，则不算加班
10	是否可以将出差津贴、出差补贴冲抵为加班费	如果员工双休日出差已被企业认定为加班，且企业不能安排补休的，则应依法支付加班费。出差津贴、出差补贴并不是法定的加班费，也不包含有加班费的内容，因此企业不能用出差津贴、出差补贴来抵做全部或一部分加班费
11	企业安排员工在休息日加班的，能否安排补休而不予支付加班费，员工是否可以拒绝补休而要求支付加班费	根据规定，休息日安排员工加班工作的，企业应首先安排员工补休，补休时间应等同于加班时间。如果不能安排员工补休，则企业支付给员工在休息日加班的工资不能低于正常日工资的百分之二百。由此可见，休息日加班后，是否安排补休，决定权在企业。优先安排补休，也是企业的法定义务，其目的是充分保护员工的休息权。因此，员工应遵守企业关于调休的相关安排，不能拒绝补休而要求支付加班费

5.3
员工出差管理

于餐饮企业而言，需要员工出差完成工作任务的情况相对较少，但也并非完全没有。尤其是连锁餐饮企业，部分员工更是经常需要出差到各地。因此，员工出差管理不可或缺。

5.3.1 制定出差管理制度

餐饮企业要做好员工出差管理，就要有可以参考执行管理的依据，即出差管理制度。一般情况下，出差管理制度中需要对出差的审核权限、报销流程、出差申请和费用标准等内容进行明确说明。

以下是某餐饮企业的员工出差管理制度中关于差旅费用标准及审批权限的部分内容。

第十条 费用标准及审批权限

1. 差旅费用标准及审批

（1）国内城市之间转移的飞机、火车、轮船和汽车等交通费用，凭所购的票实报实销，需分别经部门经理、分管副总审批。

（2）出差期间住宿、正常餐饮费用，采用包干制，经理级150元／日（住100元／餐20元／车30元），区域经理、业务员及其他职员100元／日（住60元／餐20元／车20元）。

（3）招待费、交际应酬费（需详列说明），费用发生前，需征求部门经理、主管副总的批准，未经事先批准的此类费用，责任人自行承担。

（4）出租车费用，在报销范围内（公务出差）的出租车票经部门经理签字后全额报销；在报销范围之外的特殊情况需经部门经理和分管副总的批准后，注明时间、地点及事由，方可报销；私人行程的出租车费由个人承担。

2. 住宿费和伙食补助费（每日）报销补助标准

（1）总经理，每日 500 元内，定额包干。

（2）副总 / 总助，每日 200 元内，定额包干。

（3）经理，每日 150 元内，定额包干。

（4）区域经理 / 业务 / 普通职员，每日 100 元内，定额包干。

公司工作人员出差，按以上规定标准报销，超支部分自理。同性别两人同行出差，公司要求住一个房间，以节省差旅费开支。

业务人员施工监理期间每日补住 50 元，电话补助 10 元。

出差补助费、实行定额包干。公司行政、财务部、市场部等中层管理人员出差，住宿费凭票据报销，标准按以上各级别标准报销。

工作人员及中层管理人员到地市级、县市级地区出差，当日完成工作能够返回的分别综合补助 50 元，能够当天返回的，须当天返回，特殊情况需相关领导批准。

工作人员及中层管理人员外出参加公司的参展（培训）会议，统一安排食宿的，会议期间的住宿费、伙食补助费，由会议费规定统一开支。无任何安排情况，实行实报实销。

第十一条 出差补贴标准

1. 员工在出差当天的 9:00 前出发、17:00 后返回公司的，可享受一天的出差补贴，否则不予计算出差补贴。

2. 远途出差者，计算出差补贴一般采取"去头留尾"的原则。例如，9 号出差 12 号返回者，给予 3 天的出差补贴。

3. 出差补贴的标准根据员工的职位级别另行确定。

4. 出差期间不得另外报支加班费，法定节假日出差属于业务特殊范畴。

餐饮企业可以参考上述案例，并结合企业自身情况，制定符合本企业要求的出差管理制度。另外，关于上述案例中没有展示的出差管理制度其余内容，在本章常用模板中将会完整展示。

5.3.2　员工出差计划的制订

制订员工出差计划一方面可以有效地管理和约束员工出差活动，确保员工出差在外依旧能有计划、有效率地完成工作任务；另一方面，合理的出差时间安排可以有效降低员工的出差费用，一定程度上降低餐饮企业的支出成本。

一般情况下，员工出差计划应先由出差员工自行编写，而后交由相关领导和部门审批。由于餐饮企业员工学历普遍不高，出差计划应尽量简单明了，可使用统一的表格，员工只需填写即可。表 5-3 所示为某餐饮企业员工出差计划审批表，可供参考。

表 5-3　员工出差计划审批表

姓　　名		部　　门		职　　务	
出　差　地		同　行　人			
填表日期		出差期间	年　月　日至　年　月　日，共　　天		

续表

出差计划	本次出差任务： 1. 2. 3. 计划达到的目标及效果： 1. 2. 3.
交通工具	□飞机　□火车　□长途汽车　□自驾车　□其他：_____
费用预算	交通费：_____元，其中：市内_____元/天×___天； 　　　　　　　　　　　　　火车/汽车/动车_____元 住宿费：_____元，具体：____元/天×___天 其　他：_____元，备注（如：餐补等）：_____ 合　计：_____元
计划审批	部门负责人审批意见： 　　　　　　　　　　　　　　　　　年　　月　　日 总裁级分管领导审批意见： 　　　　　　　　　　　　　　　　　年　　月　　日 董事长审批意见： 　　　　　　　　　　　　　　　　　年　　月　　日

从表5-3中可以看到，出差计划主要是对出差的时间、工作计划、交通工具和费用预算进行说明和汇报。其中，工作计划是根据出差的

目的制订的，一般不会有说明问题；交通工具通常是根据出差地的距离而确定，同样不会有什么变化。需要注意的主要是出差时间的安排，出差时间安排是否合理，对于出差费用的影响是比较大的，如多在出差地一天，企业就需要多付员工一天的食宿费。

因此，相关部门和领导在审批员工的出差计划表时，应主要关注其出差时间安排是否合理。图 5-2 所示为员工出差时间安排是否合理的常用判断方法。

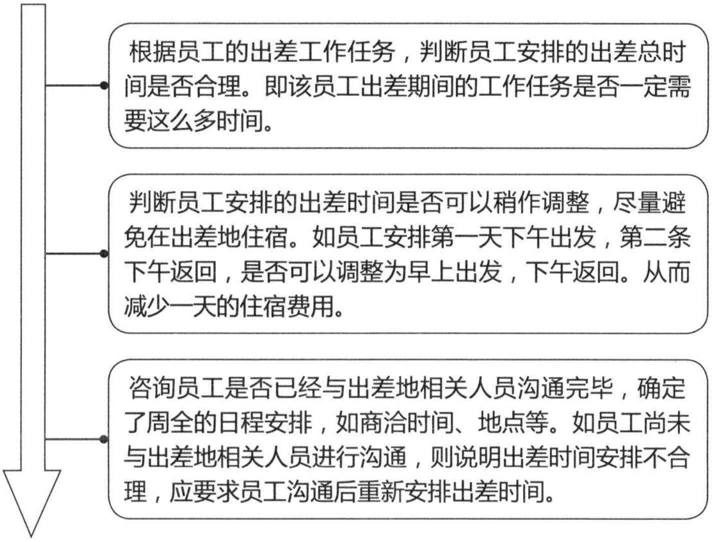

图 5-2

🏪 加油站

为了降低餐饮企业的员工出差成本，合理地减少员工出差的住宿天数是一个非常不错的措施。但是，餐饮企业不能为了降低成本而强制要求员工用 1 天的时间去完成必须要 1 天半才能完成的事情，更不得为控制差旅成本而降低员工出差时的食宿、交通和其他费用标准。否则，出差员工会对企业滋生抱怨，长此以往，企业必定得不偿失。

5.3.3 差旅费报销管理

差旅费用报销这类关系到财务的工作，往往需要非常严谨和细致，要确保不出现任何差错，避免给餐饮企业和员工造成损失。

（1）差旅费用报销流程

差旅费用的报销最好是在每次员工出差结束后立即进行，虽然这样会给相关工作人员增大工作量，但可以有效减少和避免出现错误。另外，尽快报销差旅费用可以减少出差员工的后顾之忧，使员工不用担心差旅费用的报销问题。图 5-3 所示即是差旅费报销流程。

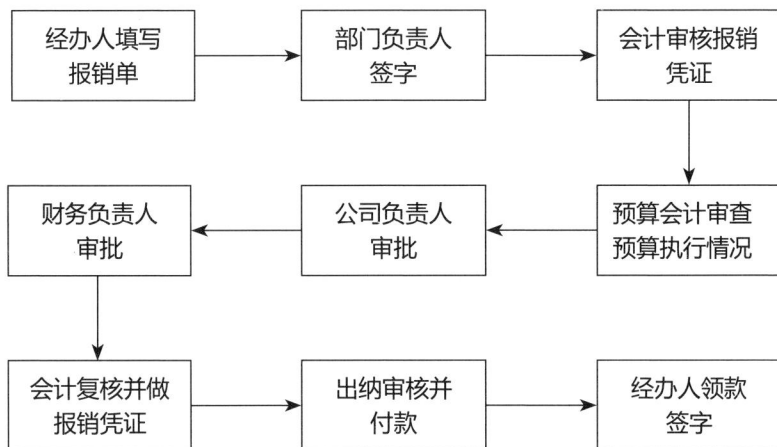

图 5-3

（2）员工出差借款

为了使员工出差期间的经费得到保障，餐饮企业可以为需要出差的员工提供借款服务。以下是某企业关于借款的规定，可供参考。

①差旅费借款采取"前账不清、后账不借"的原则，由各主管会计根据员工已批准的出差申请进行审核。

②借支额度按个人借支额批准出差时间 × 住宿限额生活补助标准 ×50%+ 交通工具费用核定，并结合出差实际情况，国内长途出差最高不超过 4000 元 / 人次，短途短期不借支差旅费。

③差旅费借款须在出差返回后 5 个工作日内报销冲账，在 5 个工作日内未归还的，由各单位财务负责人通知薪资管理部从其当月薪资中扣还。

5.4 常用模板与表单

[模板] 考勤管理制度

考勤管理制度

为维护良好的经营秩序，提高工作效率，保证各项工作的顺利进行，使员工保持良好的身体素质和旺盛的精力，努力做好本职工作，根据有关规定综合实际情况，特制定本制度。

一、考勤管理

1. 公司内各部门的考勤管理统一接受人力资源部管理，每日需在考勤登记本上通报出勤（出差人员除外）但需到人力资源部备案。

2. 人力资源部应在次月 3 号之前将当月考勤记录汇总成表，递交总经理签字审批后移交财务部汇总结算当月工资。

3. 公司内标准考勤时间

公司实行每周 6 个工作日，每天工作 8 个小时，即上午：8:00～12:00，下午：13:30～17:30。

此外，公司将结合实际情况适时调整工作时间，各部门经理根据工作需要有权利安排加班（需到人力资源部考勤处办理加班手续）。

4. 考勤包括考勤记录和考勤报表

考勤记录：逐日登记的员工出勤情况以及相关的证明文件。

考勤报表：人力资源部考勤员月末统计的表，其中包括：员工姓名，按勤天数、应出勤天数、迟到、早退、矿工时间（天数）等。

5. 员工应严格遵守作息时间，不得迟到早退、不得随意离岗，更不得矿工。

6. 考勤应严格按考勤制度，据实完整记录员工出勤情况，不得虚报、漏报。

7. 超过规定上班时间（8:30）未到岗者，记为迟到；早于规定的下班时间或未在考勤登记本上考勤离岗者，记为早退一次。

8. 员工临时离岗，需向直属部门经理申请批准，在安排其他员工暂管其职责后方可离岗，且时间不得超过 1 小时，否则，按擅自离岗处理。

9. 有以下行为之一者，记为矿工。

（1）当日未到岗，且无正当理由的。

（2）未到岗而提供的证明材料经核查为虚假的。

（3）到岗后擅自离岗时累计超过两小时的。

10. 有关考勤管理的规定。

（1）迟到、早退按一次每人次扣除 10 元。

（2）矿工半日，扣除 40 元，矿工一日，扣除 80 元。

（3）当月矿工累计 3 日以上，按自动离职处理。

（4）公司设立全勤奖，对每月出勤满勤的员工进行奖励，50 元/月。

（5）员工全年满勤，无迟到、早退、病假、事假、脱岗者，经本人申请，人力资源部核查属实，总经理批准，除每月的奖励外在可慕奖 150 元。

（6）考勤如虚报、漏报的，每次扣除 50 元，当月超过 4 次，全公司通报警告一次。

（7）脱产学习的有关规定。

①公司指派的中短期培训学习和因本单位工作需要，有针对性的业务学习，按出勤管理。

②其他的如成人学历教育学习（包括函授、自学考试的短期的脱产学习等）及单位同意的个人外出培训等，不享受公司里的奖金，按实际学习天数扣除当月工资。

二、请假管理

1. 公司内规定休假包括两大类：福利假和非福利假。

福利假包括：每周公休日、每年法定节假日、婚假、丧假、产假等。

非福利假包括：病假、事假等。

2. 各类休假均含公休假日，如遇法定节假日顺延。

3. 病假系员工因患病或非因公负伤停止工作，进行治病休息所申请的时间，除急诊外，病假须事先（不晚于当日工作时间开始后的 25 分钟）申请，且需持有正规医疗机构出具的诊断证明。

4. 病假的批准权及考核。

员工因病请假一般不超过两天，超过时间需延长假期者，须补充县区正规医疗机构医师的证明及病历，且加盖医院公章。

（1）病假 2 日以内，经部门经理签字同意后，并到人力资源部备案。

（2）病假超过 5 日，经部门经理签字同意后，由总经理签字同意后方可批准，并到人力资源部备案。

5. 事假须事前书面申请，经批准后，进行临时性工作交接，而后方可休假。

模板 员工出差管理制度

员工出差管理制度

第一章 总则

第一条 为规范出差管理流程、加强出差预算的管理，特制定本制度。

第二条 本制度参照本公司行政管理、财务管理相关制度的规定制定。

第二章 一般规定

第三条 员工出差依下列程序办理，出差前应填写出差申请单、出差期限由派遣负责人视情况需要，事前予以核定，并依照程序核实。

第四条 出差的审核决定权限如下：

1. 当日出差

出差当日可当往返，一般由部门经理核准。

2. 远途出差

由部门经理核准，报主管副总审批，部门经理以上人员一律由总经理核准。

第五条 交通工具的选择标准

1. 短途出差可酌情选择汽车作为交通工具。

2. 远途或其他用途需借大笔现金的，以采用火车作为交通工具，一般火车超过六个小时以上可选择卧铺出行，特殊情况，可向总经理申请乘坐飞机。

第三章 出差借款及报销

第六条 费用预算

坚持"先预算后开支"的费用控制制度，各部门应对本部门的费用进行预算，做出年计划、月计划，经部门及经理审核，并严格核计执行，不得超支。原则上不支出计划费用。

第七条 借款

1. 借款的首要原则是"前账不清，后账不借"。

2. 出差或其他用途需借大笔现金时，应提前向财务预约，并有总经理审批。

3. 借款要及时清还，公务结束后3日内到财务部结算还款。无正当理由过期不结算者，扣发借款人工资，直至扣清为止。

4. 借款额度不得挂钩借款人工资收入。

借款金额原则上限制为：普通职员借款金额在 1000-2000 元。主管级以上金额在

1000-3000 元以内，特殊用途超过 5000 元等特大金额应上报到主管副总标明原因审批。

第八条 报销

严格按审批程序办理，按财务规范贴贴"报销单"→部门主管或经理审核签字→财务部核实→总经理审核→财务部预算报销。

第四章 差旅管理

第九条 出差申请与报告

1. 出差之前必须提交出差申请表，注明出差时间、地点和事由，行政部据此安排差旅、住宿等事宜（见行政出差申请表）。

2. 将出差申请表送入人力资源部留存、记录考勤。

3. 出差途中生病、意外或因工作实际，需要延长差旅时间的，应打电话向公司请示；不得因私事或借故延长出差时间，否则其差旅费不予报销。

4. 员工出差完毕后应立即返回公司，并于 3 日内（含出差回来当天）凭有效日期证明（如机票、车票等）到财务部办理费用报销。差旅补贴等手续。

5. 员工出差时，必须每日下午 16:00 前向主管汇报工作，并写出详细的书面报告报总经理审阅。

6. 出差结束后，应于 3 日内提交出差报告，并到财务部费用报销。

7. 未按以上手续办理出差手续或未经审批所发生的费用，公司将不予报销，并按扩大处理。

第十条 出差费用标准及审批权限

1. 差旅费用标准及审批

（1）国内城市之间转移的飞机、火车、轮船和汽车等交通费，凭所购之实际报实销，需分别按部门经理、分管副总审批。

（2）出差期间住宿、正常餐饮费用，采用包干制，经理级 150 元/日（住 100 元/餐 20 元/车 30 元），区域经理、业务及其他职员 100 元/日（住 60 元/餐 20 元/车 20 元）。

（3）招待费、交际应酬费（需详列说明），费用有发生，需经部门、主管副总的审批，由主管级先做的此类费用，责任人行承担。

（4）出租车费用，在报销范围内（公务出差）的出租车票经部门经理签字后全额报销；在报销范围之外的特殊情况需经部门经理和分管副总的批准后，注明时

表单 部门领导出差动态表

部门领导出差动态表

部门	领导姓名	出差日期	返回日期	出差地	出差事由

备注：

表单 员工请假申请表

员工请假申请表

申请人		部门		岗位	
入司时间		请假日期	自 年 月 日 时至 年 月 日 时，共请假 天 时		
请假类别： □事假 □病假 □年休假 □婚假 □产假 □护理假 □慰唁假 □工伤假 □其他：					
请假期间工作安排：					
申请人：			日期：		
部门负责人意见		分管领导审批		考勤员登记	

表单 调休申请表

调休申请表

部门		姓名		岗位	
调休日期	年 月 日 时至 年 月 日 时（合计： 天）				
调休补加班日期	年 月 日 时至 年 月 日 时（合计： 天）				
调休事由	调休人签字				
调休期工作代理人	代理人签字				
部门负责人审批	人力资源部总监审批				
董事长审批					

备注：1.员工调休需填写该单，经部门负责人签字确认后将调休单交至人力资源部审批存档。
2.调休超过五天需董事长最终审核，部门负责人调休需得到董事长批准后执行。
3.员工假满上班时应至部门负责人处报到销假。
4.此申请单须返还人力资源部备案。

表单 出差旅费报销清单

出差旅费报销清单

出差日期			地点	交通费	膳食费	住宿费	杂费	其他费用	合计	说明
月	日	起 迄								
费用总计										
旅费总额（大写）	□人民币 □美元 万 千 佰 拾 元 角 分 整					预支旅费			应付（支）金额	
会计						核准		审核		收款签字

表单 加班申请表

加班申请表

部门		姓名		加班日期	
加班内容					
预计加班时间	自 点 分 至 点 分			共计 小时	小时（最小单位1小时）
部门领导安排加班工作内容					
审批	部门经理		部门总监	总经办	总经理
实际加班时间	自 点 分 至 点 分（依据打卡记录）			共计 小时	小时（起始1小时，最小单位0.5小时）
流程	部门领导提出→安排员工填写→部门领导审批→权责总监审批→总经理批准→人力资源部备案				

表单 加班记录统计表

加班记录统计表

序号	部门	姓名	加班日期	加班原因	加班用时	批准人	备注

表单 员工考勤记录表

員工考勤記錄表

姓名	工时类别	1	2	3	4	5	6	7	8	9	10	11	12	13	14	15	16	17	18	19	20	21	22	23	24	25	26	27	28	29	30	31	合计
	上午																																
	下午																																
	上午																																
	下午																																
	上午																																
	下午																																
	上午																																
	下午																																

考勤代号

类别	正常	加班	公休	迟到	早退	事假	病假	旷工	婚假	参加
代号	√	¥	—	C	T	×	○	△	H	S

注意事项：1. 本资料为绩效考核、工资及加班费计算依据，各部门员工务必认真填写。
2. 以公司工作时间为准。
3. 本表由各部门主管确认后，于每月26日转呈人事主管。

以绩管人——绩效管理

　　绩效管理是餐饮企业人力资源管理中非常重要的一个环节，是提升企业绩效以及员工个人绩效必须要进行的管理活动。餐饮企业的最终目的是盈利，如果员工个人绩效越好，企业盈利自然也就越多。另外，绩效考核可以为企业人力资源管理提供依据，无论是员工晋升、调薪或降职，还是奖金和福利的发放等，都需要以员工绩效考核结果为依据。

6.1 绩效管理概述

在学习绩效管理之前，应先了解何为绩效管理、餐饮企业进行绩效管理的目的是什么以及绩效管理的实施步骤等基础知识。

6.1.1 绩效管理的概念及目的

绩效管理就是指企业各级管理者和员工为了完成企业发展目标而共同参与的一个由一系列活动循环组成的管理过程。此过程包括绩效计划制订、绩效辅导沟通、绩效考核评价、绩效结果应用和绩效目标提升等活动，如图 6-1 所示。

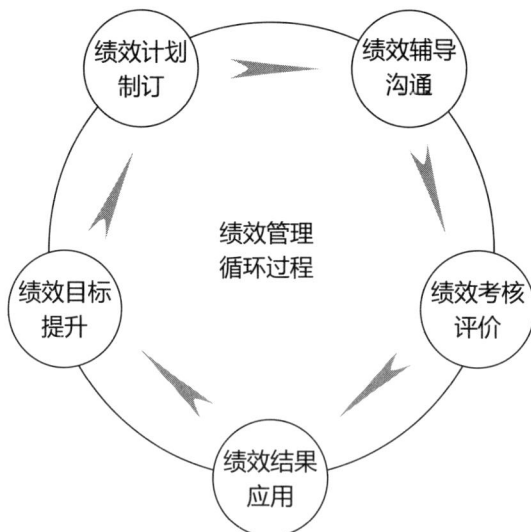

图 6-1

从图 6-1 所示的绩效管理循环过程可知，绩效管理的最终目的就是使企业的绩效不断得到提升。而企业绩效要得到提升，员工个人绩效就必须进行提升。因此，绩效管理的最终目的就是使企业和个人绩效共同持续提升。

除最终目的之外，餐饮企业进行绩效管理的主要目的还有以下几点，如图 6-2 所示。

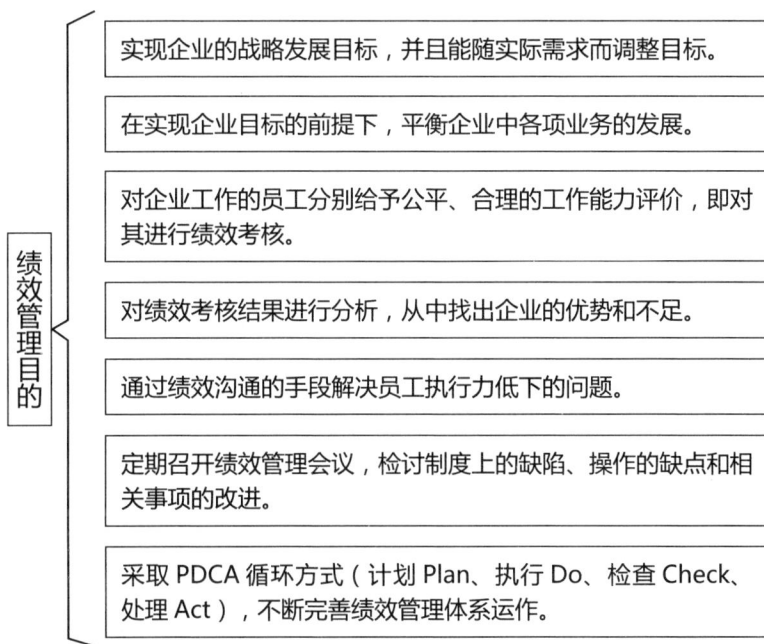

绩效管理目的

- 实现企业的战略发展目标，并且能随实际需求而调整目标。
- 在实现企业目标的前提下，平衡企业中各项业务的发展。
- 对企业工作的员工分别给予公平、合理的工作能力评价，即对其进行绩效考核。
- 对绩效考核结果进行分析，从中找出企业的优势和不足。
- 通过绩效沟通的手段解决员工执行力低下的问题。
- 定期召开绩效管理会议，检讨制度上的缺陷、操作的缺点和相关事项的改进。
- 采取 PDCA 循环方式（计划 Plan、执行 Do、检查 Check、处理 Act），不断完善绩效管理体系运作。

图 6-2

6.1.2　了解绩效管理的实施步骤

绩效管理是一项比较复杂且具有较高技术含量的工作，餐饮企业在实施绩效管理时必须做到有条不紊。绩效管理的实施步骤简单介绍如下。

第一步　明确考核目的，确定考核对象

绩效考核的最终目的是通过考核手段，提高考核对象的业绩，达到多劳多得、少劳少得、不劳不得的目的。

在餐饮企业中，不同部门，考核内容和形式都不同，这主要取决于考核对象。要针对不同的考核对象，量身定制最合适的绩效方案。例如，对于店长、主厨或者各部门的第一主管，可以设置部门考评表来对这类人群进行考核，而部门的其他员工可以由部门主管直接进行进行考核。

第二步　做好岗位分析，为制订考核计划打下基础

我们知道，不同的岗位，其考核内容和形式不同，为了更好地开展绩效考核，就要做好岗位分析，对不同岗位进行全面了解，确定各岗位的难易程度，这样就可以核定各岗位的劳动定额，确定各岗位的基础奖金，为公平考核奠定基础。

第三步　成立考核小组，开展专项考核工作

绩效考核工作，必须由专门的人员制订考核方案，并全程实施，才能确保考核工作公平、有序地开展。对于考核小组的确定，也要根据餐饮企业的规模来定。一般情况下，如果企业的规模不大，绩效考核一般由人力资源或者企业管理部负责实施。对于较大规模的连锁餐饮企业或者餐饮集团，一般都会设立绩效考核委员会（由企业高管组成），其下会设立不同的考核小组（由具体的考核人员组成）。

第四步　制订考核方案，为考核工作提供指导

考核方案是指导考核小组实施绩效考核的依据和基础，因此，对于绩效考核方案的制订一定要尽可能的全面，从企业全局发展和战略

高度来考虑。通常，考核方案中要确定考核的基本原则、形式、内容、考核程序等，并且在绩效考核方案中还应明确考核数据的来源、提交与审核部门等。

第五步　确定考核指标，精准考核

考核内容是绩效考核的核心内容，通常会将考核内容量化成各种考核指标。对于考核指标的确定，可以从两方面来考虑，一是岗位的工作职责，二是企业的整体工作任务。对于餐饮企业而言，考核指标一定要紧密围绕各岗位职责，让各项工作尽可能做到量化管理，才能提高员工的整体业绩，从而促进企业整体发展。对于一些较为"虚"的指标，如员工对企业文化的认知程度等，这些考核可不纳入考核体系。在餐饮企业中，考核指标一定要精、实。

第六步　建立考核流程，确保考核工作顺利实施

考核流程是否合理，直接影响考核的效果，对于考核流程的建立，应该越简单越好，这样不仅可以避免考核走形式，使考核工作真正落地执行，还能降低考核成本。一般而言，绩效考核的基本流程是：各部门提供考核数据→考核员汇总并核查考核数据→向考评会议提交考核初步意见→考评会议审核并确定考核结果→报请考核委员会审批→将考核结果反馈到被考核部门。

不同的餐饮企业，可根据企业自身的实际情况，制订符合本单位的绩效考核流程。

第七步　考核结束，结果应用要及时、公平

考核结果通常应用在员工试用期、合同续签、薪资调整、职位升降或调配、奖金核算等地方，对于考核结果，一旦考核结束，就应该立即应用。

此外，大部分的绩效考核都体现在金钱上，因此通常考核结果都会作为奖金公平分配的依据。对于考核优秀的应奖励，考核不合格的应扣罚，并且尽量做到奖罚对称，切记不要考核优秀奖得少，考核不合格罚得多。否则会影响员工的工作积极性，绩效考核也就失去了意义。

6.2 绩效管理实施的核心内容

绩效计划是绩效管理系统的开始，制订绩效计划是对未来绩效管理工作的一种规划和指导。建立企业关键绩效指标（Key Performance Indicator，KPI）体系是做好绩效管理的关键。制订绩效管理制度则是绩效管理活动能够顺利有序执行的保证。餐饮企业的绩效管理要正常实施，就必须把以上核心事项做好。

6.2.1 绩效计划的制订步骤

绩效计划的制订流程通常被分为 3 个阶段，分别是准备阶段、沟通阶段与审定和确认阶段。其中，准备阶段的主要任务就是准备与绩效相关的各种信息；沟通阶段的主要任务是管理者与员工就工作目标达成一致；审定和确认阶段的主要任务需要直接主管与执行人共同在绩效计划书上签字认可。

（1）准备阶段

为了确保绩效计划的制订能够顺利完成，餐饮企业应事先准备好相关的资料和信息。另外，由于绩效计划往往是由管理者和员工双向沟通后得出的，因此，沟通方式也需要在准备阶段就确定好。

◆ 相关信息准备

制订绩效计划需要的信息一般分为 3 个层面，即组织、团队和个人。表 6-1 所示为各层面相关信息介绍。

表 6-1 各层面信息包括的内容

层面	具体描述
组织层面	1. 企业长期战略发展计划。绩效管理的最终目的是实现企业发展目标，故绩效计划的目标方向必须与企业发展战略方向一致。 2. 企业年度经营计划。绩效计划的制订应结合企业年度经营计划，从而使绩效计划更加真实有效。 3. 业务单位工作计划。绩效计划的制订也要以业务单位的工作计划为依据，从而使各单位员工的工作与绩效计划联系更紧密
团队层面	主要指团队计划，这种形式的采用使得小单元内的目标责任更加明确和具体，这也更有利于个人绩效计划的设定
个人层面	1. 员工岗位工作描述。只有知道了各岗位员工的工作任务，才能制订出相应的工作标准。 2. 员工上一年度的绩效回顾资料评价信息和相关文件。根据员工上一年度的绩效数据进行相关分析，可以制订出更为合理的本年度绩效计划

◆ 沟通方式的选择

与员工沟通绩效计划的方式有很多。采取什么样的方式能达到更好的效果，需要根据企业的文化氛围、参与员工的特点以及绩效目标的特点进行考虑和选择。

例如，绩效目标的设定会关系到餐饮企业全体员工，则可以通过召开全企业大会的方式进行沟通。如果只关系到一个团队，则只需要进行一次团队会议即可。

（2）沟通阶段

绩效计划制订过程的核心即是沟通阶段，在该阶段，餐饮企业的管理者与员工之间要充分地沟通与交流，确保本次绩效期间的工作目标和计划达成一致。沟通阶段要顺利完成，有两个事项需要注意，如表 6-2 所示。

表 6-2 沟通阶段要注意的事项

注意事项	具体描述
营造良好的沟通环境	1. 企业的管理者与员工在进行沟通交流之前，要先制订一个便于绩效计划沟通的专项时间表，并要求在这个时间段内不得进行绩效计划沟通以外的其他工作。 2. 沟通的地点尽量选择比较安静的地方，以免影响沟通效果。 3. 管理者要对全程的沟通气氛进行掌控，当员工出现紧张情绪时，管理者要及时干预、缓解
关注沟通过程	1. 在整个绩效计划沟通过程中，管理者与员工地位平等，目标一致。 2. 由于员工对于自己所做的工作的理解和熟悉程度是高于管理者的，因此在沟通过程中，管理者应尽量听取员工的意见。 3. 管理者要着眼于如何使员工的个人目标与企业目标一致，同时也要确保当前员工的个人目标与其他员工的目标之间的协调配合。 4. 在沟通过程中，应让员工的积极性和主动性得到充分发挥，管理者只是引导、帮助员工做决定，不能代替员工做决定

（3）审定和确认阶段

绩效计划沟通完成后，就进入了审定和确认阶段。在此阶段，主要任务就是对绩效计划工作是否成功完成进行确认，最后确定绩效计划。一般情况下，绩效计划沟通活动是否成功可以从以下几方面来判定。

◆ 员工的绩效目标是否与企业的总体目标紧密相连？员工是否清楚自己的绩效目标与企业的整体目标之间的关系？

◆ 员工的工作职责和描述是否已经按照企业当前的环境进行了修改？能否反映出绩效期内主要的工作内容？

◆ 管理人员和员工对员工的主要工作任务、各项工作任务的重要
程度、完成任务的标准、员工在完成任务过程中享有的权限是
否都已经达成了共识？

◆ 管理人员和员工对于在完成工作目标的过程中可能会遇到的困
难和障碍是否已经十分清楚？是否明确管理人员所能够提供的
支持和帮助有哪些？

◆ 是否形成了一个经双方协商讨论确定的最终文档？该文档是否
包括了员工的工作目标、实现目标的主要工作结果、衡量工作
结果的指标和标准、各项工作所占的比重等内容？管理人员和
员工双方是否已经在协议上签字？

6.2.2　设置关键绩效指标

企业关键绩效指标是衡量流程绩效的一种目标式量化管理指标，该
指标主要通过对企业内部流程的输入端、输出端的关键参数进行设置、
取样、计算和分析，从而进行量化。通过企业关键绩效指标，可以把企
业的战略目标分解为可操作的工作目标，它是企业绩效管理的基础。

关键绩效指标的设置有多种方法，其中比较常用的有鱼骨图分析
法和九宫图分析法，通过这些方法可以更容易把握关键问题、解决主
要矛盾。关键绩效指标的设置通常遵循以下步骤。

第一步　建立评价指标体系

通常是以从宏观到微观的顺序依次建立各级的指标体系。即建立
企业级 KPI →建立部门级 KPI →确定工作岗位 KPI。其具体过程是：
①明确企业战略目标，根据企业的业务重点确定关键业务领域的关键
业绩指标，以建立企业级的 KPI；②各部门主管以企业级 KPI 为依据
建立部门级 KPI；③各部门管理者和员工对部门级 KPI 进行更细化的

分解，确定各员工工作岗位 KPI。而这些业绩指标就是绩效考核的要素和依据。

第二步　设定评价标准

所谓指标，通常是指从哪些方面对工作进行衡量和评价，而标准则是指工作在各个指标上分别预期达到的水平。所以，在建立评价的指标体系后，便要设定评价的标准。

第三步　审核关键绩效指标

关键绩效指标设置完成后，还需要对其进行审核，以确定这些关键绩效指标是否适合于评价操作，以及是否可以客观而全面地反映被评价对象的工作绩效。

关键绩效指标是用于评价员工绩效的定量化和行为化的标准体系，定量化和标准化是其基本特征。建立关键绩效指标的要点在于计划性、系统性和流程性。除此之外，建立关键绩效指标体系还应该遵循以下原则，如表 6-3 所示。

表 6-3　建立关键绩效指标体系的原则

原则	具体描述
体现企业战略	关键绩效指标是企业战略目标分解而来，是根据业务重点等进行确定的。因此，该指标必须能体现企业战略和业务重点
注重工作质量	企业竞争力的核心是工作质量，但是往往又难以衡量，因此，对工作质量建立指标进行控制特别重要
可操作性	关键业绩指标的设定必须从技术上确保可操作性，因此，对于每项指标都应给予明确的定义，并建立完善的信息获取渠道
强调输入和输出过程的控制	要优先从流程的输入和输出状况考虑来设立 KPI 指标，并且将两者之间的过程视为一个整体，进行端点控制

关键绩效指标是企业绩效管理的基础。那么，建立关键绩效指标

体系对餐饮企业绩效管理的意义有哪些？如图 6-3 所示。

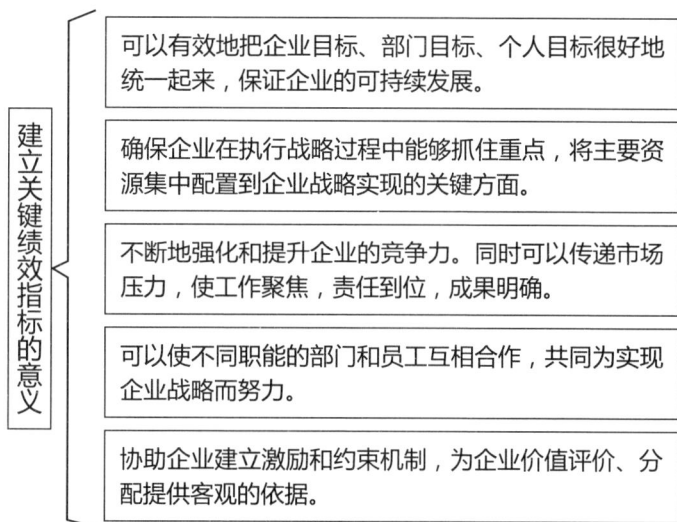

图 6-3

6.2.3 绩效管理制度的制定

为了实现科学、公正和务实的绩效管理，保证餐饮企业绩效管理工作的规范和有序进行，餐饮企业必须制定科学的、符合企业的绩效管理制度。

（1）制定绩效管理制度的原则

绩效管理制度是绩效管理活动的核心，对整个绩效管理起着指导性作用。在制定绩效管理制度时，应遵循以下原则。

◆ 实用性原则

餐饮企业在制定绩效管理制度时应以实用性为原则。既需要充分考虑企业人力资源管理水平、企业经营特点以及行业性质，还需要考虑绩效管理方案的制订与实施所需的人力、物力和财力。此外，还有考虑考评工具和方法是否合适员工。

◆ 客观公平原则

员工的绩效考核应以员工实际工作表现和岗位说明书中对工作内容的描述为客观依据，确保考核是客观的、实事求是的。另外，绩效考核不应受人为因素主导，而影响绩效考核结果的可信度。因此，绩效管理制度应对绩效考核及评价的标准进行规范，确保客观公平。

◆ 全面原则

在制定绩效管理制度时要把握全面的原则，尤其是关于绩效考核方面的内容更是如此。只有对员工进行全面的评价，才能准确地对员工的绩效进行衡量，才能提高绩效评价的效果。

◆ 公开原则

绩效评价工作必须公开执行，对评价的标准、考评的程序、考评的方法及时间的选择等都应公开宣布，从而让员工心里有数，并积极参与到考评中来。同时，考评的结果也应该是公开的，这样有利于员工横向和纵向的比较，明确自己在整个企业中的绩效水平，确定今后的努力方向。

◆ 相对稳定原则

绩效管理制度一旦完成制定，一般是不轻易进行修改的。如果这类制度文件朝令夕改，会使员工对企业没有认同感和归属感，不利于企业人员的稳定性。但是，这并不代表绩效管理制度制定完成后就是一成不变的。

随着绩效管理制度在企业中实施，一些问题也会逐渐暴露。同时，企业不断发展，经营模式、工作内容等都可能产生变化。绩效管理制度也应该及时进行调整和丰富，使之不断完善，更加契合企业的发展战略。如此才能使绩效管理系统形成良性循环，稳定地提高企业和员工绩效。

（2）制订绩效管理制度

所谓绩效管理制度，就是众多绩效管理相关制度的集合，如绩效考核管理制度、绩效奖励制度和绩效反馈管理制度等。其中，绩效考核管理制度是绩效管理制度的核心内容。

绩效考核管理制度的主要内容是对考核周期、考核内容、考核方式以及考核结果的应用等进行说明和规定。以下是某餐饮公司的绩效考核管理制度部分内容，可供参考。

第三条 考核周期

绩效考核根据周期长短可分为月度考核、季度考核、项目考核和年度考核。

其中月度考核、季度考核于月度、季度结束后 10 日内完成。项目考核于项目结束后 10 日内完成，年度考核于次年 1 月 20 日前完成。不同的考核对象考核周期不同。

1. 企业高层领导的绩效考核类型为年度考核。

2. 行政部 (勤务人员除外)、人力资源部、财务部、企划部、工程部、采购部以及业务部门中未参加项目的职能人员的绩效考核类型为季度考核。

3. 前厅、后厨全体员工的绩效考核类型为月度考核。

4. 工程部等业务部门负责人及参加项目人员的绩效考核类型为项目考核。

第四条 考核内容（KPI 指标）

1.营业指标。

2.管理指标。

3.行为指标。

……

第六条 考核方式

1.考评分数满分为100分。

2.每项考评内容标准为最高分，被考评者未完成评估内容以递减方式减分，每档10分。

3.部门主管每季度的考评分加权平均后汇总至区域绩效考评小组。

……

第八条 考核结果的应用

1.员工试用期考核。

2.员工合同续签考核。

3.员工薪资调整。

4.员工职位等级升降和岗位调配。

5.奖金计发（需完成集团指定的营业指标）。

6.绩效改进与培训计划制订。

在上述案例中，该餐饮公司针对不同的被考核者，设置了4种周期不同的绩效考核类型，如企业高层绩效考核周期为一年，参与项目的人员则是以每个项目完成为一个绩效考核周期。

餐饮企业在制定自己的绩效管理制度时，也可参考此方式，即针对不同层级的员工设置不同的绩效管理和考核方法，以及不同的绩效奖金等。

6.3

绩效考核实施

绩效考核是绩效管理的核心环节，是通过科学的方法对企业员工的工作完成情况、职责履行程度以及员工的发展情况等进行评定，并将评定结果反馈给员工的过程，从而激励员工更加积极、主动、认真地投入工作。

6.3.1　绩效考核的原则

绩效考核于餐饮企业而言是绩效管理的一种手段，目的在于提升企业收益。但对餐饮企业的员工而言，绩效考核则与直接的个人薪资收入息息相关。如果绩效考核不够科学、合理，则会使员工对企业失去认同感和归属感，并产生抱怨情绪。

企业要做好绩效考核，则必须遵循相应的绩效考核原则，如表 6-4 所示。

表 6-4　绩效考核应遵循的原则

原则	具体描述
公平原则	公平是确立和推行员工绩效考核的前提。做不到公平，就不能发挥绩效考核应有的作用
严格原则	如果绩效考核不够严格，就会流于形式，没有实际效果。绩效考核应该有明确的考核标准、严肃认真的考核态度、严格的考试制度以及科学的考核程序和方法。否则，绩效考核不仅无法全面地反映员工的真实情况，还会产生消极影响

续表

原则	具体描述
单头考评的原则	员工的直接上级一般是最了解员工实际工作情况的，由直接上级对员工进行考评最有可能反映出真实情况。间接上级可以对考评的结果提出建议，但不可擅自修改。单头考评明确了考评的关键所在，并且使考评系统与组织指挥系统取得一致，更有利于加强经营组织的指挥机能
客观考评的原则	绩效考核必须坚持客观评价原则，必须依据明确的考评标准和员工的实际情况进行客观、合理的评价。考核者不得渗入任何主观性和感情色彩对员工进行评价
结果公开原则	绩效考核的结果应该对员工本人公开，以保证绩效考核的民主性。同时，也可以使被考核员工了解自己的优点与不足，以便在之后的工作中保持优点，改正不足，努力提升绩效。此外，绩效考核结果公开还能起到避免出现偏见和误差的作用，从而保证公平与合理性
结合奖惩原则	绩效考核结束后，应该根据考核结果，给予成绩优秀的员工适当的奖励，成绩较差的员工也应受到相应的惩罚，做到奖惩分明。将绩效考核结果与员工个人利益联系，从而起到激励作用，才能达到绩效考核的真正目的
反馈的原则	员工绩效考核结果的评价必须反馈给员工本人，还需就绩效考核结果的评价对员工进行说明解释。一方面肯定其成绩和进步，鼓励其继续努力；另一方面指出其不足之处，并给出改进建议
差别的原则	绩效考核结果的等级应对应不同的待遇，如对不同的考核等级，在工资、奖励、晋升和使用等方面都存在较大的差别，从而使绩效考核具备激励性，提升员工的进取心
信息对称的原则	凡是信息对称、容易被监督的工作，都适合使用绩效考核。凡是信息不对称、不容易被监督的工作，适合用股权激励

6.3.2 绩效考核内容的确定

在餐饮企业中，不同部门不同岗位员工的工作内容大相径庭，绩效考核的内容显然是不能完全一致的。针对不同岗位的员工应该以什么内容进行绩效考核，是餐饮企业绩效管理相关工作人员需要解决的问题。

绩效考核的内容需要以被考核对象的工作岗位和工作性质等各种相关因素为依据，再结合绩效考核的目的进行确定。绩效考核的内容应该包括 3 个部分，如图 6-4 所示。

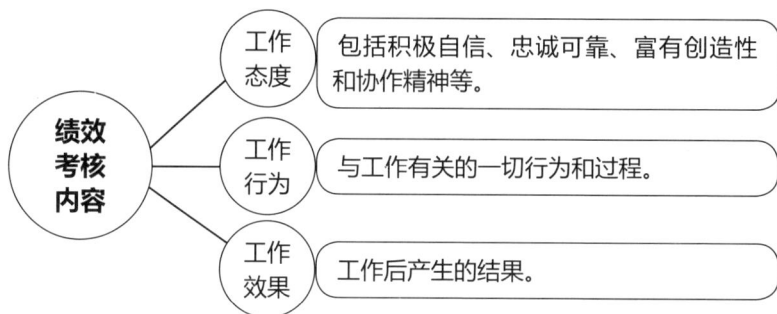

图 6-4

工作态度、工作行为和工作效果是绩效考核的必需内容，三者共同构成一个完整的绩效考核项目，缺一不可。下面分别对这 3 个方面的考核内容进行介绍。

◆ 对工作态度的考核

俗话说"态度决定高度"，但在工作中则是"态度决定业绩"。工作态度的考核一直是绩效考核的重要内容，员工的工作态度会直接影响到员工的工作行为，进而影响其工作绩效。良好的工作态度是完成良好工作业绩的前提，只有态度正确，工作能力才能被充分地发挥。否则，能力再高也很难取得好的成绩。

◆ 对工作行为的考核

工作行为是员工工作态度的直观表现，是员工完成工作任务必须进行的工作过程。对于员工工作行为的考核，主要是关注员工工作过程中做了什么、怎么做的。

◆ 对工作效果的考核

工作效果是员工进行工作行为的最终结果，直接反映了员工对于企业的贡献度，即业绩。

餐饮企业对员工进行绩效考核时，任何岗位员工的考核内容都必须包括以上 3 个方面。但是，针对不同岗位员工的考核应该有不同的侧重点。

例如，餐厅服务员的绩效考核就应该以工作行为考核为主，工作态度和工作效果为辅。主要内容包括 3 个方面：对服务员待人接物的方法是否合理、服务客户的行为是否恰当等进行考察，主要是对服务员的业务能力进行评估；对服务员的微笑服务等是否到位进行考察，主要是对服务员的工作态度进行评估；客户对于服务员的评价，主要是对服务员的工作效果进行评估。

6.3.3 制定绩效考核标准

绩效考核标准就是用于对员工绩效考核的各项指标进行评分的基准。通常，我们根据评价的手段不同，将绩效考核标准划分为定量标准和定性标准，其介绍如下。

◆ 定量标准：即用确定的数值作为标度的标准，如工作能力和工作成果一般用分数作为标度。

◆ 定性标准：用评语或字符作为标度的标准，如对员工性格的描述、工作态度的评价等。

定量标准和定性标准是绩效考核标准使用最广的两种分类。此外，绩效考核标准根据划分角度的不同，还有许多划分类型，如静态标准、动态标准、绝对标准、相对标准和客观标准等，这里就不再一一阐述。

那么，餐饮企业的员工绩效考核标准具体应该如何制定呢？下面通过实际案例进行了解。

某餐饮公司为了使绩效考核更为客观和公平，针对各部门各岗位分别制定了科学、合理的绩效考核内容及对应的考核标准。其中，传菜员的绩效考核内容及标准如表6-5所示。

表6-5　传菜员绩效考核内容及标准

考核内容	分值	考核标准
迟到	5分	无迟到，得5分；迟到1次，得2分；迟到＞1次，得0分
旷工	5分	无旷工，得5分；旷工≥1次，得0分
仪容仪表	5分	按照管理制度关于员工仪容仪表的要求规定，全部合格，得5分；合格两项及以上，得3分；合格两项以下，得0分
礼貌用语	7分	主动规范，得7分；主动不规范，得3分；不主动不规范，得0分
投诉	10分	无客诉，得5分；客诉≥1次，得0分；无内诉，得5分；内诉1次，得3分；内诉＞1次，得0分
工作区卫生	5分	主动清理工作区域卫生并保持干净，无水迹，无垃圾。优5分；良3分；差0分
互帮互助	8分	优8分；良4分；差0分
传菜速度和准确率	12分	优12分；良6分；差0分
与厨部协调配合	8分	优8分；良4分；差0分
物品摆放	5分	传菜部备餐柜和明档器具摆放整齐。优5分；良3分；差0分
浪费	5分	无浪费现象，得5分；有浪费现象，得0分
综合评分	25分	其中15分为各店自定，上报总部后，执行的考核项目，其中10分为所有上级对其岗位工作的整体综合评分

餐饮企业在制定绩效考核标准时，应注意区分哪些是定量标准，哪些是定性标准，这两种类型标准的制定是存在差别的。

在以上案例中，迟到、旷工和投诉等考核内容的考核标准即是定量标准，这类标准就需要以具体的数值作为评判依据，如"迟到1次，得2分"；而礼貌用语、互帮互助等考核内容的考核标准为定性标准，这类标准则通常是以某些形容词作为评判依据，如"主动规范,得7分"。

此外，餐饮企业要想制定更为科学、合理的绩效考核标准，还有6个事项需要注意，如图6-5所示。

设置考核标准注意事项

数量和速度一般不作为单独的考核标准。即绩效考核不可只追求数量和速度，还需要确保工作的质量。

绩效考核的内容必须是被考核者可以控制的。如服务员的服务态度和质量是其自己可控的，可以作为考核内容。而客户对于菜品的满意度显然是服务员无法控制的，作为考核内容显然不合适。

形容词不可作为量化考核的标准。如厨师的绩效考核指标中，"菜品合格率大于80%"这一考核标准是正确的。但是，如果使用形容词，如"菜品合格率较高"这样的考核标准显然是不合适的。

考核标准要遵循3个定量原则，即上级期望、历史数据和同行数据。

考核标准的确定可以使用逆推法。任何考核标准都可以由数量、质量、成本、时间期限和客户（上级）的评价5个部分组成。当不知如何确定关键考核标注时，可以将5个标准全部列出，然后删除非关键指标即可。

上级一定要和员工达成一致。绩效考核标准的制定需要有员工参与，最终的标准确定应该双方达成一致，以减少员工的抱怨和顾虑。

图 6-5

🛢**加油站**

有目标才有动力，在确定绩效考核标准后，还应该设置一个绩效考核目标，让员工朝着这个目标而努力。但是绩效考核目标的制定不能天马行空，在设计时应遵循如下原则：①团队战略目标必须清晰、具体；②目标必须可量化、可衡量以及可分级；③目标既要具有挑战性，又要有可完成性；④目标要与企业员工的实际相结合；⑤有时限要求的目标，可分步衡量；⑥目标必须与利益和晋升挂钩。

6.3.4　选择绩效考核方法

餐饮企业要实施绩效考核，方法的选择是非常重要的。只有使用合适的方法，绩效考核才能得到理想的结果，从而发挥应有的作用。绩效考核的方法有多种，其中常用的有如下 7 种。

◆　强制分布法

强制分布法是基于正态分布规律和二八原则来分类员工群体，即餐饮企业在进行绩效考核之前要确定员工的绩效等级，如优秀、良好、合格、需要改进、不合格等，然后依据绩效考核结果按照一定比例将员工强制分布到各个等级中。

◆　行为锚定等级评价法

行为锚定等级评价法是一种以工作行为来评定绩效水平的方法，通过建立与不同绩效水平相联系的行为锚定来对员工绩效进行考核。它通过搜集大量代表工作中的优秀和无效绩效的关键事件来确定每一关键事件所代表的绩效水平的等级，并以此作为员工绩效的锚定标准。

◆　目标管理法

目标管理这种绩效考核方法相对而言较为成熟，它是以利润、销售额和成本等为考核指标，每位员工都有若干明确的目标，而这些目标的完成情况就是员工绩效考核的评价依据。这种方法也是企业采用较多的方法。

◆ 360 度考核法

360 度考核法是一种对员工进行全方位评价的绩效考核方法。通常是由与被考核员工有密切关系的上级、直接下属、同级同事以及外部客户分别对其进行匿名评价，再由分管领导根据这些评价进行评分，最后与被考核者的自我考核进行对比，得到最终结果后再向被考核者提供回馈，以帮助被考核者提高其能力水平和业绩。

◆ 序列比较法

序列比较法顾名思义就是对员工的工作业绩从好到差进行排序比较的一种考核方法。这种考核方法并没有明确的绩效考核标准，只根据员工各模块相关工作任务完成情况的好坏进行排序，排名越靠前则考核成绩越好。下面以具体的案例来进行介绍。

某餐饮企业对餐厅服务员的绩效考核决定使用序列比较法。因此，企业为餐厅服务员设置了客户满意度模块、工作区卫生模块和技能模块等作为序列比较法的考核模块。

进行考核时，首先对所有餐厅服务员各模块的工作情况好坏进行排序，然后将各员工所有模块的排名相加并进行升序排序（即从小到大排序）。员工的总排名越靠前，则代表员工的绩效考核成绩越好。

该餐饮企业以此总排名为依据，对排名前 5 的服务员进行奖励，并对排名最末的一名服务员予以惩罚，并警告一次，连续两次警告则做辞退处理。

◆ KPI 关键绩效指标法

KPI 关键绩效指标法是以企业年度目标为依据，通过对员工工作绩效特征的分析，确定反映企业、部门和员工一定期限内综合业绩的关键性量化指标，并以此为基础进行绩效考核。

◆ 平衡记分卡

平衡记分卡从企业的财务、顾客、业务流程以及员工学习和创新4 个角度进行评价，并根据战略要求给予各指标不同的权重，实现对企业的综合测评，从而使管理者能整体把握和控制企业，最终实现企业的战略目标。

餐饮企业在不同阶段、不同规模适用的方法也是有所不同的。另外，企业文化的不同，适用的绩效考核方法也不同，餐饮企业人力资源管理者需要根据实际情况选择适合的方法。

6.3.5 确定考核时间周期

绩效考核的时间周期就是指每隔多长时间对员工进行一次绩效考核，通常也叫作绩效考核期限。

合理的绩效考核周期对于绩效管理是非常重要的。绩效考核过于频繁，不仅会使员工对企业产生抱怨，也会增加相关管理者的工作量，实际的效果却并不明显，这就造成了人力资源的浪费。但绩效考核周期太长，又很难对员工的实际工作情况进行准确的评估，从而失去了绩效考核的作用。

餐饮企业在确定绩效考核周期时，不能千篇一律地不论什么岗位、什么考核类型，都设定统一的绩效考核周期。绩效考核周期的确定需要考虑 3 个方面的因素，如图 6-6 所示。

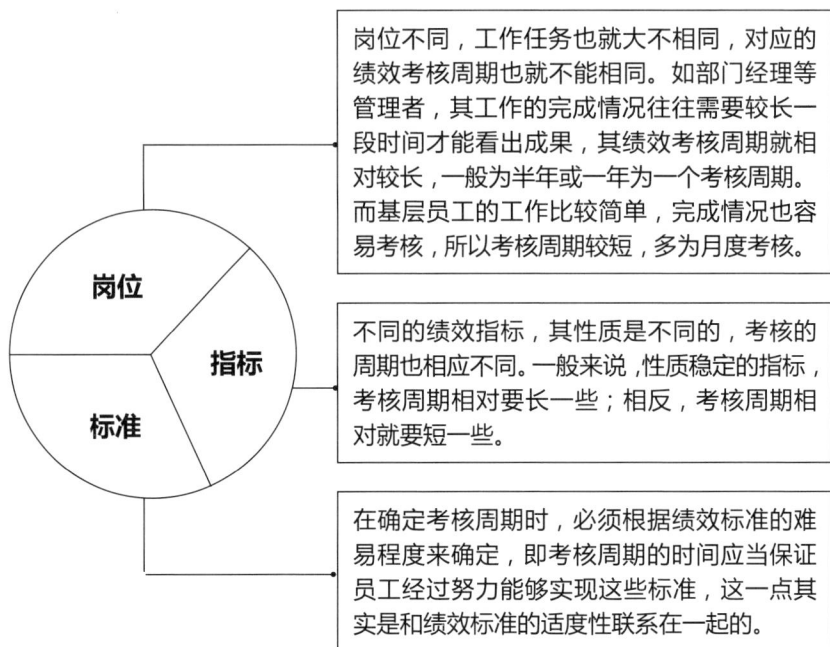

岗位不同，工作任务也就大不相同，对应的绩效考核周期也就不能相同。如部门经理等管理者，其工作的完成情况往往需要较长一段时间才能看出成果，其绩效考核周期就相对较长，一般为半年或一年为一个考核周期。而基层员工的工作比较简单，完成情况也容易考核，所以考核周期较短，多为月度考核。

不同的绩效指标，其性质是不同的，考核的周期也相应不同。一般来说，性质稳定的指标，考核周期相对要长一些；相反，考核周期相对就要短一些。

在确定考核周期时，必须根据绩效标准的难易程度来确定，即考核周期的时间应当保证员工经过努力能够实现这些标准，这一点其实是和绩效标准的适度性联系在一起的。

图 6-6

6.3.6 绩效考核结果的应用

餐饮企业实行绩效管理的目的在于提升企业的绩效水平。但若仅仅进行绩效考核，而对于考核结果没有系统的应用，则会使绩效考核流于形式，绩效管理的作用也就微乎其微了。

绩效考核的结果通常包含了大量的信息和资料，只有充分运用这些信息和资料，推动人力资源各个环节的工作，才能达到绩效考核的目的。绩效考核的结果应该与员工的个人发展与利益联系，才能使员工重视绩效考核，激励员工努力创造更好的绩效。图 6-7 所示是绩效考核结果的常见应用方式。

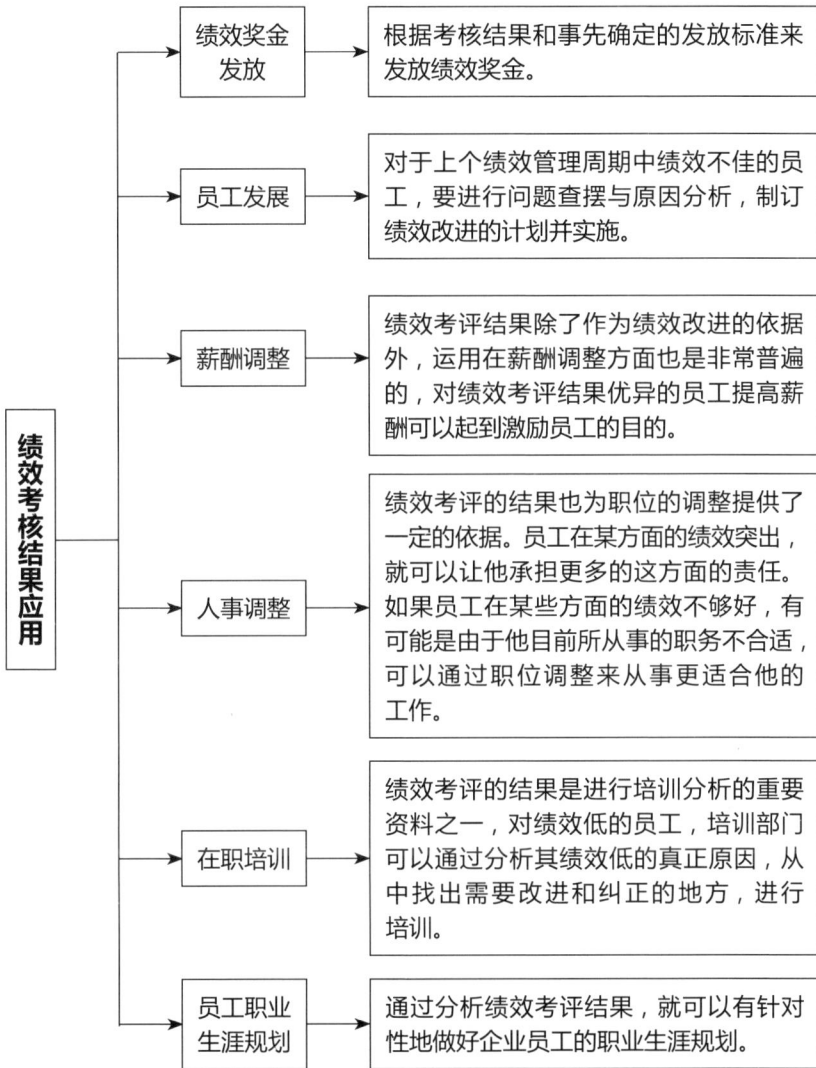

	绩效奖金发放	根据考核结果和事先确定的发放标准来发放绩效奖金。
绩效考核结果应用	员工发展	对于上个绩效管理周期中绩效不佳的员工，要进行问题查摆与原因分析，制订绩效改进的计划并实施。
	薪酬调整	绩效考评结果除了作为绩效改进的依据外，运用在薪酬调整方面也是非常普遍的，对绩效考评结果优异的员工提高薪酬可以起到激励员工的目的。
	人事调整	绩效考评的结果也为职位的调整提供了一定的依据。员工在某方面的绩效突出，就可以让他承担更多的这方面的责任。如果员工在某些方面的绩效不够好，有可能是由于他目前所从事的职务不合适，可以通过职位调整来从事更适合他的工作。
	在职培训	绩效考评的结果是进行培训分析的重要资料之一，对绩效低的员工，培训部门可以通过分析其绩效低的真正原因，从中找出需要改进和纠正的地方，进行培训。
	员工职业生涯规划	通过分析绩效考评结果，就可以有针对性地做好企业员工的职业生涯规划。

图 6-7

绩效反馈与改进

绩效反馈是绩效评估的最关键环节，餐饮企业的绩效评估能否达到预期目的，绩效反馈的实施起着决定性作用。

科学的绩效管理应该是一个持续改进和完善的良性循环过程，而绩效改进就是通过绩效管理的实施过程中发现的问题以及员工反馈的问题对绩效管理系统进行持续的改进；同时，也使员工绩效得到不断改进和提升。

6.4.1 绩效反馈的原则

绩效反馈就是将绩效评估结果反馈给被评估的员工，使员工了解自身的优势以及不足之处，从而影响员工的工作行为。

绩效反馈的目的是帮助员工找出不足之处并提升自己，而不是就绩效考核结果对员工进行批评和训斥。在进行绩效反馈的过程中，应遵循 6 个原则，如表 6-6 所示。

表 6-6　绩效反馈应该遵循的原则

原则	具体描述
经常性原则	绩效反馈应该是经常性的，其原因有两个：第一，管理者在考核时，一旦发现员工在绩效中存在不足，就应该立即去纠正。第二，员工对评价结果的基本认同是绩效反馈过程有效性的重要因素，因此管理者应该经常向员工提供绩效过程中的一些反馈，这样可以让员工在绩效考核正式结束前就基本对考核结果有大体的了解

续表

原则	具体描述
针对工作原则	在绩效反馈面谈中，双方应就员工在工作中的一些事实表现进行讨论，而不能针对员工的个性特点进行交流
倾听与提问原则	管理者在与员工进行绩效沟通时要遵循二八法则，即在整个沟通过程中，80%的时间留给员工，20%的时间留给自己。并且在留给自己的20%时间内，也要遵循二八法则，即将80%的时间用来发问，20%的时间用来指导、建议，因为员工往往比经理更清楚本职工作中存在的问题
基于过去着眼未来原则	虽然在绩效反馈面谈中，基本上是对过去工作绩效的回顾与评估，但是这并不意味着我们的面谈要停留在过去，而是基于过去的工作绩效评估，着眼于未来，发掘、总结出对未来发展有用的东西
正面引导原则	无论员工的绩效考核结果是怎样的，管理者在绩效面谈中都应多给员工一些鼓励，让员工了解自己工作不足的同时，通过正面引导坚定员工工作的信心，为其找到努力的方向，以便在今后的工作中更加积极、向上
制度量化原则	绩效反馈必须建立一套完善的制度，这可以为绩效工作持续地发挥作用提供保障

6.4.2 绩效反馈的主要内容

在实施绩效面谈之前，还需要了解绩效反馈的主要内容。在餐饮企业中，绩效反馈的主要内容可以分为如下 4 点。

◆ 通报员工本期绩效考核结果

餐饮企业在对员工进行绩效考核后，及时对绩效考核结果进行通报。员工通过绩效考核结果可以了解到自己在企业中所处的大致位置，从而激发员工改进和提升绩效水平的意愿。在对这项内容进行沟通时，管理者应关注员工的优势，耐心倾听员工的声音，并在制定员工下一期绩效指标时进行调整。

◆ 分析员工绩效差距并确定改进措施

绩效管理的目的是提升企业整体绩效水平，而要达到这一目的就必须提高企业全体员工的绩效水平。因此，每一名主管都负有协助员工提高其绩效水平的职责。改进措施的可操作性与指导性来源于对绩效差距分析的准确性。

所以，每一位主管在对员工进行过程指导时要记录员工的关键行为，按类别整理，分成高绩效行为记录与低绩效行为记录。通过表扬与激励，维持与强化员工的高绩效行为。还要通过对低绩效行为的归纳与总结，准确地界定员工绩效的差距。在绩效反馈时反馈给员工，以期得到改进与提高。

◆ 沟通协商下一绩效考核周期的工作任务与目标

绩效反馈既意味着上个绩效考评周期的结束，同时也标志着下个绩效考评周期开始了。在考核的初期明确绩效指标是绩效管理的基本思想之一，需要各主管与员工共同制定。各主管不参与会导致绩效指标的方向性偏差，员工不参与会导致绩效目标的不明确。

另外，在确定绩效指标的时候一定要紧紧围绕关键指标内容，同时考虑员工所处的内外部环境变化，而不是僵化地将季度目标设置为年度目标的1/4，也不是简单地在上期目标的基础上累加几个百分比。

◆ 与任务和目标相匹配的资源配置确定

绩效反馈不是简单地对上个绩效周期中员工的工作表现进行反馈，它应该着眼于未来的绩效周期。在明确绩效任务的同时确定相应的资源配置，对主管与员工来说是一个双赢的过程。对于员工，可以得到完成任务所需要的资源。对于主管，可以积累资源消耗的历史数据，分析资源消耗背后可控成本的节约途径，还可以综合有限的资源情况，使有限的资源发挥最大的效用。

6.4.3 绩效反馈面谈

绩效反馈通常是以绩效面谈的方式进行的，即相关管理者与员工就绩效考评结果进行面对面沟通。根据绩效面谈的内容和形式的不同，可以将其分为多种类型，根据其具体内容可以划分为 4 种绩效面谈类型，如表 6-7 所示。

表 6-7　绩效面谈类型

类型	具体描述
绩效计划面谈	在绩效考核初期,管理者与员工就本期内绩效计划的目标和内容,以及实现目标的措施、步骤和方法进行面谈
绩效指导面谈	在绩效考核过程中，根据员工不同阶段上的实际表现，管理者与员工围绕思想认识、工作程序、操作方法、新技术应用和新技能培训等方面的问题所进行的面谈
绩效考评面谈	在一个绩效考核周期结束后，根据员工当期绩效计划的贯彻执行情况，以及其工作表现和工作业绩等方面所进行的全面回顾、总结和评估
绩效反馈面谈	在本期绩效考核完成之后,将考核结果以及有关信息反馈给员工,并为下期绩效考核创造面谈条件

绩效面谈是对员工的绩效考核结果的反馈，以帮助员工提升自己的手段。同时，绩效面谈还可以了解员工对于企业绩效管理的看法和建议，对企业的绩效管理系统的改进也有着非常重要的作用。而要做好绩效面谈，在沟通过程中应遵循以下原则。

◆　建立和维护彼此之间的信任。

◆　清楚地说明面谈的目的。

◆　鼓励被访谈者说出真实的想法。

◆ 认真倾听被访谈者的话语，并做好记录。

◆ 避免对立和冲突。

◆ 集中在绩效，而不是性格特征。

◆ 集中于未来而非过去。

◆ 优点和缺点并重。

◆ 该结束时立即结束。

◆ 以积极的方式结束面谈。

绩效面谈虽然是一种领导者与员工进行沟通的方式，但也并非随意的交流沟通，而是有相应的步骤和目的。如下所示为绩效面谈的实施步骤。

①**营造面谈氛围**。氛围的营造包括环境、声音、物质、道具和座次安排等。面谈开始时可以用2分钟做铺垫，以赞扬和鼓励的话题打开局面，这样可以提高彼此之间的信任度，营造出一种轻松、热情、愉快而友好的面谈氛围。

②**说明目的及作用**。清楚地向员工说明此次面谈的目的和作用，消除员工的疑虑，使面谈更具针对性、易于开展。

③**考核结果沟通**。首先向员工说明考核评价的标准，然后逐项说明考核结果及总绩效等级。在整个沟通过程中，要给员工预留足够的时间来发表自己的看法，对于员工的疑问要耐心地解释。

④**肯定员工的优点**。为了让员工对考评结果认同，管理者要对员工的优点和成绩进行肯定，评价要全面、客观，让员工感觉到管理者是对自己的工作情况经过客观真实了解后做出的考核结果。

⑤**指出员工不足但不评价**。在面谈过程中，对于员工上个考核周期中存在的不足要提出来，但是不对这些不足进行过多的评价，即只

提出不足之处及其对绩效发展的影响，对于这些不足为什么存在、以及其他员工如何看待这些不足则不要去提及和引导，避免因此引起员工情绪波动和把面谈时间较长地停留在这些工作不足的问题上，影响面谈的气氛和效果。

⑥**制订改进计划**。协助员工找出有待改进的地方，并协助员工制订相应的改进措施和计划，确定下个考核周期的绩效目标，使绩效管理形成一个完整的循环过程。

6.5

常用模板与表单

【模板】 绩效考核管理制度

绩效考核管理制度

第一条 目的

1. 通过绩效考核促进上下级沟通和各部门间的相互协作。
2. 通过客观评价员工的工作绩效，帮助员工提高自身工作水平，从而有效提升公司整体绩效。
3. 通过绩效考核，使公司员工工作行为有所规范，考核有所依据，为公司的人力资源的开发与管理提供合理依据。

第二条 适用范围

本办法适用于公司所有正式员工，新进人员仍在试用期内的、复职人员在职日未满3个月者、兼职及计时工不在此列。

第三条 考核周期

绩效考核根据周期长短可分为月度考核、季度考核、项目考核和年度考核。其中月度考核、季度考核于月度、季度结束后十日内完成，项目考核于项目结束后十日内完成，年度考核于次年一月二十日前完成。不同的考核对象考核周期不同。

1. 企业高层领导的绩效考核类型为年度考核。
2. 行政部门（勤务人员除外）、人力资源部、财务部、企划部、工程部、采购部以及业务部门中未参加项目的职能人员的绩效考核类型为季度考核。
3. 前厅、后厨全体员工的绩效考核类型为月度考核。
4. 工程部等业务部门负责人及参加项目人员的绩效考核类型为项目考核。

第四条 考核内容（KPI 指标）

1. 营业指标。
2. 管理指标。
3. 行为指标。

第五条 考核责任者

1. 对店经理、行政总厨、前厅经理、厨师长的考核，由人力资源部组建考评小组进行考评。

2. 对店各部门第一主管的考核，由店经理、行政总厨、店经理及厨师长组成考评小组进行考评，人力资源部协助、监督执行。

第六条 考核方式

1. 考评分数满分为100分。
2. 每项考评内容标准为最高分，被考评者未完成评估内容以递减方式减分，每格10分。
3. 季季度部门主管的考评分加权平均后汇总至区域绩效考评小组。

第七条 考核结果等级

1. 以考核者的评分为标准，经过加权平均后得出的最终考核得分，考核得分为4个等级，分别为优秀（A）：90~100分，良好（B）：80~89分，合格（C）：60~79分，不合格（D）：0~59分。
2. 各级员工连续2次考核结果为D，作降职处理。
3. 各级员工连续3次考核结果为D，作辞退处理。
4. 各级员工连续3次考核结果为A，一次性奖励现金500元。
5. 各级员工连续4次考核结果为A，一次性奖励现金1000元。

第八条 考核结果的应用

1. 员工试用期考核。
2. 员工合同续签考核。
3. 员工薪资调整。
4. 员工职位等级升降和岗位调配。
5. 奖金计发（需完成集团制定的营业指标）。
6. 绩效改进与培训计划制定。

第九条 附则

本制度由人力资源管理部提出制订、修改建议，公司总经理办公会审核批准。

本制度由人力资源部负责解释。

本制度自颁布之日起实施。

模板 绩效面谈实施细则

绩效面谈实施细则

第一章 总则

第一条 目的

1. 充分发挥各部门负责人在绩效管理工作中的指导、支持作用，使绩效管理工作开展得更加规范、高效。

2. 掌握员工工作执行过程中出现的问题以及员工发展的需要，制订有针对性的培训计划。

3. 通过向员工反馈工作执行情况和执行结果，为员工创造了解自身优缺点的机会，培养员工以自我认知为基础的自我发展态度。

4. 帮助员工建立自我发展目标，加深员工对工作的关心，培养员工的责任感。

5. 保持公司与员工的良好沟通，从而形成公司良好的协调、沟通氛围。

第二条 适用范围

本细则适用于公司所有员工的绩效反馈与面谈工作。

第三条 各部门的管理职责

1. 人力资源部负责公司绩效面谈的组织实施与培训指导工作。

2. 被考核者的上级主管在人力资源部的协助、监督下，与被考核者进行绩效面谈。

第四条 绩效面谈的原则

1. 直接、具体的原则。面谈交流要直接而具体，不能做过泛的、抽象的或一般性的评价。

2. 互动原则。面谈是一种双向的沟通，为了获得对方的真实想法，上级管理应当鼓励员工多说话，让其充分表达自己的观点。

3. 基于工作的原则。绩效面谈中涉及的是工作绩效，是工作的一些事实表现，面谈的内容应该为员工是怎么做的，采取了哪些行动和措施，效果如何，而不应该讨论员工个人的性格。

4. 分析原因原则。绩效面谈需要指出员工的不足之处，但不需要批评。面谈应立足于帮助员工改进不足之处，指出绩效未达成的原因。

5. 互相信任原则。绩效面谈是上级主管与员工进行双向沟通的过程，双方要达成理解、达成共识，就必须建立互相信任的关系。

第二章 绩效面谈的内容划分与组织实施

第五条 绩效面谈内容

绩效面谈包括绩效计划面谈、绩效指导面谈和绩效反馈面谈。在不同的面谈类别中，面谈的内容也是不同的。

第六条 面谈人绩效面谈准备

1. 上级主管应提前确定面谈的时间和地点，并告知员工。

2. 上级主管应准备好面谈资料，如员工评级表、员工的日常表现记录、岗位说明书、薪资变化情况等资料，并告知员工准备相关的面谈资料。

3. 上级应事先了解员工的个性特点，以及自己管理或沟通方面的能力限制。

4. 上级应详细阅读员工的绩效自评表，了解员工需要讨论和指导的行为事宜。

5. 上级应事先拟定面谈程序，计划好如何开始、如何结束，面谈过程中先谈什么、后谈什么，以及各阶段的时间分配。

第七条 被考核者绩效面谈准备

1. 员工应提前填写自我评价表，员工要客观地做好自我评价，这样便于与主管考核结果达成一致，有利于面谈的顺利进行以及个人发展目标的切实制定。

2. 员工应准备好个人的发展计划，面谈时提出个人发展计划，有利于上级主管有针对性地进行下阶段的工作支持。

3. 员工应准备好向上级提出的问题，这一过程是员工交谈对自己评价和下期计划的关键时刻。

4. 员工提前安排好自己的工作，避免因进行面谈而影响正常的工作。

第八条 绩效面谈实施

1. 面谈人应营造一种和谐的面谈气氛。

2. 面谈人应说明面谈的目的、步骤和所用时间。

3. 面谈人根据预先设定的绩效指标谈论员工的工作完成情况，并分析其成功与失败的原因。

4. 双方讨论员工的行为表现与公司价值观相符的情况，以及员工工作能力上的强项和有待改进的方面。

5. 双方为员工下一阶段的工作设定目标和绩效指标，并讨论员工需要的资源和帮助。

表单 绩效考核申诉表

绩效考核申诉表

申诉人姓名		职位		部门		直接上级	
申诉考核类型		□季度考核		□年度考核		□试用期考核	
申诉事件							
申诉理由	（可以附页）						
申诉处理意见	考核决策者签名： 日期：						
申诉处理意见	人力资源经理签名： 日期：						
申诉处理结果	总经理签名： 日期：						
说明	1. 申诉人必须在知道考核结果2日内提出申诉，否则无效。 2. 申诉人直接将该表交人力资源部负责人或考核决策人。 3. 人力资源部或考核决策人在接到申诉的3个工作日内提出处理意见和处理结果。 4. 本表一式三份，一份人力资源部存档，一份交申诉人考核决策者，一份交申诉人。						

表单 员工考核结果部门汇总表

员工考核结果部门汇总表

部门：		考核负责人：				
序号	姓名	职位	考核分数	考核等级	考核等级所占比	备注
说明：						
部门负责人		部门分管领导		人力资源部负责人		总经理
审批意见：						
总经理签名：						

注：请按考核等级的高低予以排序，并统计各考核等级所占的比率。

"薪心"相惜——薪酬福利管理

第7章

07

薪酬福利管理是人力资源管理的重要模块，也是员工激励的一种手段，对于餐饮企业而言尤为重要。薪酬福利是员工个人劳动价值的最直观体现，也是餐饮企业员工最为重视的内容。良好的薪酬福利管理体系可以起到很好的激励作用，激发员工工作的积极性和主动性。

7.1
薪酬体系构建

薪酬体系关系到餐饮企业全体员工的薪酬构成及分配方式。薪酬体系的设计是否合理，对于餐饮企业的发展有着很大的影响，对于员工能否积极主动的、充满热情的工作也有着很大的影响。

7.1.1 餐饮企业薪酬体系设计原则

薪酬是企业员工为企业付出劳动而获得的应有回报，如果薪酬分配不合理，员工则会对企业失去信任感，企业的员工流失率就会增加。餐饮企业要设计合理的薪酬体系，就需要遵循其设计原则，如表7-1所示。

表 7-1　薪酬体系设计原则

原则	具体描述
内部公平性原则	按照员工所承担的责任大小、职务所需具备的能力高低以及工作性质要求的不同，薪酬应该合理地体现出不同层级、不同职务和不同岗位在企业中的价值差异
外部竞争性原则	外部竞争性即是指企业的薪酬福利在同行业中应该具备竞争力，如此才能吸引优秀人才
绩效相关性原则	员工的薪酬不能是固定不变的，尤其对于餐饮企业，员工的薪酬必须与企业、团队以及个人的绩效息息相关。绩效越好的员工，其薪酬也应相对较多，这才能实现员工的自我公平，从而最终保证企业整体绩效目标的实现

续表

原则	具体描述
激励性原则	薪酬该以增强员工工资水平为激励向导,通过设置动态工资和奖金等激励性的工资组成部分来激发员工的工作积极性。此外,还应设计和开放不同的薪酬通道,让不同工作岗位的员工得到平等的晋升机会
可承受性原则	薪酬体系的设计必须充分考虑到企业的实际支付能力,薪酬水平不能超过企业的经济效益和承受能力。人力成本的增长幅度应低于总利润的增长幅度,同时应低于劳动生产率的增长速度。用适当的工资成本激发员工创造更多的经济增加值,在保障员工利益的同时,实现可持续发展
合法性原则	在法治社会中,任何事物都需要遵循相关的法律法规。薪酬体系的设计同样如此,必须在国家和地区相关劳动法律法规的允许范围内进行
可操作性原则	企业设计的薪酬管理制度和薪酬结构应该尽可能的简单、易懂,使得员工能够理解设计的初衷,从而按照企业的引导规范自己的行为,达成更好的工作效果。只有简洁明了的制度流程操作性才会更强,有利于迅速推广,同时也便于管理
灵活性原则	薪酬管理的灵活性主要是指企业在不同的发展阶段以及在外界环境变化的影响作用下,要及时对薪酬管理进行适当调整,以适应企业的当前发展需求和外界的大环境要求
适应性原则	薪酬管理体系不仅要体现企业自身的业务特点,还要考虑企业性质、所处区域、行业的特点,并满足这些因素的要求

7.1.2 薪酬体系设计的步骤

薪酬体系的设计是一项非常重要且需要细致分析和计算的工作。为保证薪酬体系设计方案的可靠性和可实施性,其设计除必须遵循上述原则外,还需要按照科学的步骤进行。图 7-1 所示为薪酬体系设计的 5 个步骤。

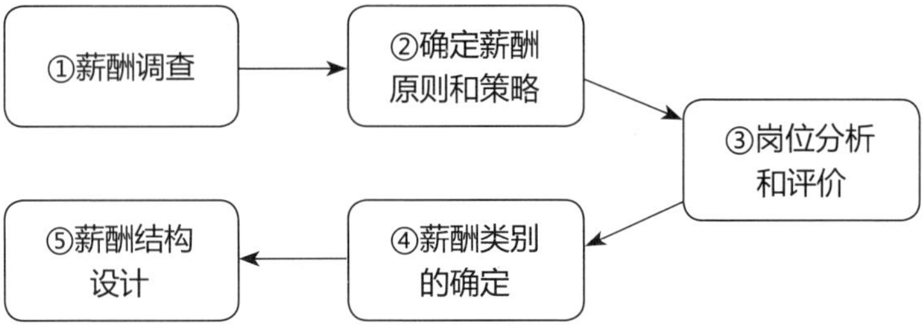

图 7-1

◆ 薪酬调查

薪酬调查应该是薪酬体系设计的首要步骤，只有了解和掌握了企业内外的相关情况和影响因素，才能确保薪酬体系设计的合理性。它解决的是薪酬的对外竞争力和对内公平问题，是整个薪酬设计的基础。只有实事求是的薪酬调查，才能使薪酬设计做到有的放矢，解决企业薪酬激励的根本问题，做到薪酬个性化和有针对性的设计。薪酬调查通常是从以下 3 个方面着手。

企业薪酬现状调查。通过设计科学的调查问卷，从薪酬水平的内部公平、外部公平和自我公平这 3 个角度了解造成现有薪酬体系中的主要问题以及造成问题的原因。

进行薪酬水平调查。主要是对本行业和地区的薪资情况进行调查，如薪资增长状况、不同薪酬结构对比、不同职位和不同级别的薪酬数据、奖金和福利状况、长期激励措施以及未来薪酬走势分析等信息。

薪酬影响因素调查。综合考虑薪酬的外部和内部影响因素。外部因素有国家的宏观经济、通货膨胀、行业特点和行业竞争、人才供应状况等。内部影响因素有盈利能力和支付能力、人员的素质要求、企业所处的发展阶段、人才稀缺度和招聘难度等。

◆ 确定薪酬原则和策略

薪酬原则和策略的确定是薪酬设计后续环节的前提。在这个步骤中，主要任务是在对企业薪酬管理现状有了充分了解的基础上，确定薪酬分配的依据和原则，进而确定企业有关的薪酬分配政策与策略。例如不同层次、不同序列人员收入差距的标准，薪酬的构成和各部分的比例等。

◆ 岗位分析和评价

岗位分析和评价是薪酬设计的基础性工作，重点在于解决薪酬对企业内部的公平性问题。主要工作内容是结合餐饮企业的经营和发展战略，再根据企业各岗位的岗位说明书，通过比较各个职位的相对重要性，得出职位等级序列。岗位评价的方法有许多种，企业可以根据自身的具体情况和特点，采用不同的方法来进行。

◆ 薪酬类别的确定

此步骤即是要根据餐饮企业的实际情况和未来发展战略，对不同级别、不同岗位的员工采用不同的薪酬类别。例如，企业高层管理者可以采用与年度经营业绩相关的年薪制；管理序列人员和技术序列人员可以采用岗位技能工资制；营销序列人员可以采用提成工资制，企业急需的人员可以采用特聘工资制等。

◆ 薪酬结构设计

薪酬体系的结构取决于企业的策略与关注重点。企业采取不同的策略和关注不同的方面都会形成不同的薪酬结构。企业在进行薪酬结构设计时，应综合考虑一下 4 个方面的因素：一是职位在企业中的层级；二是岗位在企业中的职系；三是岗位员工的技能和资历；四是岗位的绩效，分别对应薪酬结构中的不同部分。

7.1.3 薪酬体系应避免的问题

薪酬体系既涉及餐饮企业的发展，又涉及全体员工的利益。如果员工的利益得不到保障，则工作质量和工作效率等都会受到影响，从而使企业整体效益降低。因此，餐饮企业在进行薪酬体系设计时，必须做到全面细致，将各方面的问题考虑周到。以下是薪酬体系中较为常见的一些问题，需要引起注意并避免出现在企业中。

◆ 薪酬水准低于行业水准、市场水平

企业的薪酬水平会受到行业和市场水平的较大影响。如果一个企业自身的薪酬水平低于行业水平和市场水平，而又没有与之相配合的解决措施（如有吸引力的福利、舒适的工作环境和有价值的培训机会等），员工就很容易流失，从而直接或间接地影响企业的经济效益和发展目标。

◆ 执薪不公，未做到同工同酬

如果企业中存在同工不同酬的情况，部分员工会认为自己受到不公正的待遇，从而减少自己的工作投入，降低努力程度，有的甚至会辞职。无论该员工是否是企业的核心员工，辞职或多或少都会对企业造成损失。

◆ 劳逸不均，人力资源运用不当

如果企业中有部分员工忙得不可开交，而有的员工却整天无所事事，但他们的薪资水平却是相差甚微，这必然会引发员工之间的不满。

◆ 没有依据的绩效调薪

如果企业毫无根据地、随意调整薪酬，会导致员工不公正看待绩效评估的结果，并导致员工对企业的薪酬系统产生怀疑，甚至不满。

◆　薪资拖延发放，计算经常出错误

如果企业不按时发放员工工资，或者经常出现工资数据计算错误等情况，引起员工对企业信用的质疑，很可能使企业名誉遭受损失，也可能使外部投资者对该企业丧失信心。

◆　企业利润未能与员工适当分享

对于盈利，企业也要适当地分配到员工手中，如果企业利润没有分给员工，或者分配过少，会影响员工的工作积极性；如果企业利润分配过多给员工，企业留取的盈余太少，那么可能无法满足企业长远发展的需要。所以企业利润一定要合理、适当地分配给员工。

7.2 薪酬管理

薪酬体系构建完成后，餐饮企业便可以开始实施薪酬管理。薪酬管理是一个对员工薪酬支付原则、薪酬策略、薪酬水平以及薪酬结构等相关事项的动态管理过程。

7.2.1　员工薪酬预算

员工薪酬预算是餐饮企业进行薪酬控制的重要环节，可以保证企业的员工薪酬成本不超出企业的承受能力。

（1）薪酬总额预算方法类型

薪酬总额的预算方法通常被分为两大类型，一种为自上而下，另一种则是自下而上。

◆ 自上而下法

自上而下法就是指由企业直接确定薪酬预算总额和加薪幅度，然后分解到每一个部门、每一个员工手中。但是，不论如何进行预算编制，薪酬总额不能超过预先设定的薪酬预算总额。

◆ 自下而上法

自下而上法与自上而下法是完全相反的。这种方法不会预先给定薪酬预算总额，而是要求企业各部门自行对薪酬数额进行预算，然后上报企业相关管理者进行汇总，管理者再根据各部门编制和上报的薪酬预算数额编制整体薪酬预算总额。

显然，以上两种类型的薪酬总额预算方法各不相同且各有所长。自上而下法的优势在于企业非常容易控制成本，但各部门管理者的操作空间很小，不利于员工积极性的激发；而自下而上法的优势正是各部门管理者操作空间大，员工积极性容易激发，但企业对于薪酬成本的控制力度小。

既然如此，何不"集各家之所长"？餐饮企业在进行薪酬总额预算时，完全可以结合使用这两种类型，使两种方法的优缺点进行互补，兼具两种类型的特点。

也就是说，既有企业整体的薪酬预算总额，也有各部门自行估算薪酬预算数额。

（2）常用薪酬总额预算方法

薪酬总额的具体预算方法有 4 种，分别为薪酬费用比率法、劳动分配率法、盈亏平衡点法和人员编制法。下面分别对这 4 种方法进行介绍。

◆ 薪酬费用比率法

薪酬费用比率法即是指通过控制薪酬费用比率来达到薪酬总额的控制目的。其公式为：

$$薪酬费用比率 = 薪酬总额 / 销售收入 \times 100\%$$

根据以上公式可知，薪酬费用比率一定的情况下，如果希望企业薪酬总额上涨，则必须保证销售收入上升。企业薪酬总额的增加是建立在销售收入增长的基础上。

而薪酬费用比率的确定则需要在企业业绩稳定的情况下，根据企业以往的经营数据进行计算。如果企业的经营业绩不稳定，则参照行业薪酬费用比率，再根据薪酬费用比率，计算出合理的薪酬总额。

◆ 劳动分配率法

劳动分配率是指企业获得的附加价值中用于员工薪酬分配的比例。其公式为：

$$劳动分配率 = 薪酬总额 / 附加价值 \times 100\%$$

附加价值是指企业本身所创造的价值，它是企业生产价值中扣除从外部购买材料或动力的费用之后，附加在企业上的价值。附加价值的计算方法有两种，一种是扣减法，即从销售额中减去原材料等由其他企业购入的且由其他企业创造的价值；另一种是相加法，即将形成附加价值的各项因素独立相加而得出。由于相加法涉及薪酬费用，一般在薪酬预算中采用相加法。其公式为：

$$附加价值 = 利润 + 薪酬费用 + 其他形成附加价值的各项费用$$

$$= 利润 + 人事费用 + 财务费用 + 租金 + 折旧 + 税收$$

◆ 盈亏平衡点法

盈亏平衡点，又称零利润点、保本点，通常是指企业利润为零（全部销售收入等于全部成本）时的销售额或销售量。其公式为：

$$企业的薪酬总额 = 边际贡献 - 预计利润 - 其他固定成本$$

$$边际贡献 = （销售单价 - 单位变动成本）× 销售量$$

其他固定成本是指固定成本中除去薪酬总额以外的其他固定成本。

◆ 人员编制法

人员编制法是在企业人员编制的基础上，根据员工的平均薪酬水平制订薪酬总额预算的一种方法。其公式为：

$$年度薪酬总额预算 = 标准编制 × 平均薪酬水平$$

①统计企业各岗位平均薪酬，预测下一年度行业薪酬增幅，确定下一年度企业整体薪酬增幅及各岗位薪酬增幅。

②确定下一年度各岗位人员编制。

③预算下一年度企业薪酬总额：

$$薪酬总额 = \sum 各工资等级平均薪酬 × 职工编制 ×（1 + 薪酬增幅）$$

7.2.2 员工调薪管理

随着餐饮企业的不断发展，以及员工能力的不断提升和进步，企业需要对员工的薪酬进行合理的提升；同样的，对于能力欠佳、不足以胜任本职工作的员工，企业可以适当予以降薪处理。

但是，员工降薪势必会导致员工的不满，甚至会出现离职等极端情况。因此，对于员工降薪需要慎重，需要建立在员工出现重大失误的基础上。通常的员工调薪管理也主要是指对优秀员工进行提薪。对员工进行提薪必须要有严格的规章制度作为依据，否则会引起企业其他员工的不满。以下是某企业"员工提薪管理制度"的部分内容，可供参考。

第四条 提薪范围

公司的提薪有一定范围，具体来说，表现好的员工才满足提薪的申请条件，但是有以下情况者，则不予提薪。

1. 提薪调查时，发现缺勤天数平均每月超过 5 天者。

2. 员工迟到、早退超过 4 次，视为缺勤 1 天，累计缺勤天数平均每月超过 5 天者。

3. 在提薪调查时员工受到批评超过 2 次，或者受到降薪、停职处分者。

4. 提薪当月正式办理离职手续者。

第五条 提薪预算

总体来说，公司的提薪预算要根据公司具体情况来定，除此之外，还可以综合考虑以下 3 点。

1. 提薪预算总额由不同等级岗位的提薪预算额相加得出。

2. 公司可以提取提薪预算额的 3% 作为提薪额外预算。

3. 提薪调查日后，提薪人数发生增减，提薪预算也应相应地增减。

第二章 定期提薪

第六条 定期提薪规定

一般来说，公司会根据公司的具体情况，综合考虑市场变化水平、盈利状况等，于每年 3 月对员工的总体薪酬水平进行调整，调整幅度在 5% ~ 20%。

第七条 年终考核提薪

1. 提薪时间及对象

每年 1 月 1 日 ~ 12 月 31 日为年终考核提薪的考核期限，主要考核对象为在公司任职满 6 个月以上（含 6 个月）的员工。

2. 定期提薪审批步骤

提薪审批时，由人力资源部发出《员工考核评价表》，各相关部门主管或负责人客观地根据被考核者的工作能力与工作表现进行评价，并根据公司制定的年终绩效考核提薪标准提交《员工调薪申请表》，送交人力资源部，由人力资源部汇总提薪申请表，呈报总经理最终核准。

第三章 临时提薪

第八条 员工转正

员工试用期满并考核合格转正后，按照转正后的正式员工待遇执行，并在员工转正的当月予以临时提薪。

第九条 职位晋升

在公司工作期满 6 个月以上，对本职工作表现优异者，经部门推荐、员工自荐或考核晋升等途径申请提薪，提薪成功后从次月起享受调整后的工资福利待遇。

第十条 满足其他提薪情况

1. 平调新岗位，但是新岗位工资比原岗位工资高，按新岗位工资执行临时提薪。

2. 取得了更高的学历，临时提薪以满足该学历的初期任职工资。

第十一条 临时提薪审批步骤

符合临时提薪规定者，需经主管副总审批通过；属于预算外的临时提薪，需经总经理审批通过；其他临时提薪由人力资源部调查实际情况后具体处理。

员工提薪的相关规章制度的制定应该充分考虑到企业实际情况，且必须确保遵循公平和公正原则。这样既可以避免员工因未得到提薪机会而不满，又可以激发员工工作的积极性，使员工为争取提薪而努力工作。

7.2.3 餐饮企业薪酬满意度调查

餐饮企业现行实施的薪酬管理体系是否科学合理，除了要从企业相关情况进行考虑外，还需要重视员工的满意度。现代人力资源管理是以人为本的，餐饮企业在实施人力资源管理过程中的任何一个环节都不能忽视这一点。

薪酬满意度的调查通常是以问卷的形式对各部门各岗位员工进行匿名调查。以下是某餐饮企业员工薪酬满意度调查问卷的部分内容，可供参考。

1. 你认为企业的固定工资与浮动工资的比例分配状况是否合理？

　A. 合理

　B. 不合理，固定工资部分太大，浮动工资部分太小

　C. 不合理，固定工资部分太小，浮动工资部分太大

2. 你认为你的薪酬和付出的劳动成果成正比吗？

　A. 非常不符合　　　　B. 有点不符合

　C. 比较符合　　　　　D. 非常符合

3. 你认为餐厅当前的薪酬制度合理吗?

    A. 非常合理   B. 比较合理

    C. 没感觉   D. 不合理

    E. 非常不合理

4. 你对你当前的薪酬水平是否满意?

    A. 非常满意   B. 比较满意

    C. 一般   D. 不满意

    E. 非常不满意

5. 你认为现行的薪酬体系中最不合理的是哪个部分?

    A. 基本工资   B. 绩效工资

    C. 加班工资   D. 福利

    E. 奖金

6. 你认为企业的调薪和晋升周期是否合理?

    A. 非常合理   B. 比较合理

    C. 没感觉   D. 不合理

    E. 非常不合理

6. 以下哪些因素可以激励你努力工作? (多选)

    □加薪   □领导具有个人魅力

    □待遇比较丰厚   □有晋升机会

    □其他:＿＿＿＿＿＿＿＿＿＿＿＿＿＿＿＿

7. 关于企业员工薪酬方面, 你有什么意见或建议?

＿＿＿＿＿＿＿＿＿＿＿＿＿＿＿＿＿＿＿＿＿＿＿＿＿

7.2.4 餐饮业薪酬改进

当薪酬体系实施过程中暴露出问题，以及通过员工反馈发现了问题后，便需要及时对企业的薪酬管理体系进行改进，从而使餐饮企业内部的薪酬管理体系越来越科学、完善。

（1）薪酬管理中可能存在的问题

发现问题要有针对性地进行改进。餐饮企业在实施薪酬管理的过程中，或多或少都会存在一些问题和不足，而要迅速发现这些问题，就需要了解一些常见问题。下面列举薪酬管理中常出现的 3 个问题。

◆　企业对薪酬管理的重视度不够，激励作用甚微

许多餐饮企业对于薪酬管理没有准确的认识，不清楚薪酬管理对于企业发展的重要性，从而缺乏足够的重视。有的企业甚至没有建立相应的薪酬管理机制，更别提薪酬激励，导致企业员工的工作热情和积极性无法提升。

◆　薪酬管理水平落后，体系结构单一

企业对于薪酬管理的系统研究和开发还处在一个摸索和探求的初级阶段，相应的薪酬管理水平较为落后，方法单一，缺乏很好的弹性和灵活性。

具体表现在餐饮企业与薪酬管理相关的招聘、培训、考核、管理、晋升和规划等其他人力资源管理制度都不完善，且整体管理水平跟不上经济发展的步伐。同时，薪酬待遇的制定还是以企业领导方为主，缺乏企业员工的参与，如谈判工资制等先进的办法难以实现。有的单位简单化处理工资待遇，一概平均了事；有的利用劳动力过剩的现实，不顾劳动者的利益，拼命压低工资福利，挫伤劳动者的积极性和创造性，

难以符合企业员工的预期要求，造成人才流失。

◆ 福利待遇手段单一，缺乏弹性机制

部分企业虽然对薪酬管理有了足够重视，但员工福利待遇还是呈现单一的现象，员工的福利待遇主要集中在社保、加班补贴和住房公积金上，以金钱和物质为主，对员工的其他待遇依然不够重视。如对于员工的职业生涯规范缺乏关注，企业文化建设不够完善，缺乏人文关怀，难以满足员工精神层面上的需求，从而缺乏激励作用。缺少拴心留人的环境，没有完善员工多方面的福利计划，缺乏一定的弹性机制，对员工的激励作用也不显著。

（2）改进和加强薪酬管理的措施

薪酬管理的主要目的是要为餐饮企业留住人才，然后吸引更多的人才，并做到公平、公正，员工贡献越大，则其所获报酬越丰富。为保证薪酬管理体系的科学合理，需要不断进行改进和加强，以下是常用的加强薪酬管理的措施。

◆ 转换薪酬管理理念

通常，企业中的员工可分为3种类型，即普通员工、专业技术员工和经营管理员工。其中，普通员工所担任工作一般没有太高的难度，这些员工于企业而言是可替代的，且替代后对企业不会造成太多影响；专业技术员工和经营管理员工，往往是企业的核心人才，具备不可替代性，一旦这些员工流失，将对企业造成非常大的损失。

因此，餐饮企业在进行薪酬管理时，不能继续沿用传统的薪酬管理理念，将所有员工混为一谈。薪酬管理理念必须符合企业的实际情况，对于不同类型员工适当进行区别对待。

◆ 结合双方利益建立薪酬体系

企业应该从长远发展的角度考虑，注重企业长期行为的管理，对于企业核心骨干员工应予以长期的激励，使他们的利益与企业发展的利益息息相关，从而促进企业的可持续发展。

长期激励可以使员工保持充足的热情和积极性，而丰富的短期激励可以使员工斗志得以激发，提升工作效率。因此，餐饮企业可以通过长期激励和短期激励相结合的方式，将企业员工的利益与企业的利益紧密联系，从而提升企业效益。

◆ 建立多样化的薪酬体系

薪酬管理体系必须关注餐饮企业全体员工的利益，因此需要制定多元化的薪酬体系，以确保各部门各岗位员工的薪酬体系都是科学且合理的。薪酬管理必须要"以人为本"，对于企业的核心人员可以适当倾斜，但不能因此损害普通员工的利益。薪酬管理体系应该做到突出重点而兼顾一般。

例如，根据岗位的性质、重要性和工作所需具备的能力等来制定工资构成，做到岗薪相符，同时为职工提供一个公平竞争的平台，鼓励普通员工学习进修，鼓励有才华的员工创新，保证每个人都具有上升的空间，具有平等竞争的机会。

◆ 结合薪酬管理与绩效管理

单独的薪酬管理是很难起到激励作用的，必须与绩效管理相结合，即员工的实际薪酬应该由工资、福利待遇和绩效薪酬共同组成。只有这样才能全面激发员工的主观能动性和工作热情。

餐饮企业在薪酬管理的过程中，应该通过科学的绩效薪酬体系，将员工的利益与企业的利益紧密相连，充分发挥绩效薪酬的激励作用，使员工为了获得更高的绩效薪酬，而朝着企业发展的方向努力，实现同步发展、互惠互利。

◆ 优化奖励项目设计

餐饮企业在对员工的各种奖金进行设计时，必须要体现出奖金的差别性，且应该注意导向明确、动态发放。餐饮企业可以设计两种奖金发放形式，即制度性奖金和非制度性奖金。

其中，制度性奖金项目的设计要根据企业的经营特点，并进行严格控制；非制度性奖金的种类和数量要设置合理，且必须及时发放，否则不能发挥出最佳的激励作用。制度性奖金主要是对企业计划内工作表现突出的员工进行奖励；而非制度性奖金主要是给予在企业计划外对企业有特殊贡献的员工、有导向性的特别嘉奖。

加油站

对于薪酬管理的优化，这里给出以下建议：①优化薪酬结构，增强激励性因素；②优化计酬方式，提高薪酬的激励作用；③将货币性薪酬与非货币性薪酬结合起来；④对员工实施个性化福利项目；⑤考虑强化实施"宽带（指工资浮动范围较大）薪酬体系"。

7.3
福利及社保管理

福利和社保管理也是餐饮企业人力资源管理中的重要事项。福利对于员工而言是一种间接的报酬，于企业而言则是一种留住人才和吸引人才的手段。社保是企业重视和关心员工的一种表现，也是对员工的一种保障。对员工的福利和社保进行规范的管理，可以提升员工对于企业的信任感和归属感。

7.3.1 员工福利发放应避免的问题

关于员工福利，许多餐饮企业管理者都没有真正的认识，或认为员工福利应该平均分配，或认为应该对有贡献的员工秘密发放，也有人认为担任什么职位就必然要享受什么福利。显然，这些想法是片面的、不合理的。图 7-2 所示为比较常见的、错误的员工福利发放方式，应引起注意并避免。

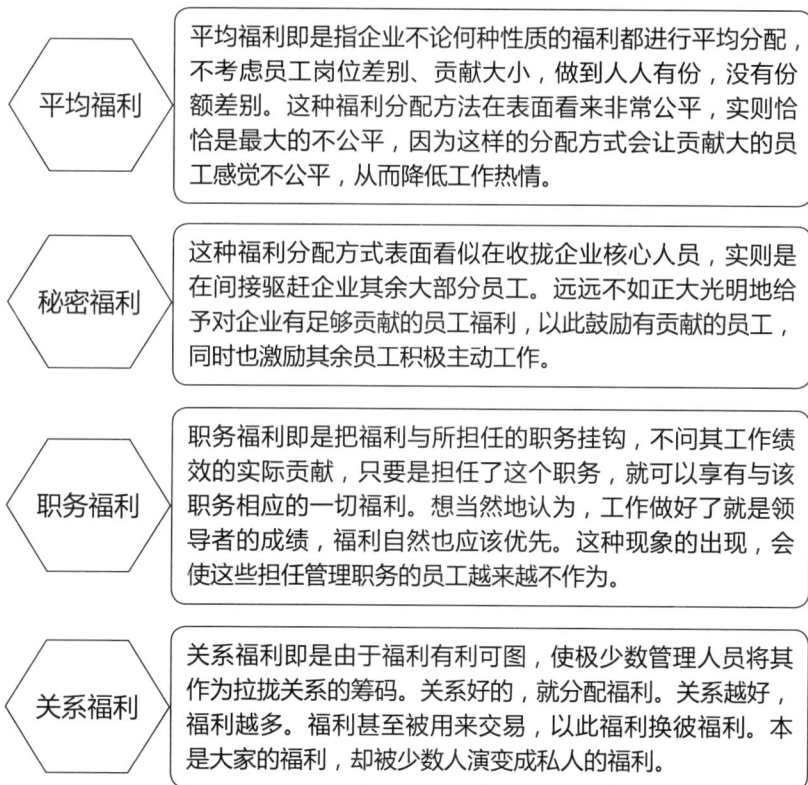

平均福利	平均福利即是指企业不论何种性质的福利都进行平均分配，不考虑员工岗位差别、贡献大小，做到人人有份，没有份额差别。这种福利分配方法在表面看来非常公平，实则恰恰是最大的不公平，因为这样的分配方式会让贡献大的员工感觉不公平，从而降低工作热情。
秘密福利	这种福利分配方式表面看似在收拢企业核心人员，实则是在间接驱赶企业其余大部分员工。远远不如正大光明地给予对企业有足够贡献的员工福利，以此鼓励有贡献的员工，同时也激励其余员工积极主动工作。
职务福利	职务福利即是把福利与所担任的职务挂钩，不问其工作绩效的实际贡献，只要是担任了这个职务，就可以享有与该职务相应的一切福利。想当然地认为，工作做好了就是领导者的成绩，福利自然也应该优先。这种现象的出现，会使这些担任管理职务的员工越来越不作为。
关系福利	关系福利即是由于福利有利可图，使极少数管理人员将其作为拉拢关系的筹码。关系好的，就分配福利。关系越好，福利越多。福利甚至被用来交易，以此福利换彼福利。本是大家的福利，却被少数人演变成私人的福利。

图 7-2

7.3.2 福利管理应遵循的原则

为保证福利管理对企业和员工的正向作用得到充分发挥，提高员工的满意度。餐饮企业在进行福利管理时，应坚持遵循以下原则，如图 7-3 所示。

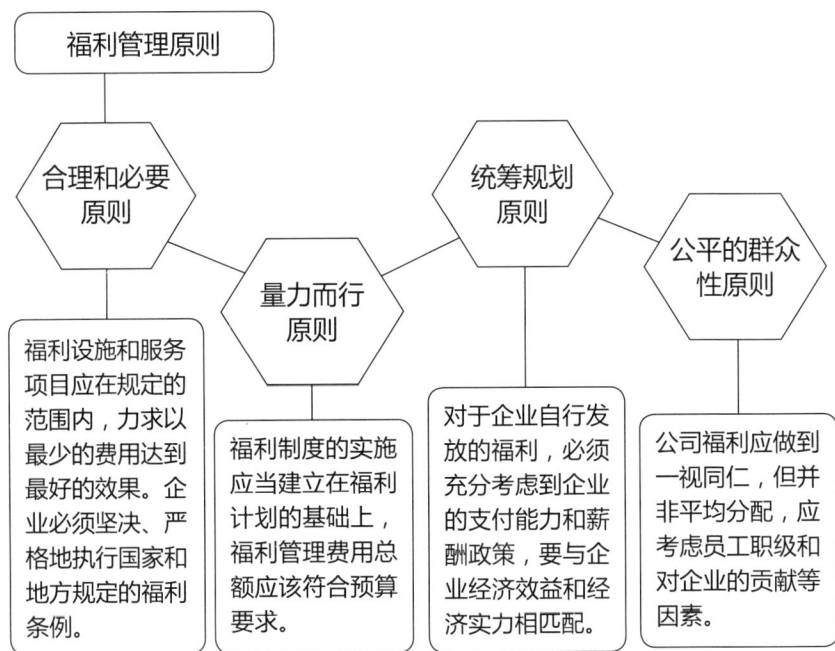

图 7-3

7.3.3 制定福利管理制度

餐饮企业的福利管理应该是一项规范的、严谨的、有明确规章制度作为管理依据的管理活动。因此，企业在实施福利管理之前必须制定符合企业发展战略和实际情况的福利管理制度，以对福利管理活动进行规范和约束。以下是某企业福利管理制度的部分内容，可供参考。

第四条 公司主要福利项目

公司主要福利项目有社会保险、优秀员工奖、有薪假期、年资津贴、通讯津贴、出差补贴、学历津贴、文体活动和教育培训。

第五条 社会保险

凡公司员工均可办理社会保险，主要包括：养老保险、医疗保险、失业保险、生育保险、工伤保险。个人承担部分直接从工资中扣除代缴。

第六条 年终奖励

凡在当年 12 月 31 日前为公司服务满 3 个月以上（含试用期）的正式任用的员工，公司将根据全年综合考核成绩发放一定金额的年终奖励，具体的发放时间和方式等由人力资源部根据总经办会议决定另行发文通知。发放标准如下公式所示。

年终奖＝当年最后一月所在岗位基本工资 ÷12× 当年实际工作月

下列人员不得享受该年度的年终奖。

1. 为公司服务不足 3 个月的。

2. 在年终奖发放之日前离职的。

……

第七条 有薪假期

……

第八条 年资津贴

凡为公司服务累计满一年及以上的所有员工，公司将根据员工为公司服务的年限，在员工月薪资中，发放 20 元 / 年的服务年资津贴，以奖励忠诚于为公司服务的员工。

......

第十一条 文体活动

1. 根据业务工作量,公司将不定期组织羽毛球、乒乓球、唱歌、演讲和知识竞赛等比赛项目,根据情况对比赛项目设立奖项。

2. 公司人力资源部将不定期地组织中高层管理人员和优秀员工、门店的联谊交流(座谈、聚餐、旅游等)活动,以加强团队管理建设。

3. 传统节日或国家法定的节假日或公司的庆典活动,公司将适当地组织娱乐活动、发给员工节日礼品或贺金,使大家拥有"家"的气氛与感受。

4. 公司总部与各门店,在每年的春节前组织安排员工春节联欢晚会,让员工感受"家"的气氛与节日氛围。

5. 公司各单位可在每季度组织一次员工生日会,给当月(以身份证号码为准)过生日的同仁发放由公司领导签字的生日贺卡、生日红包和精美的纪念品。公司给予员工生日活动经费,按每人50元的标准支出(含蛋糕、总经理签名贺卡、礼品等)。公司各单位当月有其他文娱活动安排的,也可与生日会同时举行。

在上述案例中,该企业的员工福利管理制度主要是针对企业所给予员工的福利待遇进行了较为详细的说明,并规定了享受这些福利的条件。可以看到该企业不仅关注员工物质方面的福利,对于员工精神方面的福利也有足够的重视,如该制度的第十一条就是该企业给予员工的精神方面的福利。

7.3.4 员工社保的办理流程

为员工缴纳社保是餐饮企业的责任与义务，更是一种对员工负责任的表现。对于从事人力资源管理的工作人员，为员工办理和缴纳社保是必须要掌握的工作。图 7-4 所示为办理社保的一般流程。

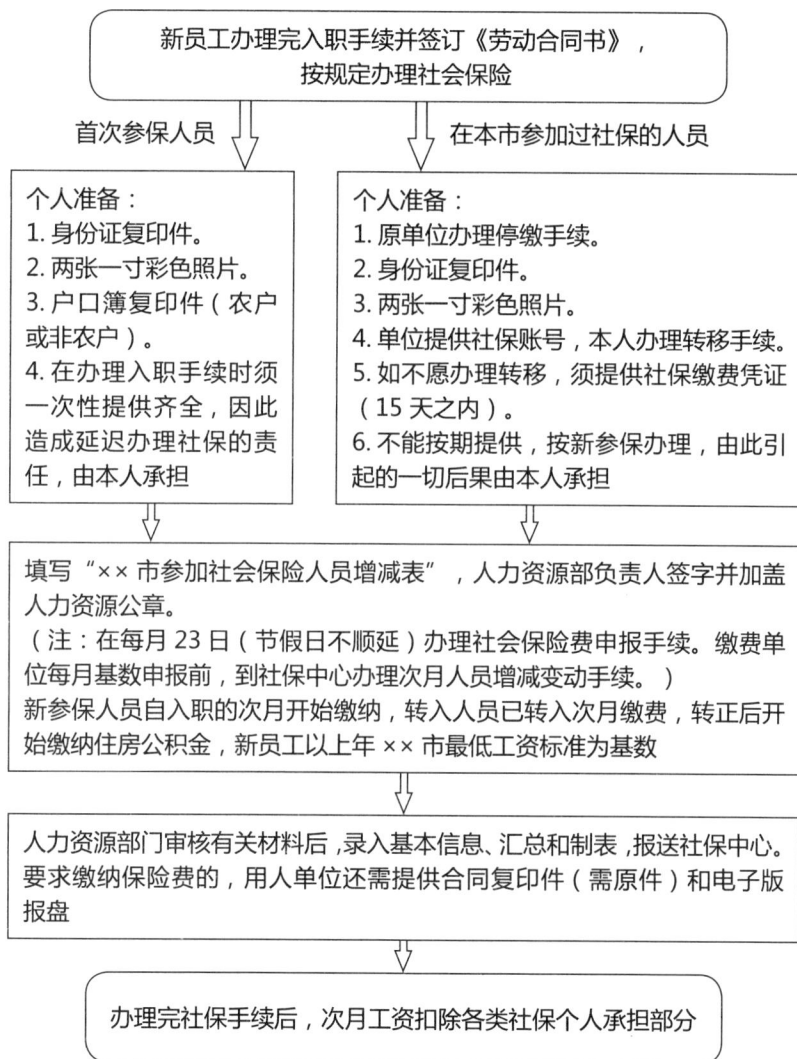

新员工办理完入职手续并签订《劳动合同书》，
按规定办理社会保险

首次参保人员 | 在本市参加过社保的人员

个人准备：
1. 身份证复印件。
2. 两张一寸彩色照片。
3. 户口簿复印件（农户或非农户）。
4. 在办理入职手续时须一次性提供齐全，因此造成延迟办理社保的责任，由本人承担

个人准备：
1. 原单位办理停缴手续。
2. 身份证复印件。
3. 两张一寸彩色照片。
4. 单位提供社保账号，本人办理转移手续。
5. 如不愿办理转移，须提供社保缴费凭证（15 天之内）。
6. 不能按期提供，按新参保办理，由此引起的一切后果由本人承担

填写"××市参加社会保险人员增减表"，人力资源部负责人签字并加盖人力资源公章。
（注：在每月 23 日（节假日不顺延）办理社会保险费申报手续。缴费单位每月基数申报前，到社保中心办理次月人员增减变动手续。）
新参保人员自入职的次月开始缴纳，转入人员已转入次月缴费，转正后开始缴纳住房公积金，新员工以上年××市最低工资标准为基数

人力资源部门审核有关材料后，录入基本信息、汇总和制表，报送社保中心。要求缴纳保险费的，用人单位还需提供合同复印件（需原件）和电子版报盘

办理完社保手续后，次月工资扣除各类社保个人承担部分

图 7-4

7.3.5 制定员工社保管理制度

餐饮企业每月都需要为员工缴纳社会保险中企业所承担的部分，这是一笔不小的支出。为了规范员工的社保管理，明确员工和企业的社保缴纳义务，同时保护员工的合法权益，制定社会保险管理制度是必不可少的。

以下是某企业员工社保管理制度的部分内容，可作为制定符合餐饮企业自身实际情况的社保管理制度的参考样本。

五、参保对象

凡与公司签订劳动合同的，原则上都是参保对象，但因员工在其他单位或自行参保的，经本人申请说明不需为其办理社保的可在本单位不参加社保，但必须提供参保证明。

六、参保或续保的起始时间

与公司签订劳动合同，并确定为参保对象的员工，设置了试用期的，从批准转正的次月起为其办理参保或续保事项，参保或续保的起始时间为签订劳动合同的本月（签订劳动合同日期在当月 10 日以前的，当月开始享受社保，当月 10 日以后的，次月起开始享受社保），续保人员试用期内的社保费可以补交，社保费用由本人承担（含滞纳金）；特殊岗位未设置试用期的，从签订劳动合同次月起为其办理参保或续保事项缴纳保费。

七、停保时间

员工离职，从离职月（以离职交接单的批准时间为准）的次月 1 日起停止为其缴纳社保费，公司社保管理责任人应及时为其办理停保事项。因公司社保管理责任人原因未及时办理停保事项，所造成的公司多支付的社保费，由责任人承担。

八、参保项目与缴费基数的确定

1. 缴费基数：按照当地社保部门确定的最低标准基数比例缴纳。

2. 购买险种：基本养老保险、基本医疗保险、工伤保险、失业保险、生育保险和大病保险。

3. 凡在公司参加社保人员必须按社保相关要求执行"五险合一"规定，在本单位未参加"五险合一"的员工要提供本人在本单位以外参加社保的相关证明；对在本单位只参加了基本养老保险的员工要提供本人在社区参加社区居民医疗保险的证明，个人要写出不参加"基本医疗保险、工伤保险、失业保险、生育保险和大病保险"的申请。

……

九、员工社保关系的转移

因员工异动，发生个人社保的月缴费工资增减，公司参保员工人数增减，参保项目发生增减，有关公司社保主管部门责任人应根据社保异动内容及时准确地填制当地政府社保机构规定的表单（本人养老保险手册和《职工养老保险关系转移表》等），报公司负责人签字并加盖公章，办理员工社保关系转移和社保费用增减事项。

……

十一、社会保险的归口管理

1. 公司社会保险独立开户的，由公司人力资源部门指定专人负责本企业员工社会保险的管理工作。

2. 员工新增缴纳社会保险由公司人力资源部负责办理。

3. 参加社会保险的员工离职，公司自职工离职的次月起不再为其缴纳各种保险费。员工在办理离职手续时，应在每月 8 日前通知公司人力资源部一并办理社会保险关系停缴转移手续。

从以上案例可以看出，社保管理制度需要对社保相关的各项内容进行明确规定，如参保对象、停保时间和归口管理等。餐饮企业在制订社保管理制度时，要考虑企业自身情况，更要遵循国家及当地政府关于社会保险的相关法律、法规。

7.4 常用模板与表单

模板 福利管理制度

福利管理制度

第一章 总则

第一条 为规范公司福利管理制度，使福利管理工作更加科学合理化，特修订此制度。

第二条 本制度适用于公司总部和下属各门店所有正式员工及试用员工。

第三条 本制度由行政人事部起草，提请总经理批准执行，行政人事部对本制度有最终解释权。

第二章 福利项目

第四条 公司主要福利项目

公司主要福利项目有社会保险、优秀员工奖、有薪假期、年资津贴、通讯津贴、出差补贴、学历津贴、文体活动和教育培训。

第五条 社会保险

凡公司员工均可办理社会保险，主要包括：养老保险、医疗保险、失业保险、生育保险、工伤保险、个人承担部分直接从工资中扣除代缴。

第六条 年终奖励

凡在当年 12 月 31 日前为公司服务满 3 个月以上（含试用期）的正式在职用员工，公司将根据全年综合考核成绩发放一定金额的年终奖励，具体的发放时间和方式等由人力资源部根据总部人力资源部批准、发放标准如下。

年终奖：当年最后一月所在岗位基本工资÷12×当年实际工作月

下列人员不得享受该年度的年终奖。

1. 为公司服务不足 3 个月的。
2. 在年终奖发放之日前离职的。
3. 年度有矿工记录或有重大违纪行为的（指单次罚款超过￥100 元的）。
4. 当年缺勤 10 天以上（不包括有薪休假时间）或事假超过 3 天以上的。
5. 停薪留职未上班的（停薪留职后又上班的其未上班日期按缺勤计，套用上条办理）。

6. 年终考核不合格的（销售业绩连续 3 个月没有达标且没有明确改善者）。

第七条 有薪假期

国家法定的有薪假期根据国务院《全国年节及纪念日放假办法》的规定，年法定的节假日共 11 天，其中元旦 1 天（1 月 1 日）、春节 3 天（农历除夕、正月初一、初二）、劳动节 1 天（5 月 1 日）、中秋（农历 8 月 15 日）、端午（农历 5 月 5 日）、清明 1 天和国庆节 3 天（10 月 1 日、2 日、3 日）。

1. 有薪假根据（每年的元月份统计上年度的员工出勤情况，有薪假为全额，下同）

（1）为公司服务一年满 1 年的员工可享受有薪年假 2 天。

（2）以后每增加一年加 1 天有薪年假，10 年以内最多享受有薪年假 5 天。10 年（含）至 20 年可享受有薪年假 10 天，20 年（含）以上可享受 15 天。

（3）有薪年假可留在业务不繁忙时由公司安排休假，原则上须一年一次性休完，特殊情况须经总部人力资源部批准。

（4）公司确因工作需要不能安排职工休年休假的，经职工本人同意，可以不安排年休假，对职工本人未休的年假天数，公司应当按照该员工日工资收入 200%支付年休假工资报酬。

（5）不得提前休有薪年假（即不得在本年度内休下年度的有薪年假），不能跨年度休假。

（6）休有薪年假方法：提前一周提出书面申请，按《考勤制度》规定的请假程序办理。

（7）员工有下列情形之一的，不享受当年的年休假。

①员工因特殊情况，请事假累计 3 天以上的。

②累计工作满 1 年不满 5 年的员工，请病假累计 1 个星期以上的。

③累计工作满 5 年不满 10 年的员工，请病假累计 2 个月以上的。

④累计工作满 10 年以上的员工，请病假累计 3 个月以上的。

2. 有薪婚假

（1）员工在本公司服务满一年（含试用期）且办理结婚手续的（以三个月内的结婚证为准）可享受 3 天的有薪婚假。

（2）请销假须提前 15 天书面请假。

（3）休假后一周内结婚证明应向相应考勤管理人员备案。

[模板] 社会保险管理制度

社会保险管理制度

一、目的

为规范公司员工社会保险的管理,明确员工与公司的缴费义务,维护员工的合法权益,根据《中华人民共和国社会保险法》及当地政府相关规定,结合公司实际情况,特制定本制度(以下简称社保)。

二、适用范围

适用于公司、子公司和项目部所有员工。

三、社保释义

社保是国家通过立法形式,由国家、集体和个人共同筹集资金确保公民在遇到生、老、病、死、伤、残或失业等风险时,获得基本生活需要和健康保障的一种社会保障制度。

四、职责

公司人力资源部是公司社保管理的主管部门,有以下社保管理职责:

1.与本市社保管理机构沟通,掌握社保政策,拟订适当的参保方案,报公司批准。

2.办理公司、子公司和各项目部员工社保关系的转移审批事项。

3.办理公司员工社保费缴交和其他关社保的事情。

五、参保对象

凡与公司签订劳动合同的,原则上都是参保对象。但因员工在其他单位或自行参保的,经本人申请说明时不需为其办理社保的在本单位不参加社保,但必须提供参保证明。

六、参保或续保的起始时间

与公司签订劳动合同,并确定为参保对象的员工,设置了试用期的,从批准转正的次月起为其办理参保或续保事项,参保或续保的起始时间为签订劳动合同的本月(签订劳动合同日期在当月10以前的当月开始享受社保,当月10日以后的次月起开始享受社保),续保人员的试用期内的社保费可以补交,社保费用由本人承担(含滞纳金);特殊岗位未设置试用期的,从签订劳动合同时次月起为其办理参保续保事项缴纳费用。

七、停保时间

员工离职,从离职月(以离职交接单的批准时间为准)的次月一日起停止为其缴交社保费用,公司社保管理责任人应及时为其办理停保事项,因公司社保管理责任人原因未及时办理停保事项,所造成的公司多支付的社保费,由责任人承担。

八、参保项目与缴费基数的确定

1.缴费基数:按照当地社保部门确定的最低标准基数比例缴纳。

2.险种:基本养老保险、基本医疗保险、工伤保险、失业保险、生育保险和大病保险。

3.凡在公司参加社保人员必须按社保相关要求执行"五险合一"规定,在本单位未参加"五险合一"员工要提供本人在本单位以外参加社保的相关证明,对在本单位只参加了基本养老保险的员工要提供本人在社区参加社区居民医疗保险的证明,个人要写出不参加"基本医疗保险、工伤保险、失业保险、生育保险和大病保险"的申请。

4.凡国各种原因离职后继续在本单位参保的人员的养老保险实行先交费后代买的原则,否则一律停保,不按规定办理给造成的损失由公司社保管理员承担。

九、员工社保关系的转移

因员工异动,发生个人社保的月缴费工资增减,公司参保员工人数增减,参保项目发生减增,有关公司社保主管部门责任人应根据异动内容及时准确的选择相当当地政府社保机构规定的表单(本人养老保险工龄、职工养老保险关系转移表)等),报公司盖签字盖公章,办理员工社保关系转移和社保费增减事项。

十、社保费支付审批审核流程

[模板] 员工提薪管理制度

员工提薪管理制度

第一章 总则

第一条 目的

为了规范公司提薪制度,提高员工的工作积极性,充分发挥薪酬的激励作用,特制定本制度。

第二条 适用范围

本制度适用于公司所有员工提薪工作的管理。

第三条 各部门的职责划分

1.人力资源部主要负责员工提薪的调查,审定以及提薪结果确定后通知到每个被提薪的员工。

2.各部门负责人主要负责为部门员工提出提薪申请,并配合人力资源部做好提薪调查。

3.财务部主要负责根据提薪申请审批结果办理提薪手续。

第四条 提薪范围

公司的提薪有一定范围,具体来说,表现好的员工才会提起提薪的申请条件,但是有以下情况的,则不予提薪。

1.提薪调查时,发现缺勤天数均每月超过5天者。

2.员工迟到、早退超过4次,视为缺勤1天,累计缺勤天数平均每月超过5天者。

3.在提薪调查时员工受到批评超过2次,或者受到降薪、停职处分者。

4.提薪当月正式办理离职手续者。

第五条 提薪预算

总体来说,公司的提薪预算根据公司具体情况来定,除此之外,还可以综合考虑以下3点。

1.提薪预算总额由各不同等级岗位的提薪预算额相加得出。

2.公司可以提取提薪预算额的3%作为提薪补偿预算。

3.提薪调查日后提薪人数发生增减,提薪预算也应相应地减增。

第二章 定期提薪

第六条 定期提薪规定

一般来说,公司会根据公司具体情况,综合考虑市场变化水平、盈利状况等,于每年3月对员工的总体薪酬水平进行调整,调整幅度在5%-20%。

第七条 年终考核提薪

1.提薪时间及对象

每年1月1日-12月31日为年终考核提薪的考核期限。主要考核对象为在公司任职满6个月以上(含6个月)的员工。

2.定期提薪步骤

提薪审批时,由人力资源部及《员工考核评价表》、各相关部门主管或负责人客观地根据被考核的工作能力与工作表现进行评价,并根据公司制定的年终绩效考核指标准提交《员工调薪申请表》,送交人力资源部,由人力资源部正式提薪申请表,交总经理审批核准。

第三章 临时提薪

第八条 员工转正

员工试用期满并考核合格转正后,根据正式员工转正后的待遇执行,并在员工转正的当月予以临时提薪。

第九条 职位晋升

在公司工作期满6个月以上,对本职工作表现优异者,经部门推荐,员工自荐或现有岗位于等途径申请提薪,提薪成功后从次月起享受调整后的工资级别待遇。

第十条 满足提薪情况

1.平调提薪的,但是新岗位工资比原岗位工资高,按新岗位工资执行临时提薪。

2.取得了更高的学历,新岗提薪时提薪的由人力资源部调查实际情况后具体处理。

第十一条 临时提薪步骤

符合临时提薪规定的,需经主管副总审批的;属于预算外的临时提薪,需经总经理审批通过;其他临时提薪由人力资源部调查实际情况后具体处理。

第四章 附则

第十二条 本制度自发布之日起开始执行。

第十三条 本制度的编写、修改及解释权归人力资源部所有。

表单 福利发放记录表

福利发放记录表

日期	姓名	物品	领取人签字	备注

表单 员工保险缴纳费统计表

员工保险缴纳费统计表

工号	姓名	缴费基数	养老保险		医疗保险		失业保险			工伤保险	生育保险	合计
			合计	单位	个人	合计	单位	个人	合计	单位	个人	单位	单位	
合计														

制表人：　　　　　　　　　　　制表日期：

表单 薪资分析表

薪资分析表

年　　月

费用类别	单位	人数	工作日数	加班工时	总工时	工资	加班费	各项津贴	月度奖金	合计	平均工资	其他收入平均	平均所得	备注

潜力激发——员工激励管理

　　员工激励是指企业通过一系列科学有效的方法和手段，在不同程度上对员工物质和精神方面的需求予以满足或者限制，从而激发员工的需要，使其形成某种特定目标，并为实现目标而朝着企业战略发展的方向积极努力工作。员工是餐饮企业得以发展的基石，使员工始终保持工作热情。只有员工的潜力得到激发，餐饮企业才能发展得越来越好。

8.1

餐饮企业员工激励

企业没有有效的激励措施，员工就没有工作热情和动力，更没有创造力，给企业带来的效益也就不会太高。餐饮企业要实施员工激励措施，就需要先了解员工激励的基本知识，并掌握餐饮企业员工的需求特点。只有结合员工自身的特点实施的员工激励措施才是最适合、最有效的。

8.1.1 员工激励的理论依据

员工激励简单说来就是发现员工的需求，并满足需求。但是，员工激励不是要满足企业和员工的共同要求，而是要发现每个员工的不同需求，并在不同程度上予以满足，这恰恰是考验餐饮企业人力资源管理者能力的地方。

美国心理学家亚伯拉罕·马斯洛通过多年研究，将人类需求从低到高划分为五个层次。这里我们引申到员工激励管理，看看如何通过激励来满足员工的各类需求。

◆　满足员工生理需求

生理需求就是一个人维持生活所必需的衣、食、住、行等方面的需求。生理需求是最基础的需求，只有基础需求得到了满足，员工才会关注更高层次的需求。

对于处于这一阶段的员工来说，授人以"渔"不如授人以"鱼"，只有实实在在的金钱才能激励他们,如适当增加工资、改善劳动条件等。

◆　满足员工安全需求

安全需求既包括生理上的安全需求,也包括心理上的安全需求。企业既要确保员工工作过程中的人身安全,又要消除员工对于失业的恐惧心理。只有这样,员工的安全需求才能得到满足。

对于在这一阶段的员工,餐饮企业可以为员工提供安全的工作环境、购买社会保险、给予适当的福利以及制定公平公正的管理制度,这就可以很好地激励员工。

◆　满足员工情感与归属需求

人是社会动物,只有接触社会,融入社会,才能保证人的身心健康。满足社会需求就是要利用有效的友爱激励或归属感激励手段,帮助员工融入集体,找到存在感。

对于这一层次的需求,企业可以经常组织多种形式的团队建设活动,如运动比赛、聚餐、K 歌和旅游等。

◆　满足员工的尊重需求

作为一名员工,总是渴望自己的重要性和价值得到企业的认可,自己的自尊、自信、尊重以及地位等得到满足。

对于这一层次的需求,餐饮企业领导者可以通过鼓励、赞美、支持和信任来激励员工,还可以通过奖励、授权和晋升等手段激励员工。

◆　满足员工自我实现的需求

所谓自我实现需求,就是指员工个人潜力得到发挥、价值得以体现、个人目标和理想得以实现的需求。

处于这一阶段的员工,餐饮企业可以使用愿景激励、目标激励、竞争激励和榜样激励等激励手段来激励员工。

需要注意的是，上述 5 种需求并不是按顺序依次出现的，而是同时存在。之所以进行层次划分，是因为在不同阶段，需求的强烈性和迫切性程度不同。如在第一需求阶段（即生理需求阶段），其他需求虽然存在，但生理需求才是最迫切和强烈的，因此生理需求为第一层次的需求。

餐饮企业在进行员工激励时，需要"对症下药"，针对每个员工的不同需求阶段，采取不同的激励措施。

8.1.2 餐饮企业员工激励的原则

作为餐饮企业的管理者应正确认识到，并不是只要使用激励措施即可起到激励员工的效果。除了需要分清需求阶段，对症下药外，员工激励还应该遵循一定的原则，才能发挥应有效果。表 8-1 所示为员工激励应遵循的原则。

表 8-1　员工激励应遵循的原则

序号	原则
1	制订切实可行的激励目标，目标既要体现挑战性，也要让员工通过努力可以达到
2	允许员工适当参与某些决策的讨论，允许员工就某些讨论表达自己的观点和意见
3	深入了解员工的工作表现,在工作中取得了哪些成绩,出现了什么问题,要坦诚与之进行交流和反馈
4	经常与员工进行交流,指导他们工作中具体要如何做,为什么这么做,增强员工对管理者的信赖
5	当员工向你反映问题时，作为管理者，一定要认真倾听，努力理解他们在谈论些什么，对他们的想法、建议要给予好评，使其感到自己的重要性

续表

序号	原则
6	真诚地关怀员工的成长与发展，并在适当时候，向他们提出建议
7	表扬要坦率、真诚，对于一些有卓越成绩的员工，一定要公开表扬，这样可以更加鼓舞员工
8	在管理过程中，对某些事件的处理，难免有不同意见的员工，此时作为管理者不要发火，有可能自己在处理某些事情上确实存在欠缺考虑的地方，这时要坦诚地与之交换意见，允许员工发声，对员工是激励，对自己也是提升，而且还可以快速把那些可能酿成重大危机的事件及时解决
9	尽可能地让员工对工作感兴趣、愿意干，这不仅对员工实现个人目标有一定的促进作用，也可以让管理工作更轻松
10	不要怕放权，要充分放手让员工在工作中大胆地干
11	不要用威胁的手段强迫员工去完成工作
12	要有包容心和宽大的肚量，不要与员工争夺名利，如果是自己的过失或者错误，要勇于认错，虚心接纳员工的指正与提供的建议
13	当员工需要支持时，要支持他们，为他们提供一些灵活的和个人选择的机会，包括积极寻找提拔他们的机会
14	鼓励与帮助你的员工制订好自己的目标，并让员工知道如何工作才能实现其个人目标

8.1.3　员工激励的作用

许多餐饮企业的管理者常常会忽视员工激励的重要性，认为只需要给员工按时发工资，员工就会认真努力的工作。实则不然，员工是需要及时激励的，员工激励对于企业而言有着非常重要的作用。

◆　为企业吸引优秀人才

科学的员工激励措施可以为企业吸引更多优秀的人才。在许多企业中，特别是那些竞争力强、实力雄厚的企业，往往都是通过各种优惠政策、丰厚的福利待遇以及快捷的晋升途径等激励手段来吸引企业需要的人才。

◆ 开发员工的潜在能力

研究发现，一般的薪资分配方式仅能让员工发挥出 20% ～ 30% 的能力，而员工一旦受到充分的激励，其能力可以发挥出 80% ～ 90%，两种情况之间 60% 的差距就是有效激励的结果。

◆ 留住优秀人才

科学有效的激励机制可以使员工始终保持对于工作的热诚和积极性，提升员工对于企业的满意度，从而使优秀的员工更愿意留下来为企业工作。

能留住人才的企业，其发展趋势自然是很好的。无论是对于企业当前的人力使用，还是对企业未来的人力发展，激励机制都有着非常重要的作用。

◆ 造就良性的竞争环境

企业的员工激励主要来源就是员工与员工之间的良性竞争。餐饮企业通过实施科学的激励制度，可以创造一个良性的竞争环境，进而形成良性的竞争机制。在这种环境下，企业的员工就会感受到来自于其他同事的竞争压力，而这种压力将转变为员工努力工作的动力。

8.1.4 对于员工激励的错误观念

对于员工激励，餐饮企业中许多管理者仍存在一些误解，导致激励机制的实施没有产生应有的效果。要使激励措施科学、有效，管理者需要先正确认识员工激励，改正错误的观念。下面对一些普遍存在的错误观念进行介绍。

◆ 仅依靠物质来激励员工

对于入职不久的员工来说，给予足够的薪酬确实可以让其为企业努力工作。同时再辅以一定的奖金作为激励，这些员工更是非常乐意为企业付出劳动。

但是，人的胃口是越来越大的，物质激励只能起到短期的激励效果。通常在半年以后，这种物质激励所产生的动力将会逐步消失。员工不仅不会像入职之初那般在获得奖金时高兴，他们甚至已经连奖金的具体数目都已记不清楚。这是因为，金钱本身并不能对一个人产生持续的刺激作用。只有认同感及对个人的肯定，才能够产生源源不断的动力。

餐饮企业应该建立一套健全的激励机制，让员工获得某种程度的成就感，给他们一种认同感、让他们工作得很充实。同时给予进步的机会及上升的空间，员工将会十分珍惜这些机会。

◆ 让员工保持心情愉悦就能带来更高的生产力

有些企业的管理者为了让员工保持心情愉悦，往往不遗余力地推行一些举措，如设立娱乐室等。管理者一厢情愿地认为，工作间歇中员工的愉悦感，很容易转化为一种工作动力。

但是员工在享受休息时间的同时，很容易滋生懒惰的心理。在充裕的休息后，更不容易收心工作。因此，在过于轻松的氛围下，员工的轻松愉悦心情并不一定能转化为更高的生产力，也不意味着在工作中会有更好的表现。

◆ 忽略矛盾便万事大吉

在职场上，没有人喜欢矛盾。许多企业管理者都选择对矛盾视而不见，以为时间会解决矛盾。然而，如果发现员工存在问题而不及时指出，对于员工的成长是不利的。同样的，员工发现问题，不及时汇报，对于企业发展而言也是非常不利的。

在企业中，任何问题和矛盾都不是忽略就可以躲过去的，发现问题就要解决问题。员工激励并不一定要正向激励，同样也可以是惩罚性激励。发现员工存在较大问题，及时指出，并给予适当的惩罚，反而是激励其改正错误的好办法。

◆ 认为某些员工已经不太适合继续做该工作了

对某些员工存有偏见，对他们彻底失去信心。这是一个最普遍存在的误区。其实，只要能够激发员工的工作热情，每个人都是可塑之才。问题在于每个人的热情激发方式不尽相同，需要管理者有针对性地对员工进行激励。

通常情况下，如果管理者看到员工在工作时间做工作之外的事情，就会自然地认为这个员工没有认真工作，对工作没有积极性。若是经常看见该员工如此，则会认为这个员工已经可能不太适合继续做该工作了。

实际上，这些看起来"没有认真工作"的员工，一样有饱满的激情，甚至比那些正在埋头苦干的人更有积极性，只不过激励他们的方式不合适而已。那么，企业管理者应该找出激发他们工作热情的窍门，使他们在工作中尽情释放自己的激情。

◆ 响鼓无须重锤

很多管理者认为，优秀的人才是不需要管理者进行监督和激励的。而事实显然并非如此，越是优秀的人才，企业就越应该给予监督和管理，再针对性地给予激励，促进其成长，否则难以留住人才。

优秀的人力资源管理者应该了解怎样为员工营造一个良好的工作氛围，从而让每个员工在这样的工作氛围下都活力十足。同时，洞悉员工们的"动力阀门"，知道他们的优点及兴趣点，而后予以相应的激励，使人尽其才，才尽其用，让每个人都在自己钟爱的岗位上发挥价值。

8.1.5 掌握员工的需求

作为餐饮企业人力资源管理者，要想对员工进行科学有效的激励，就必须掌握企业员工究竟有哪些需求。只有清楚地了解员工的需求，才能针对员工不同的需求采取不同的激励措施，从而使激励效果得以发挥。

某餐饮企业为了掌握企业中各员工的需求，采用问卷的方式对全体员工进行了一次需求调查，并对员工的回答结果进行了总结和分析，最终得出了员工的需求。除了基本的薪酬和福利待遇方面的需求外，餐饮企业中的员工还有 12 个需求，如表 8-2 所示。

表 8-2 餐饮企业员工需求

序号	需求内容
1	在工作中，知道公司对我有什么期望
2	我有把工作做好所必需的器具和设备
3	在工作中，我有机会做最擅长的事
4	在过去的 7 天里，我出色的工作表现得到了承认和表扬
5	在工作中，我的上司把我当一个有用的人来关心
6	在工作中，有人常常鼓励我向前发展
7	在工作中，我的意见有人听取

续表

序号	需求内容
8	公司的使命或目标使我感到工作的重要性
9	我的同事们也在致力于做好本职工作
10	我在工作中有一个最好的朋友
11	在过去的 6 个月里，有人跟我谈过我的进步
12	去年，我在工作中有机会学习和成长

加油站

对于表 8-2 所示的员工需求，可以通过加强员工的规范化管理及人性化管理来实现。这里简单介绍 6 种措施：①明确岗位职责和岗位目标；②做好设备和办公用品的管理；③加强管理沟通；④建立意见反馈机制；⑤进行书面工作评价；⑥完善职务升迁体系。

对于上述案例中餐饮企业调查所得出的员工需求，可以作为借鉴和参考，但更好的方法是通过符合企业自身实际的调查问卷对员工进行调查，以便更为准确地了解员工的需求。

1. 你认为薪资待遇在企业激励机制中的重要程度如何？

A. 非常重要　　　　B. 重要　　　　C. 一般

D. 不太重要　　　　E. 不重要

2. 你认为福利奖励在企业激励机制中的重要程度如何？

A. 非常重要　　　　B. 重要　　　　C. 一般

D. 不太重要　　　　E. 不重要

3. 你认为食宿条件在企业激励机制中的重要程度如何？

A. 非常重要　　　　B. 重要　　　　C. 一般

D. 不太重要　　　　　E. 不重要

4. 你认为人身安全在企业激励机制中的重要程度如何？

A. 非常重要　　　　　B. 重要　　　　　C. 一般

D. 不太重要　　　　　E. 不重要

5. 你认为工作环境在企业激励机制中的重要程度如何？

A. 非常重要　　　　　B. 重要　　　　　C. 一般

D. 不太重要　　　　　E. 不重要

6. 你认为发展前景在企业激励机制中的重要程度如何？

A. 非常重要　　　　　B. 重要　　　　　C. 一般

D. 不太重要　　　　　E. 不重要

7. 你认为人际关系在企业激励机制中的重要程度如何？

A. 非常重要　　　　　B. 重要　　　　　C. 一般

D. 不太重要　　　　　E. 不重要

8. 你认为社会地位在企业激励机制中的重要程度如何？

A. 非常重要　　　　　B. 重要　　　　　C. 一般

D. 不太重要　　　　　E. 不重要

9. 你认为你现在的薪酬水平与你的付出相匹配吗？

A. 非常匹配　　　　　B. 匹配　　　　　C. 一般

D. 较为匹配　　　　　E. 不匹配

10. 以下需求中，哪些是你目前最关注的？（选择 2 ~ 5 项）

A. 薪资待遇　　B. 福利奖金　　C. 食宿条件　　D. 人身安全

E. 生活环境　　F. 经济保障　　G. 公司前景　　H. 人际关系

I. 企业文化   J. 共同愿景   K. 管理制度   L. 社会地位

M. 参与决策   N. 职务晋升   O. 个人发展   P. 主管工作

Q. 取得成就   R. 情感沟通   S. 工作认可   T. 培训学习

以上案例为某企业的员工激励需求调查问卷的部分内容，主要以选择题的方式对员工进行调查。

餐饮企业在制订员工激励需求调查问卷时，可以将此案例作为参考，并将问题更为具体化，再结合一些开放性的问题，如此才能更加了解员工的真实需求。

8.2
员工激励的实施

对于员工激励有了基本的认识后，便可以实施员工激励措施了。那么，餐饮企业应如何实施员工激励才能确保其科学有效呢?

8.2.1 制定员工激励管理制度

科学的激励机制必须有据可依，其实施过程必须严谨、规范，做到对事不对人，以客观、公正的态度给予每个员工不同程度的激励。制定员工激励管理制度是实施员工激励的基础和必需。

以下是某企业员工激励管理制度的部分内容，可供参考。

三、定义

1. 行政激励：指按照公司的规章制度及规定程序给予的具有行政

权威性的奖励和处罚。

2. 物质激励：指公司按照规章制度及规定程序以货币和实物的形式给予员工良好行为的一种奖励方式。

3. 升降激励：指公司按照规章制度及规定程序通过职务和级别的升降来激励员工的进取精神。

4. 调迁激励：指公司按照规章制度及规定程序通过调动员工去重要岗位、重要部门担负重要工作或者去完成重要任务，使员工有一种信任感、尊重感和亲密感，从而调动积极性，产生一种正强化激励作用。

5. 示范激励：指公司按照规章制度及规定程序通过宣传典型，树立榜样而引导和带动一般的激励方式。

……

五、内容

员工激励制度分类：根据公司实际的生产经营管理状况和需求，公司员工激励制度项目分为：行政激励、物质激励、升降激励和调迁激励等。

1. 行政激励：公司的行政激励分为以下3种。

（1）按照公司规章制度及规定程序给予的口头警告、警告、记过、留用察看和开除等处罚。

（2）按照公司规章制度及规定程序通过各相关部门评比而确定的各类优秀、先进等。

（3）对公司管理提出合理化建议。

2. 物质激励：就是通过满足或者限制个人的物质利益的需求，来激发员工的积极性和创造性。

公司的物质奖励方式有：奖品、奖金、物质及其他等福利待遇。

处罚方式有：扣发奖金、工资、罚款等。

3. 升降激励：公司的升降激励以"任人唯贤，升降得当"为原则，并坚持正确的管理路线，唯能是用，德才兼备。公司建立严格的上岗考核制度和选拔任用制度，尽量做到选贤任能。

4. 调迁激励：公司的调迁激励方式有岗位调动、部门调动、任务调动和培训考试等。它主要通过调动员工去重要岗位、重要部门担负重要工作或者去完成重要任务，使员工有一种信任感、尊重感和亲密感，从而调动积极性，产生一种正强化激励作用。同时还可将不胜任工作的员工从重要部门、重要岗位调出，免去其所担负的重要任务，使其看到自己的差距和不足，从而产生一种负强化激励作用。

……

员工激励管理制度除了上述案例中所示的需要对激励方式进行具体说明外，还需要对制度的适应范围、负责部门、实施和执行步骤以及制度实行时间进行规定。

8.2.2 多样的员工激励形式

员工激励的形成多种多样，不同员工、不同需求阶段，所适合的激励形式也可能不同。因此，餐饮企业管理者只有较为全面地了解各种激励方式，才能知道哪些才是企业各员工所适合的激励方式。

表8-3介绍了比较常用的员工激励方式。

表 8-3　员工激励形式介绍

激励形式	具体描述
薪酬激励	薪酬激励是所有激励中最为基础的激励形式。虽说薪酬激励只是短期激励，但也是必不可少的激励。所谓"重赏之下必有勇夫"，薪酬激励可以使员工短期内具有高昂的工作热情
福利激励	福利待遇的好坏很大程度上影响着员工对于企业的认同感和归属感。法定的福利保险和公司的个性化福利保障可以给员工带来安全感。而非法定福利在改善人际关系、增加员工满意度和安全感、吸引和保留员工方面，能有效弥补薪酬及法定福利的不足
团队激励	团队协作是绝大多数企业员工的主流工作形式，餐饮企业同样需要员工以团队形式更好地去完成工作。对于任何员工而言，团队的和谐、融洽、互帮互助和友爱等都是他们希望的。因此，营造一个有愿景、有激情、有凝聚力、亲密和谐、友爱融洽的团队，是对团队成员非常好的激励
感情激励	每个人都希望自己被重视，感情激励的关键就在于要能够探察员工的需求，真诚地关怀员工。一个优秀企业的领导会始终关心员工，为员工的健康和幸福等着想。 感情激励就是要感动员工，从而使员工心甘情愿地为企业工作。单纯的物质激励是没有上限、没有区别的，只有独特的人文关怀才是企业特有的，也是留住员工、防止人才流失的重要秘诀。感情投资是最值得的投资，也是回报最大的投资
宽容激励	管理者的宽容品质能给予员工良好的心理影响，使员工感到亲切、温暖和友好，从而让员工从心理上获得安全感。一个管理者只有具备宽容的气度，才能团结众人的力量，最大限度地发挥人才的效能
尊重激励	人人都有受尊重的需要。作为一个管理者，如果能够处处以礼对待自己的下属，也可以对下属起到激励的作用。尊重激励法就是这样一种最人性化、最有效的激励方法。管理者要发自内心地去尊重每一位员工，把每一位员工都看作是合作的伙伴，对员工说话要礼貌、客气，避免采用命令式的语气，不嘲笑、不轻视员工，尊重员工的人格、才能以及劳动成果，认真听取员工的建议，让员工感到自己对企业的重要性

续表

激励形式	具体描述
鼓舞激励	"良言一句三冬暖，恶语伤人六月寒"，一句鼓励的话，可改变一个人的观念与行为，甚至改变一个人的命运；一句负面的话，可刺伤一个人的心灵与身体，甚至毁灭一个人的未来。所以在任何时候，我们不要吝啬说一句鼓励的话，给一个信任的眼神，做一件力所能及的激励小事
支持激励	当员工在工作中遇到困难和阻力时，如果管理者能够为其提供大力支持，并帮助其排忧解难，他们会以感激的心情加倍努力地工作，并会竭尽全力做到最好
信任激励	信任员工是满足员工的精神需要，激励其行为的有效方式。如果领导信任员工，让他们放开手脚，大胆工作，那么就会激励员工最大限度地发挥聪明才智，表现极大的工作热情。可以说，领导给员工多少信任，员工就还给领导多少干劲。 需要注意的是，信任不等于没有监督。绝对的权利导致绝对的腐败，监督是一种游戏规则，与信任并不矛盾
奖励激励	奖励的目的在于激励人的斗志、鼓舞士气。在企业的激励制度中，如果运用得当，就能调动广大员工的积极性，提高企业生产力。有人称奖励为"神奇的一滴蜜"，不是没有道理的。作为领导，不要以个人的感情意气用事，要做到有功必赏
授权激励	充分授权也是一种十分有效的激励方式。授权可以让员工感到自己担当大任，感到自己受到重视和尊重。在这种心理作用下，被授权的员工自然会激发起潜在的能力。 另外，从人尽其才的角度来讲，要让员工的才能得到充分发挥，就必须授予他一定的权力。要让员工对工作认真负责，就应该给他相应的权力
晋升激励	晋升是每个人都渴望的，晋升可以让员工感到自己在企业中存在的价值。没有谁愿意永远生活在别人的光辉之下，没有谁愿意一个职位做到老。晋升是对员工的卓越表现最具体、最有价值的肯定和奖励方式。在企业晋升管理上，提拔得当，自然可以产生积极的导向作用，培养优秀员工积极向上的精神，能够激励更多员工努力工作，增强士气

续表

激励形式	具体描述
目标激励	目标激励就是通过设置一个目标来激励和引导员工努力去实现这个目标。当人们通过不懈的努力最终实现目标后，将会有一种巨大的成就感。所以，树立一个具有挑战性的目标是一个非常好的激励方式
竞争激励	在马斯洛需求层次理论中，"自我实现需求"是最高层次需求，能够在竞争中获胜，它不仅能够充分地体现自我价值，更加能够让员工从中感到满足感。心理科学实验表明，竞争可以增加一个人 50% 或更多的创造力。鉴于此，餐饮企业必须将竞争机制引入企业管理中，激发员工的斗志。只有竞争，企业才能生存下去，员工才能士气高昂。竞争的形式可多种多样，管理者可以根据本企业的具体情况，不断推出新的竞争方法
危机激励	危机激励不是通过满足员工的需要来激发其积极性，而是通过危机意识的唤醒，激发员工的斗志，因此是一种典型的逆向激励。如果管理者要想更加有效地激励员工，开发其积极性和创造性，最大限度地挖掘员工的工作潜力，最好的方法就是给他们制造一定的"危机感"，激起他们的勇气。 对于有些员工，在给他们制造危机感后，可能会吓倒他们，此时管理者要做好引导工作，为员工树立危机意识，只有让员工在这方面形成了意识，才可能主动积极地工作

除了使用以上这些激励措施外，更重要的是要教会员工自我激励。餐饮企业管理者不仅要通过各种手段激励员工，还需要为员工创造一个可以使他们自我激励的环境。员工的自我激励才是其努力工作的根本动力。

8.2.3 组建高效团队

前文提到，一个优秀的团队对员工有着很好的激励效果。那么，要组建一个有愿景、有激情、有凝聚力、亲密和谐和友爱融洽的高效团队，餐饮企业管理者应该怎么做呢？

◆ 充分发挥团队优势，淡化自我为中心

俗话说"众人拾柴火焰高"，团队的力量远远不是个人能够比拟的。在企业中，团队是由员工和管理者共同组成的。以团队的形式工作可以合理地利用每个团队成员不同的知识和技能，将各员工之间的优势结合起来，协同完成任务。团队的力量远不止于所有成员能力的简单相加，而是将员工的作用呈几何倍数的提升。

要使团队能够充分体现团队的优势，就必须要淡化团队成员以自我为中心的思想，一切以团队利益为重，有团队荣辱感。

◆ 团队成员既有能力，又善于协作

一个高效的团队，成员必然需要具备完成工作任务所必需的知识和能力，且成员之间能够很好地协同工作。后者尤为重要，却常常被企业管理者忽视。作为管理者始终要记住：再有能力的人，如果没有团队合作精神，无法融入团队，那么他对于企业的作用也是非常小的，可能还不如一个能力一般、但善于团队合作的员工。

因此，餐饮企业不仅需要培养员工的个人能力，更需要培养员工的团队合作精神，使员工既能够掌握必需的知识和技能，又非常善于团队协作。

◆ 团队成员之间有良好的沟通交流

群体成员通过畅通的渠道交流信息，包括各种言语和非言语信息。此外，管理层与团队成员之间健康的信息反馈也是良好沟通的重要特征，它有助于管理者指导团队成员的行动，消除误解。高效团队中的成员应该有办法迅速且准确地了解彼此的想法和情感。

◆ 优秀的领导

优秀的领导者能够让团队跟随自己共同度过最艰难的时期，因为他能为团队指明前途所在。他们向成员阐明变革的可能性，鼓舞团队成员的自信心，帮助他们更充分地了解自己的潜力。优秀的领导者不一定只是指示或控制，高效团队的领导者往往担任的是教练和后盾的角色，他们对团队提供指导和支持，但并不试图去控制它。这不仅适用于自我管理团队，当授权给小组成员时，它也适用于任务小组、交叉职能型的团队。

8.3
常用模板与表单

模板 员工激励管理制度

员工激励管理制度

一、目的

确保公司质量方针和质量目标的实现，掌握员工对企业的满意程度。增强公司的凝聚力，对公司质量管理体系进行持续不断地改进和建立促进创新的环境，使员工对公司质量目标的达成做出努力贡献。

二、范围

本程序适用于公司所有从业人员和相关激励制度的建立和实施。

三、定义

1. **行政激励**：指按照公司的规章制度及规定程序给予的具有行政权威性的奖励和处罚。

2. **物质激励**：指公司按照规章制度及规定程序以货币和实物的形式给予员工良好行为的一种奖励方式，或者对其不良行为给予的处罚的方式。

3. **升降激励**：指公司按照规章制度及规定程序通过职务和级别的升降来激励员工的进取精神。

4. **调迁激励**：指公司按照规章制度及规定程序通过调动员工去重要岗位、重要部门担负重要工作或者去完成重要任务，使员工有一种信任感、尊重感和亲密感，从而调动积极性，产生一种正强化激励作用。

5. **示范激励**：指公司按照规章制度及规定程序通过宣传典型，树立榜样而引导和带动一种的激励方式。

四、职责

1. 员工激励制度需求由相关部门（项目监理机构、组、部门等）提出。

2. 办公室及考核组对各部门提出的员工激励制度进行审查、核准。

3. 办公室及考核组对员工进行员工满意度调查。

4. 办公室及考核组对员工满意度调查结果统计、汇总和分析上报。

5. 总经理对激励制度进行核定。

五、内容

员工激励制度分类：根据公司实际的生产经营管理状况和需求，公司员工激

励制度项目分为：行政激励、物质激励、升降激励和调迁激励等。

1. **行政激励**：公司的行政激励分为以下三种。

（1）按照公司规章制度及规定程序给予的口头表扬、警告、记过、留用察看，升降等处罚和嘉奖、记功、荣誉称号等。

（2）按照公司规章制度及规定程序通过各相关部门评比考察后确定的各类优秀、先进等。

（3）对公司管理有好的合理化建议。在工程监理实施过程中的先进、好的方法和措施等。

2. **物质激励**：就是通过满足或者限制个人的物质利益的需求，来激发员工的积极性和创造性。

公司的物质奖励方式有：奖品、奖金、物质及其他等福利待遇。处罚方式有：扣发奖金、工资、罚款等。

3. **升降激励**：公司的升降激励以任人唯贤，升降按公正为原则，并坚持正确的管理路线，唯能是用，德才兼备，公司建立严格的上岗考核制度和选拔任用制度。尽量做到选拔任能。

4. **调迁激励**：公司的调迁激励方式有：岗位调动、部门调动、任务调动和培训考试等。它主要通过调动员工去重要岗位、重要部门担负重要工作或者去完成重要任务，使员工有一种信任感、尊重感和亲密感，从而调动积极性，产生一种正强化激励作用；同时还可以将不胜任工作的员工从重要部门，重要岗位调出，免去其所担负的重要任务，使其看到自己的差距和不足，从而产生一种负强化激励作用。

六、员工激励制度实施和执行

1. **设立相关激励制度的激励目标**：相关激励制度的激励目标由办公室及考核组制定，经总经理审查、核准后，由办公室和相关门在与此目标有关的员工中进行公告、宣传、交流和沟通，以便让参与该激励工作的员工知悉有关。

2. **激励目标考核**：相关激励制度的激励目标制定的，由办公室主导、被考核部门协助按以下适用的考核方式和方法及考核的频率对所考核的项目进行资料收集、统计和评估（所有激励目标考核评估的结果均与原有记录、记录分为以下的方式和表单形式定考核部门自行决定）。公司激励目标考核的方式和方法分为以下两种。

表单 员工自我评价表

员工自我评价表

姓名： 部门： 岗位： 考核期限： 评价日期：

评价项目	评价要点	评价尺度				
		优 5	良 4	中 3	可 2	差 1
工作态度	严格遵守企业规章制度，服从领导安排并有效利用工作时间。					
	有高度的主人翁意识，工作态度积极、办事有始有终。					
	无迟到早退、无旷工，稳重踏实，恪尽职守。					
	富有团队精神，协助上级、配合、帮助同事。					
工作能力	正确理解工作内容，制定适当的工作计划。					
	无需上级领导费心，按照规定独立完成工作并保证工作质量。					
	及时与同事及合作者沟通，使工作顺利开展。					
	迅速、适当地处理工作中的困难及临时安排的工作。					
工作效果	工作成果达到预期目的或计划要求/客户给予表扬或好评。					
	定期进行工作总结，为以后工作的顺利进行奠定基础。					
	工作成果有效提升企业信誉度，有助于企业发展壮大。					
	工作熟练程度及技术水平不断的提高。					
工作态度	勤奋好学，吃苦耐劳，勇于创新。					
	心态积极向上，工作态度端正。					
	言语文明，谈吐大方，举止得体。					
	自检自爱，尊重他人，经常提出利于企业发展的好建议。					
卫生情况	工服整洁，个人卫生持续保持，个人形象良好。					
	办公/工作区域干净整洁，办公用品/工具设备摆放整齐。					
	爱惜他人劳动成果，主动维护厂内卫生。					
	关注全厂卫生情况，监督破坏卫生行为。					

1. 通过以上各项的评分（满分为100分），综合得分是： 分；
所属等级是：
[ ] 优秀（95分以上） [ ] 良好（80分以上）
[ ] 一般（60分以上） [ ] 较差（60分以下）

2. 工作概述：
我的工作职责是：
前期工作存在的不足之处是：
以后将要做到：

3. 签字： 日期： 年 月 日

4. 部门主管评定：

签字： 日期： 年 月 日

表单 激励效果调查表

激励效果调查表

先生/女士：

鉴于你在工作中的一贯积极表现和好心态，且成效明显，本着"积极回报员工"的价值观和"让员工和公司一起成长"的理念，经 经理提议，公司评审，决定对你实施以下激励：

□升职：原职务 现职务
□加薪：原薪资总额 元(税前)，现薪资总额 元(税前)，薪资调增幅度 元

望再接再厉，再创佳绩！

总经理签名/日期：

问卷调查

1、你对本次激励方式和幅度感觉如何？
□相当满意，心存感恩 □比较满意，感到欣慰
□感受一般 □没啥感觉

2、你认为适当的激励对你的工作有何意义？
□倍增自信 □更有激情 □增加成就感
□激发承担精神 □意义不值独一个样

3、你对现在和未来的企业是如何看待的？
□一个优秀的企业，具广阔的发展前景
□公司领导有魅力，企业文化有特色和吸引力
□是一个充满活力的家家学习型组织
□相信公司在3-5年内一定会有新的更大发展
□说不满意，不太关心公司的未来

4、你愿意在企业的时间期限是：
□长期服务 □5-10年 □3-5年
□2-3年 □1-2年

5、你最欣赏的公司价值理念有哪几条？
□热情、主动、专业、追求卓越
□客户至上，以人为本，追求永续，以存
□企业是所有员工的利益共同体、事业共同体、命运共同体
□质量的不可或、高质量的产品和服务是企业生存和发展的根基
□负责，的责任
□专注细腻，持之以恒，管理提升，点滴入手

6、上司赏识你的能力，并给你更多的任务，你将：
□视为契机为发挥自己才能的机会
□积极承担，努力配合，认真执行
□是上司有胸怀和信任自己的体现
□只求对待薪酬，保持现状进行

7、你对自己有哪些优点值得保持和发扬？
□认真仔细 □善于沟通 □团队协作
□人品正直 □富有激情 □积极主动
□勇于承担 □执行力强 □脚踏实地
□助人为乐 □真诚坦率 □心地善良

8、你认为自己哪些方面有待提升和加强？
□决策能力 □协作能力 □执行能力
□沟通能力 □承担精神 □全局观念
□写作能力 □系统思维的能力
□对上级指令的觉情能力 □其他

9、对于此次激励，你最想对公司说的一句话是？

受激励人签名/日期：
部门领导签名/日期：

以德服人——员工关系管理

第9章

09

在人力资源管理中，员工关系管理同样是非常重要的一个部分，往往影响着员工的工作态度、工作效率和执行力。对于餐饮企业而言，良好的员工关系管理可以提高员工对企业的满意度和认同感，从而提升员工工作的积极性。此外，处理好劳动关系，还可以预防和避免劳动纠纷等类似情况的出现，从而减少企业金钱和声誉方面的损失。

9.1
餐饮企业文化建设

企业文化是任何一个企业得以发展的精神力量和支撑，作为餐饮企业，同样需要有自己的企业文化，才能在竞争激烈的市场环境中生存和发展。优秀的企业文化可以增强企业凝聚力、向心力，并且能起到激励员工的效果。

9.1.1 明确企业发展的核心价值观

企业文化是以企业发展的核心价值观为基础，围绕核心价值观拓展和延伸出的一种积极向上、乐观、忠诚和开拓创新的精神文化。因此，要建设优秀的餐饮企业文化，必须首先明确企业发展的核心价值观。

企业核心价值观就是指企业在追求经营成功过程中所推崇的基本信念和奉行的目标，是企业全体或多数员工一致赞同的关于企业意义的终极判断。企业的价值观是企业决策者对企业性质、目标和经营方式的取向所做出的选择，是为员工所接受的共同观念。

企业的核心价值观是后天树立而成的，往往产生于企业决策层的一次或多次头脑风暴之中。而后经过一段时间的实践和反馈，逐渐得到完善，最终将之精益求精，总结为企业的核心价值观。

以下是从众多餐饮企业的核心价值观中挑选的部分内容，可借鉴并加以修改。

服务改善生活品质，进一步提升个人发展。

尽力尽责，将心比心，相亲相爱，共存共赢。

视服务品质为业绩，以客户满意为动力。

做同事家人，当顾客朋友，为自己工作，给下属机会。

对顾客诚心实意，与同仁精诚合作，工作中开诚布公。

善待顾客就是善待前景，优质服务带来优质生活。

与社会环境共发展，与行业同仁共增长，与员工家人共分享。

客户为本，公司为家，员工为亲友，社会为课堂。

崇尚进步，追求变革，严守品质，回报顾客。

享受工作，乐于上进，拥护创新，致力于给客户创造更好的就餐体验。

从上述案例可以总结得出餐饮企业的核心价值观应具备：令人难忘、言简意赅、富有意义、定义清晰以及便于操作等特点。另外，正确的餐饮企业核心价值观应该遵循相应的原则，如表9-1所示。

表 9-1　餐饮企业核心价值观应遵循的原则

原则	具体描述
利润追求原则	作为一个走向市场竞争的、具有法人地位的企业，必须明确效益或利润最大化追求
以人为本原则	企业要重视人力财富，通过人性化管理和知识管理途径，让员工的知识与技能最大化地转化为企业的生产力，并且通过有效的组织机构模式和管理制度，让员工的潜力得到最大限度发挥
文化推进原则	企业之间竞争的最高形式其实就是文化竞争，因此企业要注重以文化凝聚力量，以文化战胜市场，以文化推动企业发展
信誉立业原则	确立信誉是资本、是品牌、是形象、是竞争力的新观念。以信誉立业，就要注重信誉，培养信誉，珍惜信誉，积累信誉

9.1.2 企业文化建设原则

餐饮企业的文化在很大程度上决定了企业的发展方向和未来成绩。优秀的企业文化，其建设过程不仅要以企业核心价值观为依据，还必须要遵循文化建设的原则，下面分别对这些原则进行介绍。

◆ 以人为本

文化的生成与承载都离不开人这一要素，文化需要以人为载体。企业文化应该体现在企业的全体成员上，而不仅仅只是领导层。企业文化建设中要强调关心人、尊重人、理解人和信任人。

企业团体意识的形成，首先是企业的全体成员有共同的价值观念，有一致的奋斗目标，才能形成向心力，才能成为一个具有战斗力的整体。

◆ 表里如一

企业文化属意识形态的范畴，但它又要通过企业或职工的行为和外部形态表现出来，这就容易形成表里不一的现象。

建设企业文化必须首先从职工的思想观念入手，树立正确的价值观念和哲学思想，在此基础上形成企业精神和企业形象，防止搞形式主义，言行不一。形式主义不仅不能建设好企业文化，而且是对企业文化概念的歪曲。

◆ 注重个性

个性是企业文化的一个重要特征。企业文化是在企业发展的历史过程中逐渐形成的，每个企业都有自己的历史传统和经营特点，企业文化的建设应有自己的特色。企业只有有了自己的特色，而且被顾客所公认，才能在竞争激烈的餐饮行业中独树一帜，才有竞争的优势。

◆ 重视经济性

企业文化的经济性是指企业文化必须要为企业的经济发展活动服

务，有利于企业生产力和经济效益的提高，以及企业的生产和发展。

餐饮企业是一个经济组织，企业文化也就是一个微观经济组织文化，因此需要具有经济性。企业文化的建设始终以企业经济目标的实现和谋求企业的生存和发展为目的。所以，企业文化建设实际是一个企业战略问题，称为文化战略。

◆ 继承传统

企业文化的建设需要以传统文化为基础进行增值开发，即继承传统文化，并存其精华而去其糟粕。如果有悖于传统文化或偏离传统文化，就会使企业文化失去存在的基础。

我国传统文化中的民主思想、平等思想和务实思想等都是值得开发的内容。继承传统文化的企业文化，将为企业职工提供平等竞争的机会，有利于倡导按劳分配，同工同酬的运行机制。

务实精神要求人们实事求是、谦虚谨慎、戒骄戒躁、刻苦努力和奋发向上等，如能将这些精神发扬光大，对于形成艰苦创业、勇于创新的企业精神非常有利。

9.1.3 企业文化建设流程

作为人力资源管理活动的一部分，企业文化的建设同样是一个良性循环的过程。企业文化需要随着企业内外环境的变化而做出相应的变化，以保持其相对稳定性。图 9-1 所示为企业文化建设的基本流程。

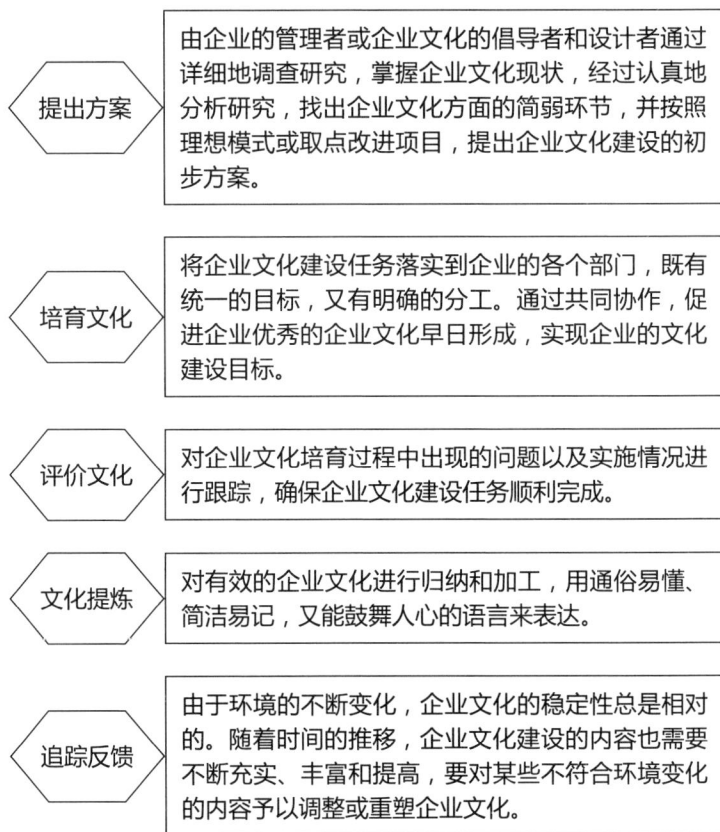

提出方案	由企业的管理者或企业文化的倡导者和设计者通过详细地调查研究，掌握企业文化现状，经过认真地分析研究，找出企业文化方面的简弱环节，并按照理想模式或取点改进项目，提出企业文化建设的初步方案。
培育文化	将企业文化建设任务落实到企业的各个部门，既有统一的目标，又有明确的分工。通过共同协作，促进企业优秀的企业文化早日形成，实现企业的文化建设目标。
评价文化	对企业文化培育过程中出现的问题以及实施情况进行跟踪，确保企业文化建设任务顺利完成。
文化提炼	对有效的企业文化进行归纳和加工，用通俗易懂、简洁易记，又能鼓舞人心的语言来表达。
追踪反馈	由于环境的不断变化，企业文化的稳定性总是相对的。随着时间的推移，企业文化建设的内容也需要不断充实、丰富和提高，要对某些不符合环境变化的内容予以调整或重塑企业文化。

图 9-1

9.1.4 餐饮企业提炼企业文化六步走

从企业文化的建设流程中可以知道，企业文化有了大致的内容后，就需要对这些内容进行提炼，从而得到言简意赅、鼓舞人心的语言，以归入到企业文化当中。

那么，作为餐饮企业，应该如何提炼企业文化呢？大致可经过 6 个阶段，如图 9-2 所示。

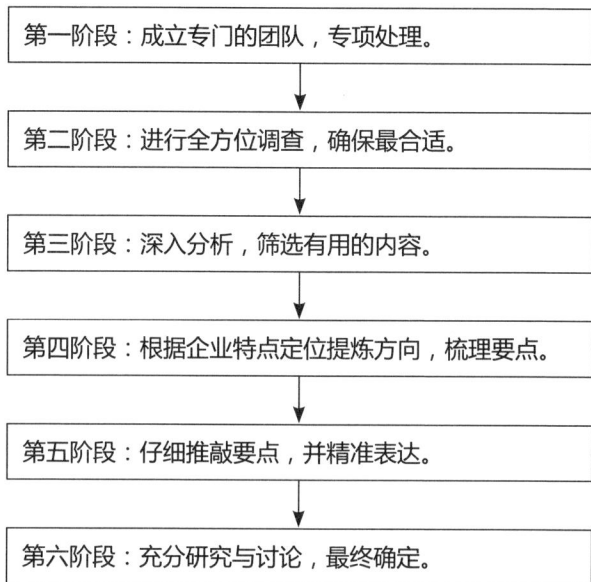

| 第一阶段：成立专门的团队，专项处理。 |
| 第二阶段：进行全方位调查，确保最合适。 |
| 第三阶段：深入分析，筛选有用的内容。 |
| 第四阶段：根据企业特点定位提炼方向，梳理要点。 |
| 第五阶段：仔细推敲要点，并精准表达。 |
| 第六阶段：充分研究与讨论，最终确定。 |

图 9-2

下面具体针对各阶段进行详细阐述。

第一阶段　成立专门的团队，专项处理

在提炼企业文化理念之前，餐饮企业最好在内部先建立一支团队，专项处理企业文化理念的提炼工作。该团队最好由企业的最高领导人出面负责，并与专业咨询机构合作，从而组建一支专业、执行力高的执行小组。

第二阶段　进行全方位调查，确保最合适

企业文化是为了凝聚员工，因此企业文化理念一定要与行业特性和企业自身的经营特点保持一致。

因此，相关小组成员在开展企业文化提炼之前，需要通过问卷调查、座谈会等多元化的方式，面向本企业的各阶层员工，对餐饮企业文化

的现状以及建设需求进行全方位的调查，搜集影响本餐饮企业文化理念的内外因素和相关资料。以确保建立的企业文化是最符合本企业的。

第三阶段　深入分析，筛选有用的内容

为了更好地提炼企业文化的理念内容，在搜集到各种资料后，需要对其进行归纳整理，经过统计分析后筛选出有用的信息。

第四阶段　根据企业特点定位提炼方向，梳理要点

这一阶段主要是将筛选出来的信息根据本餐饮企业的特点和各个层面的管理思想和方法确立出企业文化理念的提炼方向，梳理每一项理念的真实内涵，以备使用。

第五阶段　仔细推敲要点，并精准表达

在筛选并梳理出来的每一项理念的深层次含义进行推敲，然后通过精炼的文字进行精准表达，使得提炼出来的企业文化理念文字内容准确、简练、顺口。

第六阶段　充分研究与讨论，最终确定

对于提炼出的企业文化理念，还要经过企业高、中、基层各级员工的充分参与，共同研究并讨论，才能最终确定并实施。不能只是高层或者老板的个人理念，否则可能出现与企业发展愿景相违背的情况，也不能起到凝聚员工协调发展的作用。

总的来说，企业核心理念提炼的好坏会直接影响企业文化的优劣与产生的价值，以及影响通过企业文化来凝聚员工的效果。因此，对于餐饮企业的老板而言，重视企业文化理念体系提炼，使之与行业发展与企业发展保持高度一致，是很重要的。

9.2
员工关系管理重在沟通

　　沟通是餐饮企业管理中的重要环节，良好的沟通就像润滑剂一样，可以让部门与部门、员工与员工、管理者与员工之间的配合更加默契，从而营造良好的工作氛围。

　　当员工在一种更加轻松、愉快的状态下工作时，往往工作效率和工作质量都能得到提高。因此，有效的员工沟通管理，对餐饮企业的发展是有积极作用和深远意义的。

9.2.1　明确需要沟通的情况

　　虽然沟通在员工关系管理中有着重要的作用，但是也不是什么都进行沟通，管理者在与员工进行沟通时，一定是要在有沟通内容的情况下进行，否则沟通就失去了意义。那么，在餐饮企业中，管理者在哪些情况下与员工进行沟通才合适，才有意义呢？

　　◆　汇报阶段性的工作重点

　　在一定时间段，或者在企业或者所在部门的重要阶段，公司或者部门主管需要与员工进行沟通，向员工通报当前阶段或者下一阶段的工作重点和方向，让员工明白自己将要如何配合工作，通过双方的充分研讨，从而确定在工作中可能会遇到的困难，并提出可行的解决方案，以扫清员工在工作中的拦路虎，确保员工可以更好地完成工作。

◆ 定期进行工作总结

餐饮工作属于服务类型的工作，会直接与客户打交道，因此员工优质的服务会直接影响企业的形象。

无论哪个部门，作为部门主管，一定要定期（可按日、周、月）与员工开展工作总结会，因为员工处于一线工作岗位，往往能将最真实的问题反映出来。

通过不断地与员工进行沟通交流，就可以及时发现工作中需要改善的地方，并和员工一起探讨可行的改进方案，从而整体提升餐饮企业的服务质量，确保企业能够健康、持久地运营。

◆ 要认可员工，并提出期望

对于员工在工作中做出的成绩，作为管理者一定要发现，并明确提出表扬，即使是一个很小的细节，也要进行充分的认可，而且要经常和员工进行交流，表达你对他工作的期望，通过这种沟通，可以让员工从心理上得到满足和被认可，这种被认可的感觉会影响员工在今后的工作中从内心自主努力做好工作，进而激发员工更多的潜力。

◆ 关注员工工作状态，帮助他提升工作能力

对于员工的日常工作状态，尤其对于新员工，作为主管要多关注员工的工作状态，当发现员工工作状态不佳时，要及时沟通了解情况，并给予员工一定的帮助，只有帮助员工解决了问题，他才能更好地工作。对于一些工作上的经验，要毫无保留地教授给员工，从而帮助员工快速提升业务技能，也能让员工更快上手。

以上只是从几个比较常见的方面列举了管理者与员工进行沟通的情形与具体的沟通内容。除此之外，需要沟通的情形还很多，作为管理者，要善于根据实际情况进行判断，确保每一次的沟通是有意义的。

9.2.2 餐饮企业如何做到有效沟通

沟通是一门学问，与员工进行沟通的目的就是要让员工了解企业的安排，让员工感觉被重视、有归属感，从而发自内心的努力做好工作，这就要确保我们的沟通是有效的。在餐饮企业中，管理者如何确保与员工的沟通是有效的呢？就需要把握几个原则，如表 9-2 所示。

表 9-2　沟通的原则

原则	具体描述
充分认可原则	无论是大事件，还是小细节，只要员工做得对，有积极意义，管理者就一定要表明认可的态度，并表达出来，通过言语沟通，从精神方面激励员工。不要一提到认可就用发奖金的方式，因为有时候精神上的肯定与激励比物质更为重要
相互讲述原则	沟通不是一个人的事，它是双向的，你在讲的同时，也要让员工讲，这样才能让员工将自己的想法或者建议表达出来。如果只有一个人讲，另一个人听，那么这样的沟通就达不到实际效果
双方平等原则	在沟通的过程中，双方的地位是平等的，管理者不要摆出高姿态，要充分尊重员工，这样才能引导员工真诚的表达。此外，要注意说话的语气，既然是沟通，就是想通过深入交流，一起解决问题，多用"我们一起……""……，好不好"等缓和的字词，切记采用威胁的语气，如"你再完不成，就将……"等说话方式
沟通方式多变原则	在餐饮企业中，员工的教育程度、自身定位、经历都不同，对待事情的看法和处理也不会完全一致，因此，管理者要根据不同员工的特点，确定最合适的沟通方式，切记使用固定的一种方式

除了以上几点，管理者在与员工进行沟通时，不仅要认真听，还要积极听，它是有效沟通的基础，只有听清、听懂对方讲的话，才能理解对方，从而进行精准地回应。要达到良好的倾听，餐饮企业管理者可从如下几个方面进行把握。

尊重别人的讲话。人与人之间的尊重是相互的，作为管理者，在与下属员工进行沟通时，同样需要尊重他人，不要因为是自己的下属，就摆出"官威"，这样的话，员工是不愿意对你说真实的话，甚至连沟通内容也会草草敷衍完事。如何尊重别人的讲话呢？其实也比较简单，注意3点即可，具体为：①目光要与沟通对方保持接触；②即使员工说得不全对，或者说错了，也不要不随意打断对方；③要集中注意力、专注地听，不做不相关的事情，如接电话，或处理其他事。

学会换位思考。 员工的工作处于一线，从职位的高低而言，是处于相对基层的阶段，所以员工表达的内容或许与管理者所看待的问题的角度不一样，此时作为管理者，就应该积极换位思考，不能只听表面内容，要从员工的角度来看待问题，了解员工想要表达的观点是什么？为什么要提出这些观点？或者了解员工想要解决什么问题。只有从对方的角度去考虑问题与理解谈话内容，才能真正达到有效沟通的目的。

及时做出响应，引导员工积极说。 在餐饮企业中，尤其对于最普通的服务员，在与主管、经理等上级管理者进行沟通时，往往都会存在畏惧感，胆小，怕说错。此时，作为管理者，要积极响应对方的谈话，比如适当的肢体语言、丰富的面部表情、热情的态度等。此外，也要适时给予员工肯定，比如"你给的这个建议很好""这确实是一个问题，那么你有没有什么可行的解决方案呢""你的这个思路很不错"，通过这些细小的细节，激发员工讲话的兴趣，尽量使其将真实的观点表达出来。切记机械地点头回应。

9.2.3 提供有效的信息反馈渠道

除了一些正式的工作安排传达会、表彰大会或者直接找员工进行交流的沟通方式以外，为了更好地鼓励员工从工作的角度出发，积极地向企业反馈有效的信息，促进企业发展，也可以更好地增进管理者与员工之间的交流，公司就有必要为员工提供有效的信息反馈渠道。下面具体来看看，在餐饮企业中，有哪些可行的、有效的信息反馈渠道。

◆　通过设置意见箱收集意见

在一些餐饮企业中，可以在公共区域设置一个意见箱，有些员工不太愿意直接与上司反馈意见，就可以通过将意见以书面文字的方式写出来，然后投递到意见箱中。但是 HR 一定要定期到意见箱中收取意见，如果太长时间没有打开意见箱，就可能延误处理员工反映的问题。

◆　通过网络渠道收集意见

通过在意见箱投递意见，由于是在公共区域投递，因此有些员工担心别人在背后议论或者害怕上级主管追查，而畏惧这种渠道。

如今，移动办公在职场中被广泛应用，在餐饮企业中，为了避免员工由于畏惧上级而不敢反馈意见，此时企业可以开通网络渠道，借助网络让员工通过匿名的方式敢于向公司反馈意见，比如公开企业的邮箱、微信号、QQ 等，而且这些工具的提醒功能非常强大，企业得到的反馈信息也比较及时。

◆　通过问卷调查主动收集意见

前面两种信息反馈渠道，其收集的意见内容是员工占主导地位，如果企业想要主动了解一些信息，则 HR 可以通过制作问卷调查，向特定人群发放，让其以无记名的方式让进行问卷调查作答，从而收集到想要了解的信息。

无论以何种渠道收集的信息，作为 HR，要想方设法用心对待各阶层员工提出的各种建议和投诉。因为我们提供信息反馈渠道，其目的就是为了创造良好的企业环境，让每位员工都能在遇到问题时有可以及时找到寻求帮助的途径。如果公司放任不管，那么这些渠道就形同虚设，让员工的问题得不到及时解决，就会对企业产生不满情绪，久而久之就会对企业产生失望，这对员工工作的积极性肯定是有影响的。作为以服务至上的餐饮企业，员工的消极工作状态，无疑对企业的发展是有重大影响的。

9.3
员工职业生涯规划稳定员工忠诚度

有句话说得好：心有多宽，舞台就有多大。任何一个企业，要想留住员工，除了要给员工提供足够大的舞台，更重要的是要引导他走上这个舞台。

对于餐饮企业而言，是人员流动较大的一个行业，那么，企业应该如何引导员工持续地留在公司工作，而不轻易离开呢？这就要看企业企业如何帮助员工进行员工职业生涯规划了。

企业帮助员工规划职业生涯就是帮助员工制定职业发展目标，确定员工在企业的发展路径。只有员工在企业的工作中看到希望，才有努力工作的动力，才能稳定员工。

9.3.1 开展员工职业生涯规划

虽然员工职业生涯规划更多是员工自己的事儿，但是企业为了留住员工，也要主动去引导和帮助员工来规划自己的职业生涯。作为餐饮企业，可以按以下步骤来实施与开展员工职业生涯规划工作。

（1）进行员工的工作满意度调查

每个员工的情况不一样，HR 在对员工开展职业规划工作之前，首先要了解员工对当前工作的满意程度，这样才能更好地开展工作。餐饮企业可以通过图 9-3 的步骤来进行员工满意度调查的工作。

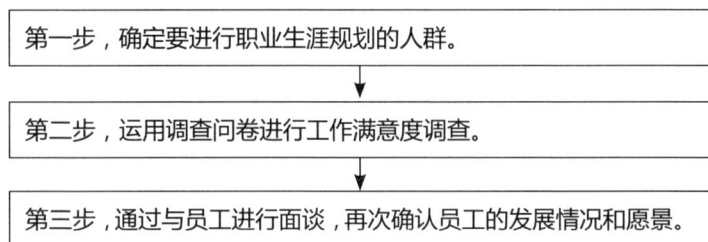

```
第一步，确定要进行职业生涯规划的人群。
        ↓
第二步，运用调查问卷进行工作满意度调查。
        ↓
第三步，通过与员工进行面谈，再次确认员工的发展情况和愿景。
```

图 9-3

对于员工工作满意度的调查问卷，其内容要包含基本的信息、对现有工作满意度、与目标能力差异的自我评价等。以下提供的是某餐饮企业的员工工作满意度调查内容，供大家参考。

1. 你认为餐厅的招聘程序是否公正合理？如果不合理，应在哪些方面改进？

A. 很合理　　　　　B. 较合理　　　　　　　C. 一般

D. 较不合理　　　E. 很不合理，需改进的方面：＿＿＿＿＿＿

2. 你认为员工的绩效考评应该从以下几个方面考核（可多选）？

A. 工作过程　　　B. 任务完成情况　　　C. 工作态度

D. 其他：＿＿＿＿＿＿＿＿＿＿＿＿＿＿＿＿

3. 在绩效考评中，你认为第 2 题选项中哪项应为主要考核内容：

＿＿＿＿＿＿＿＿＿＿＿＿＿＿＿＿＿＿＿＿＿＿＿＿＿＿＿＿＿＿＿

4. 你认为餐厅应该依据下述哪些标准发放薪酬（可多选）？

A. 绩效考评结果　　　　B. 学历

C. 在餐厅服务年限　　　D. 其他

5. 在薪酬标准中，你认为 4 题选项中哪项应为主要依据：

_____

6. 你认为与企业签订哪种劳动合同更为合适（只限专职员工回答）？

A.1 年   B.2 年   C.3 年   D. 没有具体年限限制

7. 你认为企业目前的福利政策（节日礼品、生日礼物、健康体检、带薪假期、社会养老／失业保险）是否完善？若不完善，还需进行哪方面的改善？

A. 是   B. 否，改善：_____

8. 你认为自己最需要哪些培训？

_____

9. 你认为是否有必要对餐厅的中层管理人员进行管理知识培训？

A. 有   B. 没有

10. 如果是技术认证培训，并且需要个人出资，你最大的承受能力是多少？

A.100 元内   B.500 元内

C.1 000 元内   D. 若该项培训对自己很重要，还可以承担更多

11. 你认为在餐厅工作有没有发展前途？

A. 有   B. 说不准   C. 没有

12. 除薪酬外，你最看重：

A. 提高自己能力的机会   B. 好的工作环境

C. 和谐的人际关系   D. 工作的成就感

13. 你认为目前最大的问题是：

A. 没有提高自己能力的机会   B. 工作环境较差

C. 人际关系不太和谐   D. 工作没有成就感

14. 你认为目前的工作：

A. 很合适，并且有信心、有能力做好

B. 是我喜欢的工作，但自己的能力有所欠缺

C. 不是我理想的工作，但我能够做好

D. 不太适合，希望换一个岗位

15. 你的职业倾向：

A. 希望在目前这个方向一直干下去

B. 希望换一个方向

C. 没有想过

D. 根据环境的变化可以变化

16. 你认为餐厅环境卫生情况如何？

A. 很好　　　B. 良好　　　　C. 一般　　　　D. 较差　　　　E. 很差

17. 你认为现行考勤制度是否合理？若不合理，讲明原因。

A. 合理　　　B. 不合理，原因：_____

18. 你认为当前的人事管理的最大问题在什么地方？

A. 招聘　　　B. 培训　　　　C. 薪酬　　　　D. 考评

（2）对企业目前的职务需求进行分析

为了更好地与员工展开职业规划的面谈工作，HR 要对企业目前的职务需求进行分析，只有充分了解了企业的职务需求状态，才能更精准地为员工进行规划。

在了解企业职务的需求时，一定要结合企业的发展规划、当前运营状况和人才储备计划来分析，务必精准了解需求的职务及具体的名额、职务需要的业务素质和所必备的技能，这些信息的准备非常重要，它可以让员工清晰地看到自己的发展方向，并且明确自身条件与目标之间的差距。

（3）制订切实可行的职业生涯规划并落地实施

通过前面两个步骤，HR 对目标员工的基本情况，以及公司实际的职位需求已经有了充分的了解。此时 HR 就可以协助员工更客观地分析自身的条件，确定其发展的方向，并指导其制订出切实可行的职业生涯规划。

那么，如何才能确定制订的职业生涯规划可落地实施呢？可从以下两方面来考虑。

◆ 时间上

对于餐饮企业而言，由于其人员流动性大，HR 在帮助员工制订职业生涯规划时，可以将目标分为短期、中期和长期，不能设置得太长，这样会让员工觉得达不到。

一般而言，能够在企业工作满半年的员工，相对而言都算比较稳定的情况了，所以作为短期目标，其期限应以半年为标准。在许多企业中，三年都是员工的一个坎儿，在餐饮企业中也是一样的，因此对于中期目标，其期限应以 1~3 年为标准。长期目标则一般以 3~5 年为标准。

◆ 方向上

在餐饮企业，员工职业路线分为管理、技术和后勤三大类，在为员工进行职业规划指导时，HR 一定要充分了解员工的喜好，不能因为公司需求而强行指派。

比如，某员工喜欢钻研各种菜系，只管做好自己的菜，对于厨房管理的各种行政事务的安排、实施不擅长，此时 HR 不能强行将其往管理岗位规划，如果给其施加的压力过大，可能导致管理者没有培养起来，反而流失一位优秀的厨师。

所以，找出员工真正的工作喜好是决定职业生涯规划能否成功制订的关键。HR 在分析时，可从运用 SWOT 分析法来帮助员工更好地进行自我认识。

所谓 SWOT 分析，即从优势（Strengths）、劣势（Weaknesses）、机会（Opportunities）和威胁（Threats）这 4 个维度，基于内外部竞争环境和竞争条件下的态势分析。

在餐饮企业的员工职业规划制订过程中，HR 运用 SWOT 分析法，主要是让员工明白以下几个问题。

S——我喜欢什么样的工作类型？我有什么出类拔萃的地方？

W——我有哪些需要改进的地方？面对困难我能否迎难而上并突破自我？

O——当前选择的工作将来有哪些机遇？

T——工作过程中可能存在哪些威胁？

"SW"主要是帮助员工进行自我认识，"OT"主要是帮助员工了解工作。因此，HR 依据 SWOT 分析结果来协助员工制订职业生涯规划，可行性更高。

9.3.2　健全职业生涯规划制度

除了让 HR 协助员工开展职业生涯规划，企业还应建立健全的员工职业规划制度，成为辅佐员工不断提升的阶梯。

在员工职业生涯规划制度中，会详细写明员工职业通道管理、职级分类、晋升与降级机制、职级调整的基本要求以及职级等级的评定流程等内容。下面对其中比较重要的两个版块内容进行具体介绍。

（1）职业通道管理

职业通道主要是企业根据自身的性质，对职业的类型进行划分，不同的公司其职业通道划分不同。在餐饮企业中，职业通道可划分为管理通道、技术通道和后勤通道。做好职业的通道管理，是员工职业规划的关键，这可以让员工看见自己的成长过程和未来的发展方向。

下面以海底捞餐饮企业中的3条职业通道规划线的划分为例进行说明，供大家参考借鉴。

在海底捞餐饮企业中，职业通道有3条线，分别是管理线、技术线和后勤线。

管理线晋升通道：新员工→合格员工→一级员工→优秀员工→领班→大堂经理→店经理→区域经理→大区经理。

技术线晋升通道：新员工→合格员工→一级员工→先进员工→标兵员工→劳模员工→功勋员工。

后勤线晋升通道：新员工→合格员工→一级员工→先进员工→办公室人员或者出纳→会计、采购、技术部、开发部等→业务经理。

在海底捞餐饮企业中，管理线为主线，当员工不断地被提升为管理者，则该员工的职业生涯规划可以往管理通道发展。

但是在一个餐饮企业中，管理者始终是少数。所以大部分人还是得走技术线或者后勤线，这两条线比较相似，其职级划分不多，但是级别细化很多，因此，即使你成为不了管理者，但是你的福利待遇会随着职别的晋升而达到管理者的待遇。

所以，在海底捞企业，技术员工和后勤员工也得到了很好的激励。

这种多线并举的晋升通道，让所有员工都看到了希望，也都能找到自己职业规划的目标。

此外，海底捞餐饮企业还将员工的职业晋升通道以图的方式展示出来，如图9-4所示。

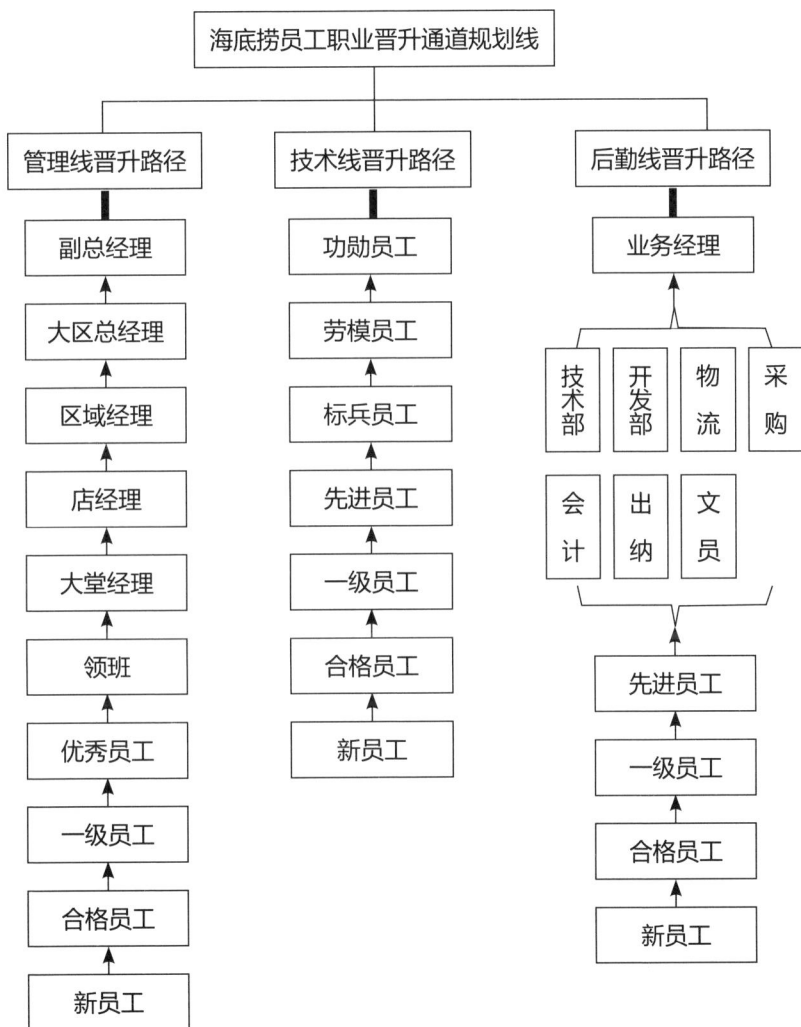

图 9-4

通过员工晋升通道流程图，员工可以非常清晰地看到自己的下一个岗位在哪里，也就可以更好地引导员工了解自己的发展方向以及奋斗的目标。

（2）晋升与降级机制

在职业生涯规划制度中，职务的晋升与降级机制也是非常重要的一个板块。通过该板块，可以让员工更清楚地看到每个职位所要满足的条件，从而有更加明确的努力标准。

下面来看一个某企业餐厅服务员中层晋升体系的范例。

一、餐厅职位分级：

主管（5 000+ 元）

见习主管（4 500+ 元）

领班（4 200+ 元）

见习领班（4 000+ 元）

服务员（3 000+ 元）

见习服务员（2 800 元）

二、职位各级别标准如下：

【主管】

A、职责描述：协助前厅经理做好餐厅日常管理工作，指导领班做好跟台服务，并检查各项工作质量，处理权限范围内的客人投诉。

B、工作内容：

1. 检查服务员、领班仪容仪表、责任区域的卫生检查。

2. 开餐前检查所属区域内的工作是否就绪，保证所有餐具、物品按照规定摆放。

3. 指导领班、服务员为客人提供礼貌、周到、规范的服务。

4. 负责所属区域内的菜品、酒水、服务等工作的顺畅连贯。

5. 发现员工工作中的错误及时纠正，并于例会强调，杜绝类似问题重复出现。

6. 向领班布置每日工作内容，并检查督导工作进展及完成情况。

7. 较全面地掌握餐厅供应食品的烹饪方法及原材料、颜色搭配、协调厨房的出菜。

8. 下班前详细做好交接班工作。

9. 负责培训员工并做好记录，跟进培训后到岗员工的工作进展。

10. 执行每月盘点工作，控制工作中的餐具损坏。

11. 执行物品领货手续，主要是低值易耗品及一次性用品，做好成本控制。

12. 记录员工考勤，并向经理反映员工工作表现。

13. 处理全县范围内的客人投诉，超越权限的及时请示经理并做好善后工作。

14. 执行和遵守公司各项规章制度，树立自己作为主管的良好形象。

15. 密切配合经理工作，传达经理批示，并密切关注员工的心理活动，并做好协调工作，及时向经理反馈信息，起到承上启下的所用。

16. 负责本区域服务现场的管理工作，检查和督促员工严格按照酒楼服务规范和质量的要求做好各项工作。

17. 执行经理安排的其他工作。

C、职权

1. 有权对所辖员工进行表扬、批评或奖惩。

2. 有权处理楼面日常事务。

3. 有权对楼面员工在辖区内进行工作调度。

【见习主管】

……

【领班】

……

从如上节选的晋升体系中可以看到，此部分内容不仅要写明各晋升职位的等级及其薪酬范围，还要对各级别的职位标准进行详细阐述。对于降级机制，主要是阐述当员工在工作中出现哪些问题后，进行降级处理。为了让 HR 能够做到有据可依，在降级机制中同样需要详细列出具体的标准。

加油站

职业生涯规划工作的开展，其目的是为员工做好长远规划，从而减少人员流失。因此，企业在制定职业生涯规划管理制度时，要秉着系统性、长期性和动态性的原则来制定制度内容。

①系统性原则。该原则指企业要针对企业本身的所属类型和员工的性质，划分符合企业基本情况的职业通道。

②长期性原则。该原则是指职业生涯发展规划内容应该贯穿员工职业生涯的始终，是长期性的规划（只是这个长期性的规划分为多个短期规划来分步实现）。

③动态性原则。该原则是指企业要根据自身的发展战略、经营目标、组织结构的变化等客观原因，与员工在不同时期的需求进行相应的调整，让员工的职业规划始终与公司的发展保持一致。

9.4
劳动关系管理确保双方的权利与义务

劳动关系是员工与所在单位之间依法建立起的一种权利与义务的关系。劳动关系的认定直接影响劳动关系双方的切身利益，因此，无论是员工，还是用人单位，劳动关系的认定都是十分重要的。

正确处理与不断改善劳动关系，可以保障企业与员工相互之间的正当权益，减少劳动纠纷，为员工创造舒心的工作氛围。这对企业留住人才也有一定的积极作用。因此，在人员流动大的餐饮企业中。做好劳动关系管理工作是十分必要、重要的。

9.4.1　员工劳动合同的制定

为了更加明确员工与用人单位双方履行的义务以及应当享有的权利，企业在员工入职是就要与员工签订劳动合同。

一旦签订劳动合同，员工与用人单位的劳动关系就被认定，双方的权利和义务就受到法律的约束和保护。

（1）制定劳动合同应遵循的原则

根据《劳动合同法》的第三条规定，任何企业在订立劳动合同时应遵循的原则是："订立劳动合同，应当遵循合法、公平、平等自愿、协商一致、诚实信用的原则"。

下面具体来介绍一下这五大原则的基本内容，如表 9-3 所示。

表 9-3　企业在制定劳动合同时应遵循的原则

原则	具体描述
合法原则	合法原则是指企业制定劳动合同的行为不得与国家的法律、法规相抵触。只有合法的劳动合同才有效，才能受到国家法律的保护。所谓合法的劳动合同是指企业订立的劳动合同，其主体、目的、内容、程序与形式必须合法。其中，主体合法是指签订劳动合同的用人单位和劳动者必须具备订立劳动合同的主体资格。目的合法是指当事人双方签订劳动合同的意图不得违反法律法规的规定。内容合法是指签订的劳动合同中确定的当事人双方的权利与义务条款必须符合法律、法规和相关政策的规定。程序合法是指劳动合同的订立必须要先进行起草劳动合同书草案，然后由签订合同的当事人双方平等协商，协商一致后才能签约。形式合法是指劳动合同必须以法律法规规定的形式签订，即建立劳动关系的当事人双方必须以书面形式订立劳动合同
公平原则	公平原则即是指在订立劳动合同的过程中，以及最终确定的劳动合同内容，必须体现公平。如果劳动合同中存在有失公平的内容，那么该内容对应的条款是无效的

续表

原则	具体描述
平等自愿原则	平等自愿原则包括两方面的内容,一是订立劳动合同的双方当事人必须具有平等的法律地位;二是订立的劳动合同必须是出自双方当事人自己的真实意愿,签订的劳动合同是在充分表达各自意见的基础上,经过平等协商后达成的劳动协议内容
协商一致原则	协商一致原则是平等自愿原则的体现,即建立劳动关系的当事人双方就订立的劳动合同中的有关事项,必须采用协商的方式达成一致的协议。否则订立的劳动合同就不成立
诚实信用原则	诚实信用原则是指双方当事人订立劳动合同的行为必须诚实,并且双方必须为订立劳动合同提供真实有效的信息,对于签订后的劳动合同,必须忠实地履行相关的协议内容

加油站

在合法原则中的主体合法提到了主体资格,其中,用人单位的主体资格是指必须具备法人资格或经国家有关机关批准依法成立,必须有被批准的经营范围和履行劳动关系权利义务的能力,以及承担经济责任的能力;个体工商户必须具备民事主体的权利能力和行为能力。劳动者的主体资格是指必须达到法定的最低就业年龄,并具备劳动能力。

(2)订立的劳动合同应包括哪些内容

根据《劳动合同法》第十七条规定,劳动合同应当具备以下条款:

◆ 用人单位的名称、住所和法定代表人或者主要负责人。

◆ 劳动者的姓名、住址和居民身份证或者其他有效身份证件号码。

◆ 劳动合同期限。

◆ 工作内容和工作地点。

◆ 工作时间和休息休假。

◆ 劳动报酬。

◆　社会保险。

◆　劳动保护、劳动条件和职业危害防护。

◆　法律、法规规定应当纳入劳动合同的其他事项。

劳动合同除前款规定的必备条款外，用人单位与劳动者可以约定试用期、培训、保守秘密、补充保险和福利待遇等其他事项。

9.4.2　员工离职管理

据调查显示，餐饮企业的员工离职率是比较高的行业，员工流动性很大。当企业不断有员工流失，随之而来的就是人力成本，如新员工的招聘、培训，由于新员工人数多，那么企业的服务质量也必然受到影响，这对餐饮企业的发展是不利的。

这也印证了卡内基说过的一句话：带走我的员工，把工厂留下，我的工厂就会长满草。拿走我的工厂，把员工留下，将来不久又可以有一个好的工厂诞生。

由此可见，员工在企业经营过程中的重要性。

因此，作为餐饮企业的管理者，应该认清并重视员工离职为企业带来的风险，做好员工离职管理工作，尽量避免人员流失，尤其对于重要人才，更是要做好离职面谈工作，尽可能地将其挽留下来。

那么，对于离职面谈，应该怎么做呢？

首先是面谈时间的选择。

对于面谈时间，HR 最好安排在刚得到员工离职消息的时间就及时安排面谈，因为此时员工离职的意愿可能还不那么强烈，有可能只是刚萌发离职的念头，还没有最终决定，如果此时 HR 能够及时与之沟通，化解其离职的原因，有可能该员工就会打消离职的想法。

其次是面谈地点的选择。

由于离职面谈与其他交流活动不一样，为了减小面谈为其他员工带来的负面影响，也为了能够让员工在离职面谈中不受干扰，能够尽量敞开心扉交谈问题，离职地点尽量选择能够让人放松心情的休闲场所，如咖啡厅、饮品店或其他休闲区等，切记选择在令人紧张、压抑的办公室。

为了能够达到通过离职面谈挽留人员的目的，HR 在进行面谈之前，还应对员工离职的原因进行侧面打听，初步掌握情况，准备好几种挽留方案，才能更好地进行面谈。

此外，在面谈过程中，HR 应将说的角色交给员工，自己扮演倾听者的角色。在员工主动诉说的过程中，HR 要注意察言观色，细心捕捉员工的心理状态和反应，并记录好面谈的重点内容，方便之后的整理与分析。

当员工出现语言或情绪激动的时候，HR 要及时关心，从对方的角度来引导、舒缓紧张的气氛，让员工感觉到你的善意，从而让面谈可以继续进行。

HR 切记在离职面谈过程中扮演说的角色，而将员工处于听的角色。如果员工不说，我们就找不到其离职的根本原由，离职面谈工作也就没有意义了。

当员工的去意已决，为了更加稳妥、顺利地为员工办理离职，HR必须熟悉离职处理的流程，一般情况下，餐饮企业的离职流程如图 9-5所示。

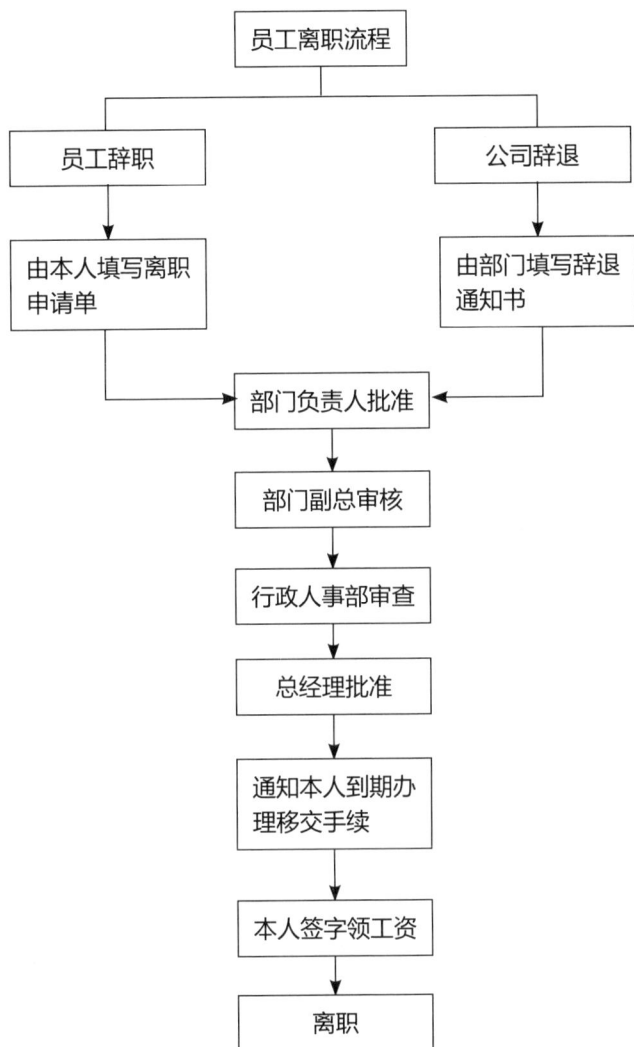

```
                    ┌──────────────┐
                    │  员工离职流程  │
                    └──────┬───────┘
             ┌─────────────┴──────────────┐
      ┌──────┴──────┐              ┌──────┴──────┐
      │   员工辞职   │              │   公司辞退   │
      └──────┬──────┘              └──────┬──────┘
    ┌────────┴────────┐          ┌────────┴────────┐
    │ 由本人填写离职    │          │ 由部门填写辞退    │
    │ 申请单           │          │ 通知书           │
    └────────┬────────┘          └────────┬────────┘
             │        ┌──────────────┐    │
             └───────▶│ 部门负责人批准 │◀───┘
                      └──────┬───────┘
                      ┌──────┴───────┐
                      │  部门副总审核  │
                      └──────┬───────┘
                      ┌──────┴───────┐
                      │ 行政人事部审查 │
                      └──────┬───────┘
                      ┌──────┴───────┐
                      │  总经理批准   │
                      └──────┬───────┘
                    ┌────────┴────────┐
                    │ 通知本人到期办    │
                    │ 理移交手续       │
                    └────────┬────────┘
                      ┌──────┴───────┐
                      │ 本人签字领工资 │
                      └──────┬───────┘
                      ┌──────┴───────┐
                      │    离职      │
                      └──────────────┘
```

图 9-5

加油站

对于已经办理完离职交接手续的员工，HR 也可以安排一次面谈，因为员工已经离职，对公司也就毫无顾忌了，此时也最容易讲出真心话，HR 记录好这些内容，方便企业管理的改善，从而避免因相同原因导致其他员工离职。

9.4.3 妥善处理劳动纠纷

餐饮企业在经营过程中，企业和员工之间难免会出现各种争议，当出现以下情形时，就被认定为劳动纠纷。

◆ 因确认劳动关系发生的争议。

◆ 因订立、履行、变更、解除和终止劳动合同发生的争议。

◆ 因除名、辞退和辞职、离职发生的争议。

◆ 因工作时间、休息休假、社会保险、福利、培训以及劳动保护发生的争议。

◆ 因劳动报酬、工伤医疗费、经济补偿或者赔偿金等发生的争议。

◆ 法律、法规规定的其他劳动争议。

当企业出现劳动纠纷问题后时，HR 需要妥善地处理，才能够使双方都减少损失。

为了更快地解决劳动纠纷，企业会先采取人事争议协商来解决问题，但是，必须要遵循一定的原则，即双方自愿原则、平等互信原则和合法原则。

双方自愿原则。自愿是进行协商的前提条件，涉及劳动纠纷的双方必须是自愿协商处理，协商才有意义。如果任意一方不愿意协商，则只能通过其他渠道来解决，任何组织和个人不得干预。

平等互信原则。在处理劳动纠纷时，当事人双方必须坚持平等对待、相互尊敬、相互信任，这样才能妥善地处理纠纷问题，任何一方不能强行地将自己的意愿强加给对方，更不能采用欺诈手段蒙骗对方来解决问题。

合法原则。在协商处理劳动纠纷的过程中，协商结果不仅要双方都能接受，而且必须做到合理合法，否则协商结果就失去了合法性，这是不能履行的。

如果不能通过人事争议协商的方式来处理劳动纠纷问题，此时一般会向人民法院提起劳动仲裁。劳动仲裁是由劳动争议仲裁委员会（以下简称仲裁委）对当事人申请仲裁的劳动争议居中公断与裁决。

在我国，劳动仲裁是劳动争议当事人向人民法院提起诉讼的必经程序，其具体的流程过程如下。

（1）提出申请

当企业与员工发生劳动纠纷后，申诉人应当自劳动者争议发生之日起一年内向仲裁委提出书面申请，并提交相应的资料，申诉人不同，提交的资料也有所差异。

如果申诉人是企业，则 HR 需要准备如下资料。

◆ 营业执照副本（复印件）。

◆ 法定代表人（主要负责人）身份证明书。

◆ 有委托代理人的，需提交《授权委托书》一份，注明委托事项。

◆ 有证据的附证据清单，如：劳动合同书、工作证、厂牌、工卡、工资表（单）、入职登记表（报名表）、押金收据、社会保险缴费清单、暂住证、考勤记录、奖惩通知、解除（终止）劳动关系的通知（证明）等。当事人应提供证据正本一套，并按照被申请人数提供副本。

（2）登记

仲裁委收到仲裁申请之日起 5 日内，做出受理或不受理的决定，并送达申诉人。（对仲裁委不予受理或者逾期未做出决定的，申诉人可以就该劳动争议事项向人民法院提起诉讼）。

（3）立案受理

如果仲裁委受理仲裁申请，同时还会在 5 日内将仲裁申请书副本送达被申诉人，以及将仲裁庭（由 3 名仲裁员组成，设置一名首席仲裁员。对于简单的劳动争议案件可以由一名仲裁员独任仲裁）的组成情况书面通知当事人。

被申诉人收到仲裁申请书副本后在 10 日内向仲裁委提交答辩书。仲裁委收到答辩书后应当在 5 日内将答辩书副本送达申诉人。如果被申诉人未向仲裁委提交答辩书，也不会影响仲裁程序的进行。

经仲裁委批准决定受理的案件，当事人可在规定的举证期限内向仲裁委举证。超过举证期的，视为放弃举证权利。

（4）开庭审理

在开庭审理前 5 日内，仲裁庭应书面通知双方当事人开庭的时间和地点。当事人在有正当理由的情况下，可以在开庭 3 日前请求延期开庭。但是是否延期开庭，最终还是由仲裁委决定。

（5）裁决与执行

在开庭审理完毕后，仲裁庭在做出裁决前，会先进行庭前调解，如果调解处理了纠纷，仲裁庭要制作对应的调解书，加盖劳动争议仲裁委员会印章后送达给劳动纠纷双方当事人。调解书经双方当事人签收后即产生法律效力。

庭前调解未成，或在调解书送达前有一方当事人反悔的，仲裁庭应当及时做出裁决结果。对于仲裁庭的裁决结果，劳动纠纷双方应在指定日期内依法执行。对仲裁裁决不服的，可以向人民法院提起诉讼。

9.5 常用模板与表单

模板 餐厅服务员劳动合同

劳动合同

甲方（聘用单位）：________________
法定代表人（主要负责人）或者委托代理人：________

乙方（受聘人）：________________
居民身份证号：________________
现居住地址：________________
家庭地址：________________
联系电话：________________

甲乙双方根据国家和本市有关法规、规定，按照自愿、平等、协商一致的原则，签订本合同。

一、合同期限

1. 合同有效期：自___年__月__日至___年__月__日止（其中___年__月__日至___年__月__日为试用期），合同期满聘用关系自然终止。

2. 聘用合同期满前一个月，经双方协商同意，可以续订聘用合同。

3. 本合同期满后，任何一方认为不再续订聘用合同的，应在合同期满前一个月书面通知对方。

二、甲方对乙方的具体要求

1. 乙方在上班期间，乙方外出必须向甲方申请，得到甲方批准方可外出。

2. 乙方工作时不能偷懒，必须认真、高效地完成甲方安排的工作，若在规定的时间不能完成，甲方有权批评乙方，若乙方工作效率实在太低，甲方有权扣乙方工资。

3. 乙方在工作时必须热忱、周到、主动，诚信、不做小偷小摸的事，若偷拿客人、同事或公司的东西，甲方有权开除乙方，并有权要求一定的赔偿（包括本月工资和奖金扣除）。

4. 试用期为 7 天，7 天之内达不到甲方要求的，甲方有权无理由辞退，7 天不予支付工资报酬。

5. 正式聘用员工决定离职，必须提前 30 天向甲方写出书面申请（打电话或口头告知的一律无效），凡不按上述规定的，甲方有权扣除 30 天工资。

三、劳动报酬

甲方每个月 15 日支付乙方上个月工资。

1. 聘用期间月的基本工资为__________元。

2. 乙方做到合同期限，甲方将给予一定的奖金，奖金数额根据乙方平时工作的表现来给。

四、其他事项

1. 甲乙双方因实施聘用合同发生人事争议，按法律规定，先申请仲裁，对仲裁裁决不服，可向人民法院提起诉讼。

2. 本合同一式叁份，甲方二份，乙方一份，经甲、乙双方签字后生效。

3. 本合同条款如与国家法律、法规相抵触时，以国家法律、法规为准。

4. 本合同解释权归本公司所有。

甲方（盖章）：　　　　　　　　乙方（签字）：

年　月　日　　　　　　　　　　年　月　日

模板 餐饮业管理人员劳动合同

劳动合同

甲方（用人单位）名称：________________
法定代表人（主要负责人）或者委托代理人________________

乙方（劳动者）姓名：________________
居民身份证号________________
现居住地址：________________
家庭地址：________________
联系电话：________________

为保证甲方餐厅正常营业，甲乙双方在公平、公正、相互协商达成一致的情况下，就甲方聘用乙方为甲方××店经理的相关事宜，达成如下协议：

一、甲方聘用乙方为甲方餐厅经理，负责××店的正常营业及餐厅日常管理，岗位工资为每个月______元（其他福利及提成双方后期协商另计）。

二、甲方职责

1. 本店在总经理的统一领导及安排下开展工作。
2. 甲方对乙方的日常管理行为，进行合理的监督及管理。
3. 甲方负责对乙方制定的合理的管理方案进行决策及落实。
4. 甲方为乙方的正常管理工作及营运工作的开展提供合理的资金支持，但乙方应事先作计划报总经理审批后方可生效。
5. 甲方应于每月_____日前发放乙方岗位工资，不得以任何理由及借口拖欠、迟发乙方工资。
6. 甲方不得以任何借口及理由扣乙方保证金、押金、物品占用费、风险金等相关费用。
7. 甲方不得以乙方管理工作不当，对乙方进行人身攻击及恐吓，由此发生的所有后果，甲方应负全部责任及赔偿乙方由此造成的费用。

三、乙方职责

1. 掌握餐厅内的设施及活动，监督及管理餐厅内的日常工作。
2. 安排员工班次，核准考勤。
3. 对员工进行定期培训，确保餐厅的政策及标准得以实行。
4. 经常检查餐厅内的卫生、员工个人卫生，确保宾客的饮食安全。
5. 与顾客保持良好关系，协助总经理做好营业推广及宾客意见的收集、反馈，以便提高服务质量，与厨师长保持良好关系，保证菜品控制在最好水平。
6. 主持召开餐前会，传达上级指示。
7. 直接参与现场指挥工作，协助所属员工服务和提出改善意见。
8. 审理有关行政文件，签署领货单及申请计划。
9. 督促及提醒员工遵守餐厅的规章制度。
10. 抓成本控制，严禁赌博、偷吃、浪费、作弊等漏洞。
11. 负责餐厅的服务管理，保证每个服务员按餐厅规定的服务程序、标准，提供高标准服务。
12. 经营检查餐厅常用货物准备是否充足，确保餐厅正常运营。
13. 了解当天供应品种、缺货品种，推出的新品种，并在餐厅显眼位置做主推。
14. 做好班后及餐后的工作总结，每天组织各部门主要人员开班后会。

四、乙方责任

1. 负责主持本店的日常营运及管理工作，每周或定期向总经理汇报工作一次。
2. 定期根据餐厅实际情况制定合理的营销计划及管理计划，并报总经理决策。
3. 全心全力为餐厅的健康发展贡献自己的经验。
4. 制定餐厅各部门的管理机制及规章制度。
5. 乙方除了对店面正常营业及管理，同时对后厨的日常行政管理负责，乙方只对行政工作负责。
6. 拟订实施餐厅管理的制度及制定员工手册。
7. 乙方应根据餐厅经营情况，进行合理的岗位人员及数量搭配，为甲方节约经营的成本，乙方有权聘任或者解聘餐厅工作人员（但中层及核心技术人员解聘须报总经理批准）。在筹备期间，所有员工及岗位人员由乙方负责招聘、录用，但须在总经理的合理要求下按时完成。
8. 拟定餐厅各岗位的工资、福利、奖惩，报总经理核准，并执行。
9. 在日常正常营业管理中，执行总经理在餐厅营业中工作上的安排及决定，维护好餐厅的社会地位及声誉。

五、乙方禁止行为

1. 未经总经理同意，不得以本店名义订立合同进行交易。
2. 不得将本店资产以其个人名义或者以其他名义开立账户存储。
3. 不得以本店资产进行任何形式的担保及抵押。
4. 乙方在管理期间禁止以本店名义进行融资。
5. 乙方不得任用其亲属在本店担任任何岗位的工作。
6. 乙方不从事损害本店利益的活动。
7. 乙方不得将本店的贵重管理机密及各种配方告诉他人，否则重罚。

六、合同的解除条款

有下列情况之一，可以解除合同。

1. 甲方在经营过程中，因不可抗拒因素而导致无法经营的，双方可以解除合同，且不作任何形式的赔偿。
2. 乙方因受到意外伤害导致身体严重受伤，无法从事任何工作，双方可解除合同，且不作任何形式的赔偿。
3. 甲方应按合同条款支付乙方的应得的岗位报酬。
4. 在合同时限内，甲乙双方任何一方违约，都必须以乙方岗位工资的 30%工资报酬作为违约金，并一次性支付，如延后支付，需支付 5%滞纳金。
5. 乙方在试用期内，因管理能力达不到甲方的要求，甲方有权解除合同。

七、本合同聘任期限为叁个月（从___年___月___日起至___年___月___日止），其中包括试用期壹个月（从年___月___日起至___年___月___日止）合同期满后，双方经协商签订长期聘用合同进行工作。

八、本合同未尽事宜，由双方协商补充，本合同一式两份，甲乙双方各执一份，签字后生效，具有同等法律效力。

甲方（公章）　　　　　　　　乙方（签字或盖章）
法定代表人或委托代理人（签字或盖章）
签订日期：　年　月　日　　　　签订日期：　年　月　日

模板 离职管理办法

离职管理办法

一、为保障员工权利，维护公司利益，使员工离职处理有据可依，特制定本办法。

二、员工提出辞职的办理程序

员工辞职均需按照公司要求提前一个月提交书面"辞职申请书"，店长核准后通知主管给离职员工办理满职手续，否则提前辞职对其处理需有依据，违约需赔偿费用，工作费、工伤保险等待遇。

1. 征集服务员以下员工离职，由店长核准。
2. 预缴以上员工离职，需经主管登记，主管可于会签时安排与辞职员工面谈，征询其对公司的意见并填写"书面意见书"，反馈给总经理。

三、干部（含组长）提出辞职的办理程序

干部（含组长）离职需提前一个月提交书面"辞职申请书"，否则须赔偿餐厅对其培训费用。外出培训的干部（部长）提前出调或中途离行，该长将于提晨辞书编调文档干部，主管于提出审核后，主管负责办出离职办理程序如下。

1. 离职干部（含组长）需将本人签名的离职报告当面交给店长、店长在 24 小时内报备主管，主管安排时间与辞职干部面谈（可以电话沟通），了解辞职意图，具体情形，征询其对公司的意见并填写"书面意见书"。
2. 离职干部应与配发的办公用品、生活用品、技术资料及其他领用的相关资料归还给餐厅，餐厅（店长）酌定记录并在离职审查批后上签字确认。
3. 离职干部离职满后与其他员工一开发放，待干期间每月扣缴_____元培训保证金，转正后补发。培训离岗干部。
4. 离职干部在公司将前具离职的 15 天内，自己到劳动局办理养老保险迁出手续。餐厅店长协助提供相关迁出证明、办理完毕后由店长在离职审核者在"养老保险"栏上签字。
5. 下属员工工未在公司内折什件、酒自离薪、扣解 15 日管动新资、在职期间所缴纳的工作服费用、保险费、健康证费用、未在约定工作期限离职未个其他费用。

四、公司辞退员工

1. 辞退预警以下员工由餐厅经理提出，呈报公司主管审批。
2. 辞退干部由餐厅经理提出书写辞退报告，呈报到主管审批后，按照"三"中的第2-4条办理相关手续。
3. 出现下列情况之一，公司有权辞退员工，属于第1-3条款则的，应在预告期内通知对方，如果不通知或虽通知未不待途成知到期即辞则成辞退的，属于违约。

（一）需要提前 30 天以书面形式通知本人的。
第 1 条：员工患病或因工负伤，经过医疗期满后不能从事原工作，也不能从事由用人单位另行安排之工作时。
第 2 条：员工不胜任工作，经过培训或调整工作岗位，仍不能胜任工作者。
第 3 条：公司运营状况发生严重困难或濒临破产，确需裁减人员。

（二）无需预告本人，停止劳动合同。
第 4 条：在试用期间被证明不符合录用条件的。
第 5 条：一个月内累计旷工三次三个月内累计旷工六次者。
第 6 条：一个月内在禁烟区内吸烟累计三次或二个月累计六次者。
第 7 条：盗窃同行或公司、餐厅财物者。

第 8 条：对员工及其家属有暴力行为或有重大侮辱等威胁行为者。
第 9 条：年度内累计两次记过以上，经过管理程序者。
第 10 条：打群架、寻衅闹事，由私会将食品或带离餐厅。
第 11 条：严重违反卫生规则程序，导致重大人身或设备事故者。
第 12 条：未经授权擅自从收银机内取钱，或返收款后未将钱记立即放入收银机内。
第 13 条：在私行工作时，故意知收货款或赠送食品、饮料给顾客者。
第 14 条：故意毁损公司、餐厅商业设施、有故切证毁性工资产者。
第 15 条：冒领或索取公司、餐厅及个人占有、造成恶劣影响者。
第 16 条：张贴、散发具有煽动性文字或图片、聚众闹事、妨害生产秩序者。
第 17 条：赌后脚睡、滞利公款者。
第 18 条：故意损坏机器、工具、原料、产品或公司其他设备、给公司、餐厅造成损害者。
第 19 条：无证照擅自写被帐帐机动车辆撞事者。
第 20 条：利用出差、餐厅名义在外招揽业务，致使公司、餐厅蒙受重大损失者。
第 21 条：公安、司法部门认定为犯罪判刑判者者。
第 22 条：其他违反各项、劳动合同或公司管理规则严重者。

××餐饮管理有限公司

模板 劳动争议管理制度

劳动争议管理制度

第一章 总则

第一条 目的
为了妥善处理公司劳动争议，保障公司与员工双方的合法权益，维护正常的生产经营秩序，发展良好的劳动关系，依据劳动关系实际情况及相关法律法规条例，特制定本制度。

第二条 适用范围
本制度适用公司与员工之间的劳动纠纷，因企业录用、考核、奖励、调动、升除、辞退、自动离职等方面发生的纠纷，具体包括以下几个方面：
① 因公辞职因工伤亡、伤残、死亡和特殊、高温休、培训、社会和生活福利待遇方面发生的争议。
② 因签订工作薪酬发生的争议。
③ 因执行、变更、解除、终止劳用合同双方的争议。
④ 其他涉及人事劳资的争议。

第三条 适用对象 本公司全体职工。

第二章 劳动纠纷预防

第四条 各部门管理人员应及时了解下属员工的情况和内心动态，由人力资源部面从根源做起，防患于未然。

第五条 人力资源部应从厂开始，积极深入到员工生活、工作中，了解并掌握公司员工的整体思想动态。

第六条 对现有劳动关系形式进行分析，预见可能发生的劳资问题的纠纷，及时加以了解解决。

第三章 劳动纠纷调解

第七条 劳动纠纷发生后，双方当事人可在合法及激烈双方利益的前提下进行协商。

第八条 劳动争商有利于化解纠纷，解决争议，调整缓和，双方通过协商，达成一步步化。

第九条 任何一方不能通过进行协商，一方不愿协商和协商不成的，可向人力资源部劳动关系专员反映申请调解。

第四章 劳动纠纷调解

第十条 经人力资源部劳动关系专员与向协商双方调解无法调解的情况下，进入劳动纠纷调解程序。

第十一条 调解委员会，由企业代表组成的调解机构门组机构。由人力资源部劳动关系专员与向协商双方达成是交代表负责组，或组后该组工所在部门主管或是处理及主管人员调解，调解模样分工作中。

第十二条 调解程序应回避，调解委会介绍调解调解程序，一般包括调解开始、实地调查、调解模式分工作中。

第十三条 调解申请必须于十四条之日起五个日内向人力资源部提出书面或口头调解口头申请中，人力资源部应应在工作日内做出是否受理的决定，不予受理的，应说明理由，对同情形上一的劳动纠纷不受理：
① 一般民事纠纷。
② 调解申请人不是劳动纠纷当事人。
③ 已经经过劳动仲裁处理或是法院判决的劳动纠纷。

第五章 仲裁和申诉

第十九条 调解不成的，当事人可自劳动争议发生之日起 15 日内，向××劳动仲裁委员会申请仲裁。

第二十条 当事人对仲裁决定不服的，可以在收到仲裁裁决书之日起 7 日内向人民法院起诉。

第二十一条 申请劳动争议仲裁书须写明：（一）申诉人和被诉人的姓名、性别、年龄、民族、职业、工作单位和住址、单位名称、地址及其法定代表人（或负责人）姓名和职务。（二）仲裁请求、事实、争议的事实和理由。（三）有关的证据材料、证据来源、证人的姓名和住址。（四）裁诉的具体要及费用的负担。（五）不服裁决，向人民法院起诉的期限。

第二十二条 在仲裁审判工作停中发生争议时，公司遂人员共同其法定代理人及其他合法代理人参加仲裁活动，必须向仲裁委员会提交有委托人义委托委托人书面记委托，委托书应写明委托事项和权限，且仲裁由工可由自己定代理人代行仲裁活动。

第二十三条 发生劳动争议的职工一方在三人以上，并有共同理由的，应当推举代表参加仲裁活动，代表人数由仲裁委员会决定。

第六章 罚则

第二十四条 当事人及有关人员在劳动争议处理过程中有下列行为之一的，仲裁委员会予以批评教育，责令改正；情节严重的，依据《中华人民和国的安管理处罚条例》给予治安处罚，构成犯罪的，依法追究刑事责任：（一）干扰妨害仲裁机构调查、取证以及伪造、隐匿、毁灭证据材料的。（二）提供虚假情况的。（三）拒绝提供有关文件、资料和其他证明材料的。（四）对仲裁工作人员、仲裁参加人、证人、协助执行人、进行打击报复的。

第二十五条 仲裁工作人员在处理劳动争议工作中，徇私舞弊、询私枉法、滥用职权和泄人隐私的，由仲裁委员会主管部门予以行政处分，是仲裁员的，仲裁委员会应当予以解聘，构成犯罪的，依法追究刑事责任。

第七章 附则

第二十六条 如果公司工与公司发生劳动争议，参照本条例执行。

第二十七条 本制度自董事长批准之日起发布执行，其解释权、修改权归××餐饮公司人力资源部。

表单 员工能力开发需求表

员工能力开发需求表

填表日期：

姓名				部门		岗位	
所承担的工作	自我评价			上级评级			上级评价的事实根据
	完全胜任	胜任	不能胜任	完全胜任	胜任	不能胜任	
工作内容1							
工作内容2							
工作内容3							
……							

我对工作的希望和想法	目前实施的结果如何

达到目标所需要的知识和技能

需要掌握但目前尚欠缺的知识和技能	所需培训的课程名称

通过培训已掌握的知识和技能	已培训的课程名称

对培训实施效果的意见

需要公司提供的非培训方面的支持	上级意见及依据

表单 餐饮员工离职申请表

餐饮员工离职申请表

姓名		工号		部门	
入职日期		合同有效期至		职位	
申请日期		批准离职日期			
离职类型	□辞职　□辞退　□自离　□开除　□其他				

离职原因评述：（若是辞职，由申请离职员工填写，其他情况由部门主管填写）

离职员工对公司的建议：

所属部门意见	部门主管签名：　　　　　　　日期：　年　月　日
人事行政	□未面谈　□已面谈，面谈要点如下：　□同意申请　　　　　　主管签名：　　　　　　　日期：　年　月　日
总经理	□同意申请　□其他意见　　　　　　签名：　　　　　　　日期：　年　月　日
移交事项	□工作已交接完毕　□已退还工牌及工作证　□已退还工具、文物　□退工资制服　□社保费已扣　□健康证已扣　□办公室、宿舍钥匙已交回　□宿舍水、电费及住宿费已交清　　　　　　签名：　　　　　　　日期：　年　月　日